当代哲理散文名家文丛

张健鹏 胡足青◎主编

生命的暗示无处不在

张丽钧◎著

老师的理性、女性的细腻、独特的感悟，如汩汩清泉，流出她那隽永的笔尖，流进千万颗心田，留下清茶般的淡香

九州出版社
JIUZHOUPRESS

图书在版编目(CIP)数据

生命的暗示无处不在/张丽钧著. —北京:九州出版社,2007.5
(当代哲理散文名家文丛/张健鹏,胡足青主编)
ISBN 978-7-80195-683-5

Ⅰ.生... Ⅱ.张... Ⅲ.散文—作品集—中国—当代 Ⅳ.I267

中国版本图书馆 CIP 数据核字(2007)第 066236 号

生命的暗示无处不在

作　　者　张丽钧　著
责任编辑　姜逸苏
责任校对　许琳琅
出版发行　九州出版社
地　　址　北京市西城区阜外大街甲 35 号(100037)
发行电话　(010)68992190/2/3/5/6
网　　址　www.jiuzhoupress.com
电子信箱　jiuzhou@jiuzhoupress.com
印　　刷　北京才智印刷厂
开　　本　720×1020 毫米　16 开
印　　张　18.25
字　　数　348 千字
版　　次　2007 年 8 月第 1 版
印　　次　2007 年 8 月第 1 次印刷
书　　号　ISBN 978-7-80195-683-5/I・373
定　　价　29.80 元

序　言

在2000年初，我与胡足青策划主编了“小中见大智慧文丛”中的第一本书《虚掩的门——小故事中的大智慧》，此后又陆续推出了文丛的后续七本图书。说实话，这套丛书所获得的巨大成功多少有点出乎我们的意料：丛书的精华本《故事时代》曾两次荣获国家级大奖。

在“小中见大智慧文丛”的编辑过程中，我们最重要的收获就是结识了一批优秀的作家。如林夕、张丽钧、刘燕敏、王国华等等。他们中的大多数人，并不是专业作家，但写作无疑是他们重要的精神追求和享受。他们的作品，有着鲜明独特的个性和风采，蕴涵着丰富的哲理和智慧，频繁地见诸于主流报刊等多种媒体。

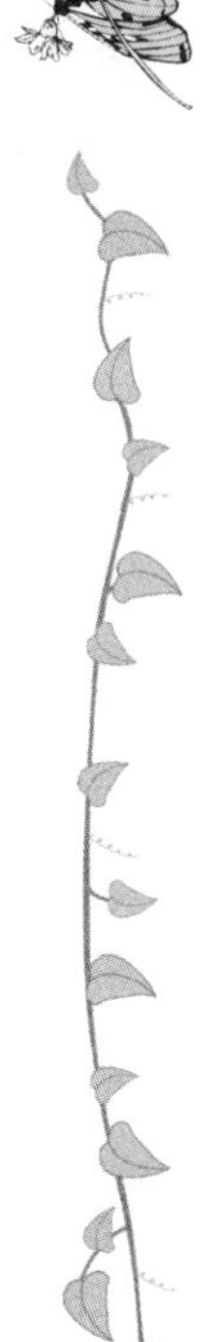

这些作品，与传统的散文有着明显的区别。它们篇幅不长，少有大段的描写与抒情，多从生活中的细节和小事情入手，在平常普通的背景下却能峰回路转，引领读者体验到不一般的生活感悟和哲理思考。

在繁忙的现代生活中，普通读者的脚步匆匆，阅读时间是有限的。围绕在我们周围的铺天盖地的文字，多半是喋喋不休地传递着时尚和消费信息。躁动和喧嚣中，茶余饭后，阅读到这样的文字，实在是一件赏心悦目的事情。

而且，接触过写作的朋友都知道，越是简短的文字越难以把握。但这些作家无疑都是驾驭文字和讲故事的高手，他们往往仅用几百个字，就给我们创造出一个清新优雅的意境和暖意融融的氛围。这样的文章，没有任何多余的赘肉，对读者而言，可以在最短的时间内获取最大的收益。所以，有很多教师都向自己的学生推荐这些文化快餐中的精品。

在此，我还要特别强调的是文章的格调和品味。在这些文章中，细心的读者除了能感受到字里行间隐藏的智慧和哲理以外，还能被作者引领到博爱、善良和积极向上的精神境界中来——其实，这是我们喜欢这些文字的最重要的理由！

众所周知，当今的时尚与流行中有很多内容是令人不敢恭维的，也许是我们这个年龄的人太过传统，也许我们不够娱乐和物质，但坚守自己心中的精神家园，也自有一份心灵上的愉悦，相信有不少的读者会和我们有同样的感受。

值得一提的是，在这套丛书推出之前，这类的文章多半是在各种媒体上处于补白的位置，就像一束温馨的小花，暗香袭人，但却被置于不起眼的角落；也像一条流淌的小溪，轻盈明澈，但却少有游客注意它在山林间的出没。来往的客人也许偶尔地感觉到了它的存在，但目光和脚步都没有过多的停留——其实，只要我们稍微地对它多注视一会，就会发觉它更多清新久远的味道，获得更多的心灵的宁静和享受。我们的工作就是把这些小花和小溪汇聚成了一个漂亮的花篮，一个深邃的湖泊，从而让更多的人在它面前驻足流连。

最后，我要说的是：为这些优秀作家编辑他们的文集是我们长久以来的愿望，因为我们从中受益良多。虽然迟到了许久，但“祸福相依”，这个集子中可以收录他们更多的佳作与新作，其中许多尚未公开发表，相信不会让喜爱这些作家以及他们文字的朋友们失望。

真诚祝愿这些作家能给我们带来更多的优秀作品！祝愿读者朋友从中得到更多的收益！

张健鹏

2007 年 6 月于北京

第一辑 是你给我一片天

第二辑　脚窝里开出的花朵

第三辑　每朵花都有盛开的理由

第四辑　不经意的美好

第五辑　给我一个声音

第六辑　世界给我们的问题

第一辑　是你给我一片天

在我生命的前5年，他没有得到抚养我的机会，但是，在以后的日子里，他一直在拼命加倍补偿；更重要的是，他以自己的善良、温煦和宽容做了我人生的榜样，使我成长为一个体谅他人、阳光乐观的人。我愿意让别人说我长得很像他，我愿意用更大的成功为他的骄傲和得意不断增值。

馨香心语

从朋友家出来，天上飘起了小雪，可我的心却很暖。我突然明白了为什么人们管嫣儿叫“天使”——当她还不懂得什么叫“拯救”的时候，她已然开始了“拯救”……

天使的拯救

两年前，一个朋友生小孩，我要去医院探望，朋友死活不答应。我坚持。她说:“求求你别来了！真的求求你了！”我知道她丈夫一直希望她生个男孩，但她却生了个女孩。莫非夫妻俩因此失了和，她不愿让我看到了跟着烦心——我这样想。

但很快我就明白了原来是另有隐情——她生了个唇裂的女孩。她在育儿假期满后又请了长假，并且搬了家。我想像得出她心中那份难言的苦痛。那道裂痕，从孩子唇上一直延伸到了慈母心上。

然而，不久前，她突然打来电话，说又搬回来住了，并盛情邀我到她家去玩。我便带着一份迟到的祝福去登门拜望。见到孩子，发现比我想像得要好得多，只在上唇与鼻孔之间有一道淡淡的缝痕。

“手术很成功啊。”我小心翼翼地说。

她笑笑，一边娴熟地往孩子唇上涂抹“疤痕灵”一边答道:“是国内一流的医生给做的。我也觉得挺理想的。”

我不好贸然问人家“你是因为孩子才搬家的吧？这两年过得怎么样啊？”之类的话，只好闷头逗孩子玩。朋友却率先挑起了话头，主动和我聊起了这档子事。

“当我在产房里听说孩子是唇裂，第一个念头就是‘我不活了！’后来，护士把孩子抱给我看，我觉得自己的那个念头真是太可耻了。她那么小，那么可爱，眉眼特别俊！当时我就想：我一定要让她幸福！但是，当她哭起来的时候，我又差点晕厥。你简直想像不出那有多恐怖！因为唇裂，孩子张嘴哭的时候，一个黑洞占去了半张脸！

“我苦熬苦挣了两个月，然后就带孩子去做了矫治手术。半年后又做了一次整形手术。现在你看到的，是第三次手术后的效果。以后，孩子还要陆续接受四五次这样的手术……

“因为孩子身上的这点缺陷，我也有了心理疾患。在我变态般的哭闹下，我老公不得不同意搬家，远离熟悉的邻居，远离那在我的想像中比针刺还扎人的目光……因为唇裂俗称‘兔唇’，有很长一段时间，我不能听别人说‘兔子’，我在电视上看见兔子，必须马上调台，否则就呼吸急促，有窒息感。我老公怎么劝都不行。

“你知道是什么改变了我吗？是李亚鹏、王菲和他们的女儿李嫣。

“自从知道了同样的不幸也降临到了鹏菲身上，我就将他们视为了亲人。我一直上李亚鹏的博客，密切关注着他们那个唇裂女儿的情况。有一天，我读到了这样一段文字——鹏菲去逛街的时候，买了个把孩子放在胸前的婴儿袋。在把孩子放进去的一瞬间，他们踌躇了，是将嫣儿的脸朝里呢还是朝外呢？最后，他们决定还是把她的脸朝外。事实证明他们这样做是正确的，当路人看到孩子时，先是很吃惊，可看看孩子的父母那么坦然，大家也就也释然了，还主动和他们打招呼。

“自从读了这个故事，我觉得我的天就亮了。我开始勇敢地带孩子上街。遇到不知情的人问：这孩子的嘴唇是怎么回事呀？我已能够从容地回答：就跟李亚鹏、王菲他们的女儿李嫣一样，我女儿也是唇裂。

“据说目前中国有240万个孩子依然是唇腭裂患者，并且没有钱去治疗，只能以一个残缺的形象面对世人。我觉得鹏菲做得特别好，他们以个人的名义成立了一个‘嫣然天使基金’，专门去救治那些需要救治的不幸儿童。我已经以我女儿的名义给那个基金会捐了款。我希望天底下

所有唇腭裂的孩子从记事起就能拥有不残缺的笑容。”

从朋友家出来，天上飘起了小雪，可我的心却很暖。我突然明白了为什么人们管嫣儿叫“天使”——当她还不懂得什么叫“拯救”的时候，她已然开始了“拯救”……

馨香心语

就这样，我们用一个有趣的目标聚拢起了孩子们的心，使他们在对那美妙一天的遥想中快乐地付出、真诚地捍卫。

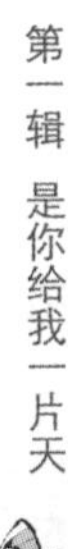

长在校园里的山楂树

这是一所城市小学，规模不算太大，校舍也很陈旧了，但校园的每个角落都洁净清新，每株花木都欣欣向荣。

校园的西南角，长着一棵山楂树。树龄大概和高年级的学生差不多吧。入秋以来，山楂树上累累的果子渐渐红透，煞是招眼。

一个做卫生的男孩子来到树下，低枝上的山楂果碰着了他光洁的额头。他调皮地在那枚果子下张开了嘴，做出一个欲要咬山楂的假动作。立即，有几个女生冲他尖声惊叫起来。调皮的男生涨红着脸解释了几句，但根本压不过她们怒斥的声音，男生招架不住，举着笤帚逃跑了。

三个行人路过这所小学，透过铁艺围栏看到里面红透了却一枚也不见少的山楂果，十分惊异。

一个说：你瞧哇，这所学校的孩子可真可爱呀！我们小区里有两棵比这粗一倍的山楂树，但只有高枝上的几个果子能侥幸熬到秋天。开花的时候就被人攀折，等到结了果，更是遭了殃，孩子大人都好奇地去摘那果子，摘完了下面的，就开始跳着脚够上面的，够完了上面的，就拣根树枝打那更上面的，要不就拾块砖头，胡乱砸，把旁边住户的窗户都砸烂了。

一个说：我猜呀，这所学校的校长一定是特别厉害！谁敢去摘那山楂果呀？罚死你！我小侄儿他们学校有一条校规，损一罚十。说不定呀，这所学校会“摘一罚一”——你敢摘一个山楂果，罚你赔一棵山楂树的钱。谁还敢摘呀？

一个说：你俩说的都有道理，可我想，那山楂果上可能打过农药，或者学校吓唬孩子说打过农药。这一招特灵！我们老家有人承包果园，怕丢果，就竖个牌子，上面写着：已喷剧毒农药，食后后果自负。——你想，谁会那么傻，冒着生命危险去偷果？

有个记者听到了他们的议论，决定去采访这所学校的校长。

当记者提出自己的问题时，慈祥的女校长微笑着打开了饮水机下面的冷藏柜，从里面拿出了一个鼓鼓囊囊的档案袋。记者凑过去看时，发现里面装的竟是青青红红的山楂果。

校长说：这些，都是孩子们从树下拣来的。下了雨或者刮了风，总有几个果子掉下来，孩子们就拣起来，送到了我这里。前几天，一辆卡车给学校运送水泥，不小心挂断了一根山楂枝，不少孩子围着那根树枝哭，他们都不忍心摘掉那枝子上挂着的果子。好多人觉得奇怪，不知道我们学校的孩子怎么这么爱护这棵山楂树。其实很简单，我只是在山楂花开放的时候给了孩子们一个允诺，我说，孩子们，如果你们能保证咱们的山楂果一枚都不少，咱们就把11月1日立为“山楂节”，到时候，咱们一起来山楂树下联欢，我将给你们唱一首苏联民歌《山楂树》，然后咱们就打山楂，让食堂给咱们熬山楂汤！结果，孩子们爱那棵山楂树爱疯了。他们用心地点数了树上的果子，并向我保证说，到11月1日那天肯定一枚都不会少。9月1日开学的时候，一年级的小同学来了，看着满树半青不红的山楂十分兴奋，五年级的同学就自发地与他们结成了“爱山楂”友好年级，带着小同学给山楂树浇水，拣拾起落果送到校长室……就这样，我们用一个有趣的目标聚拢起了孩子们的心，使他们在对那美妙一天的遥想中快乐地付出、真诚地捍卫。

记者在那棵果实累累的山楂树下拍摄了很多照片。他想，他有责任把这棵山楂树的故事说给更多的人听。

馨香心语

从那天晚上起，那破庙里传出的钟声就总是在我的耳边回响。我想，不管我走得多远，我都走不出小村的怀抱，走不出那钟声的怀抱。

走不出你的怀抱

我过去教过的一个学生来看我，说:“老师，你那么爱写东西，给你提供个素材，你写写我们寝室的贫困生王大川的故事吧。特感人！”说完便给我讲了下面的故事——

王大川来自陕北农村。他是扛着两个蛇皮袋子来学校报到的。他没有一件像样的衣服，鞋子全是他妈妈给做的。他的蛇皮袋子里装的都是些奇奇怪怪的东西，除了大枣、柿饼、果干之外，还有几十副绣花鞋垫，几十个用白线钩的衣服领子，3副用旧毛线编织的手套，此外，还有两个手指粗细的花花绿绿的筒状编织物，我们好奇地问他那是什么，他操着浓重的乡音告诉我们说:“这是笔套，装钢笔用的。”——晕！

后来我们得知，他是他们村子里恢复高考以来考上的第一个大学生。录取通知书一到手，全村都沸腾了！家家户户都摆了庆贺宴宴请他。“到了快要动身的时候，”他说，“我一顿饭要串四五家。在这家吃个丸子，到那家吃片肉。不去可不行，不去人家会说你瞧不起他，会恼的。”我们听了，觉得特震撼。

更让我们震撼的事儿还在后头呢！他们村子里几乎所有的人家都登门来给他送了礼物——就是我们看到的那些吃的、用的东西。有一个住在破庙里的光棍汉老刘头，也让人捎来了话，说是吃过晚饭要送给王大川个“念想儿”。王大川的父母知道老刘头是全村最穷的，送不起什么礼物，就让捎话的人又捎了个话回去，说他的心意大川心领了，就别再费心送什么礼物了。吃过晚饭，老刘头没有来，王大川的父母以为他打消了送礼物的念头了，心里的不安也就随之消散了。

后来，他们一家人正围坐在一起闲聊，突然听到从破庙的方向传来了钟声。开始的时候，谁也没有太留意，但是，那钟声响起来竟没个完！王大川和他的父亲想去看个究竟，便一起往破庙的方向走去。路上，他们碰到了许多和他们一样好奇的乡亲，大家互相探问着，谁也不知道到底发生了什么事，便结伴往破庙的方向走。快到破庙的时候，他们发现那里早站了黑压压的一片人。

“王大川来了！”人群中不知谁这样喊了一句，于是，所有的人便都把脸扭向了王大川！

王大川蒙了，说:“我——咋了?”

大家七嘴八舌地对他说开了:“人家老刘头是为你敲钟呢!”“他太穷了，拿不出什么东西，只好用这法子表表心意。”“666下，老刘头说要送给你个六六大顺啊!”

王大川跟我们说，当时，他的眼泪一下子就掉下来了。他说:“那是一口沉重的老钟，撞起来挺费劲的。应该说，老刘头是卖着老命在为我撞钟啊!这就是我们村子里的人，朴实得像一团泥，又热情得像一团火。从那天晚上起，那破庙里传出的钟声就总是在我的耳边回响。我想，不管我走得多远，我都走不出小村的怀抱，走不出那钟声的怀抱。——真的，为这钟声，我也要拼全力活出个像样儿的人生，回报生我养我的小村，回报我杀身割肉也报答不尽的父老乡亲……”

馨香心语

谁派来了这只麻雀？谁让它勇毅地衔走了一片空壳？谁叫它娴雅地在我面前洗澡？连这样一个小东西都要极力地把卑贱生命中最困苦的时段活出一种高贵的品质，我又怎么能够可耻地在这里走向死亡？

生命中的麻雀

参加一个笔会，有幸和一位来自广州的漂亮女子同住一室。她写诗。十年前，她在那家著名的诗歌杂志上参加“青春诗会”的时候我就注意到她了。“最后一片雪花落，点燃白色的火”，这是她笔下的句子，那么冷凝，又那么炽烈，引发人无尽的联想。厮守三日，我们成了无话不谈的契友。

还有一晚就要分手了，我们互留详细的联络方式。她给我写了她的两个电子邮箱。我发现两个邮箱中都有“sparrow”的字样，便笑问她：是“麻雀”吧？怎么对这小东西这么情有独钟啊？你不会用它做你的笔名吧？她笑了，说：你还真是猜对了！我真的用它做过笔名。知道吗？麻雀是我的吉祥鸟。我觉得自己的前世或许就是一只麻雀呢！我叫起来：不！如果你的前世是一只鸟，那你一定是美丽的天鹅！她轻轻地摇头，望着我，幽幽地说：想听听我和麻雀的故事吗？

你知道，我的大学是在北京读的。我们毕业那会儿，还是国家统一分配工作。一进入大四的第二个学期，大家都有点惶惶不可终日了。托熟人，找门子，有风的使风，有雨的使雨，都巴望着留北京，都拼命往大城市里挤。我和我男朋友董非一起去找系领导，希望能得到照顾。可我们听到的答复却是：如果不想分开，就必须一块去西部的一个小城市工作。我咬咬牙说：去就去，咱们认了！可董非不吭声，只是一根接一根地抽闷烟。我知道他有很重的“北京情结”，虽说他和我一样都来自湖南，但他学习成绩特别优秀，发表过好几篇有价值的论文，还是学生会主席。我能感觉到他每一次努力都是在用心地为“留京”铸造筹码。

就在我们为要不要给系领导封个红包拿不定主意的时候，我发现自己居然怀孕了！我把这个可怕的消息告诉了董非。想不到他听后跳起来，跳得老高，冲着我大喊：你不是说是安全期吗？你怎么这么笨呀！

我流着泪离开了董非。残冬的风，刀子一样割着我的脸。我跑到学校外面的一片小树林里，拼命地蹦高，想把肚子里那个生命的胚芽蹦下来。但它那么结实，任我怎么蹦，硬是一点点反应都没有。

我没辙了，就又流着泪去求董非。

那是个周日，董非陪我到西郊一个小医院里做人工流产。为了不让同寝室的姐妹们察觉到什么，周一我就硬撑着去听课了。

时隔不久，董非竟跟我提出了分手的要求，还没等我回过神儿来，我听到了一个炸雷般的消息——董非跟我们诗社中一个北京的女生好上了！

我想杀了那个禽兽不如的董非！我想把自己做“人流”的事告诉那个瞎了眼的北京女生！我想把我们的事张扬到全系全校！但是，我只是想想罢了，我甚至连当着同一寝室姐妹们的面大哭一场的勇气都没有。我极力地装，装出一副无所谓的样子，不让人同情，不让人怜悯。

我整夜无眠。辗转反侧中，我做出了一个重大决定——我要把自己送到一个干净的地方去。

很早我就起床了。穿戴整齐，拿上钱，我要去趟药店，买上足够量的能把我带入永远的梦乡的东西。出门之后我才发现，下雪了。好大的一场雪啊！这是要为我送行吧？我想。

买上了要买的东西，鬼使神差地，我走到了一个卖各种口味的葵花子的小摊前。大一后半年，我和董非恋爱了。你想不到，董非送我的第一件礼物，竟是一元钱一包的奶油味葵花子。从那以后，我们每次上街都必买这种葵花子。我站在卖葵花子的小摊前，百感交集。我含着泪，掏出一元钱，买了一包奶油味葵花子。这大概是我生命中最后一包葵花子了——我这样想。

我来到了曾留下我和董非幸福的足迹的香山。喧嚷的红叶早零落成泥。白雪覆盖的香山，沉寂，凄清。我选了一块中意的石头，坐下，嗑起了葵花子。

我哪里是在嗑葵花子，我分明是在嗑自己的心啊！每嗑一粒，都要忆起和董非在一起的时光。忆起他怎样把嗑好的仁儿喂到我嘴里，怎样说“要是我的心藏在一颗葵花子里，你能认出它吗？”这样让人陶醉的话语……我突然纵声大哭起来。我爱董非，我不能眼睁睁看着他成为别人的所爱啊！

哭累了，我就接着嗑葵花子。我嗑得那么悲壮。我相信这个世界上不可能有第二个人把葵花子嗑出了生死的况味。我不能活在这个残酷的人间。我要用我的离去折磨董非肮脏的灵魂。

我摸出了从几家药店才买齐的白色药片，放在手心，和雪比较着颜色。

就在这时候，有一只麻雀从旁边的树上冲下来，落在了离我很近的地方。它先是警觉地看了看我，然后大胆地朝我跳过来，迅速啄起了一片葵花子皮，“忒”地飞跑了。我傻傻地盯着它留在雪地上的“个”字形爪痕，内心无比震撼。我知道，在这样的大雪天，麻雀很难觅到食物，所以，它把我丢下的葵花子皮看成了美餐。面对我这个庞然大物，它没有畏惧，它冒死也要衔走一点食物，它甚至不在意那所谓的食物其实只是一个空壳。为了活下去，这个小东西竟能这样勇敢地藐视着危险！想到这儿，我的心柔软地动了一下，赶紧嗑了十几粒葵花子，扬手将它们抛洒到了远远的雪地上。没过多久，那只麻雀就又冲了下来，把

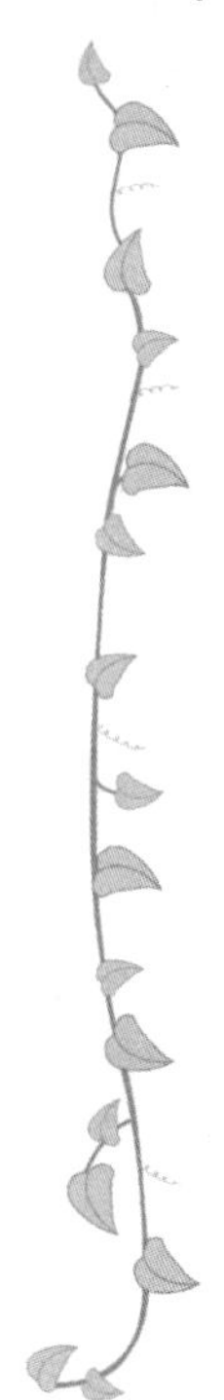

我施舍给它的美食一扫而光。吃完了，我以为它会飞走，但它没有。它开始在那雪地上从容地洗澡！它张开翅膀，抖动身子，用羽翼扑打着雪，尽力让每一根羽毛都得到雪的洗濯。它饶有兴味地一遍遍重复着这样的动作，最后，它自怜地用小小的喙啄顺那些奓起来的羽毛。阳光漫过来，多情地抚摩着它那并不华丽的羽毛。这个小东西，精神抖擞地站在我面前，仿佛T型台上高傲的模特，要让我为它的美色打分！

我感动得流下了热泪。

“生命的暗示无处不在”！这是我以前写的一句诗，写的时候，没用多少心思，现在这句诗殷勤地赶来，烛照了我生命中最黯淡的时刻！谁派来了这只麻雀？谁让它勇毅地衔走了一片空壳？谁叫它娴雅地在我面前洗澡？连这样一个小东西都要极力地把卑贱生命中最困苦的时段活出一种高贵的品质，我又怎么能够可耻地在这里走向死亡？

就这样，我丢掉了那些白色药片。

我平静地接受了同学们狐疑的目光。

我眼睁睁看着董非和那个北京女生出双入对继如愿以偿地双双留在了北京……

我继续写诗，写“最后一片雪花落，点燃白色的火”，写“季节沉睡，我的诗，却先于花朵醒来”。阴郁的日子里，我给自己的诗缀上“麻雀”这个笔名，心情便会在对麻雀生动的冥想中慢慢转晴。

后来，我等来了我想要的爱情，更等来了我想要的自己。

想想看吧，这一辈子，我怎么可能停止对香山上那只小麻雀的感恩？海子说过:“活在这珍贵的人间，太阳强烈，水波温柔……”他说的多好啊！活在这珍贵的人间，我们就要像那只小麻雀一样，勇敢地迎击困难，执著地热爱生命，还要让自己的精神不断澡雪，活出个样子来，给这世界看……

——sparrow，sparrow，我默念着这个单词，心中洒落万道爱的阳光。

馨香心语

如果你觉得自己的心凉了、死了，就用它去温暖、去救助那更不幸的心吧，那颗心苏醒过来的时候，你的心也一定能苏醒。

值得热爱的生命

她长得不算好看，但声音很美，是那种能抚慰人心的美。后来，有个男人被她美妙的声音征服，揽她入怀，让她做了自己娇羞的妻子。她很开心，以为自此爱的天空只飘幸福的白云。

两年后，她做了妈妈，一家三口其乐融融。不想，儿子患上了可怕的地中海贫血，大夫说，要手术，费用大概40万元左右。身为下岗工人的她一下子就傻了。她急惶惶向丈夫讨主意，丈夫却决绝地甩开了她的手。他承担不了这个庞大的数字，于是他选择了离开。她几乎疯掉。抱着孩子跑到江边，想和孩子一道赴死。但是，她舍不得怀中那个一直冲着她微笑的小生命。她于是平静地回到了父母的家中，嘱父母帮自己照看好孩子，她要到外地去打工，为孩子挣医疗费。

她拼命地做。到了年底，她揣着一叠人民币回家去看儿子。一进家，父母就对着她哭起来，她喊儿子的名字，他们说，别找了，他已经……她眼前一黑，昏死过去。

等她苏醒过来，却发现已唤不醒自己那颗被痛苦窒息的心。她不愿意让父母跟着自己伤痛，便努力装出解脱的样子，起床，忙活该忙活的事。两天，就这样平静地被打发过去了。

第三天，她谎称要上街买东西。梳了头，化了妆，换了漂亮衣服，拿着手机出了门。她又来到了江边。这一次，她已怀抱空空，那个用天真的微笑鼓励她顽强地活下去的孩子已经离她而去了。摆在她眼前的，似乎只剩了一条路，一条不是路的路。她也知道这样的选择太愧对年迈的父母，可她相信，他们一定能找到原谅女儿的理由。

就要离开这个世界了，她想最后再打个电话。打给谁呢？打给一个陌生人吧。让那人见证自己生命的最后一刻，或者让他(她)为自己唏嘘叹惋一番，也好让这鲜润的生命在付诸江流的瞬间得到一丝丝的慰藉吧。这样想着，她拨打了多年前记住的一个电话号码“9959958”——她清楚地记得，她曾和那时还是自己男朋友的那个混账男人谈论过这个被称做“爱心救助热线”的电话号码，他当时开玩笑地对她说:“瞧，这个号码太好记了，谐音就是‘救救我救救我吧’。”

——通了！这么多年了，这个电话号码居然还存在着！她有些讶异地想。

电话那端传来一个男子浑厚的声音:“喂，你好，需要帮助吗?”

她沉吟了一下，不知为什么突然很平静地说:“我没事儿了，我只是，只是丢了点钱……”

那男子着急地说:“你在哪里？你的语气好像有点不对头，我马上就到!”

她有一点恨自己——为什么要撒谎呢？对这样一个真诚的人撒谎真是太不应该了。但是，她听到自己心里有个悲哀的声音在说：我甚至没有勇气把自己真实的际遇如实地告诉别人，所以，我宁肯撒谎，我需要用那样一个平淡的句子淡化自己的苦难，我需要用那样一个平淡的句子来减轻别人对我深重的同情啊！这样想着，她掉下眼泪来。

电话那端的男子真的来了。她见到他时，十分吃惊，她没有想到他竟然这么年轻，差不多比自己要小10岁的样子。让这样一个孩子模样的人为自己分忧，真是惭愧啊，她想。

她很快发现眼前这个人是个很不错的倾听者，于是她喋喋地将自己的悲苦一股脑地倾吐了出来。

他听了，说:“知道吗？其实，我比你更惨。我父亲在我很小的时候就去世了，我少年的时候走上了歧途，和一个伙伴惹出了命案，警察来抓我们，当时我们在8层楼上，我的伙伴见势不妙，拉我跳楼自尽，我一犹豫的当儿，他已经从窗口跳下去了，我探头一看，他脑袋开花了，一片红的白的……你看，我曾是个不良少年，并且，我还和死神擦过肩。等我猛醒过来的时候，我发现这个世界上有好多重要的事等着我去做，我必须抓紧去做，把荒废的光阴抢回来。于是，我自费开办了‘爱心救助热线’，为那些需要救助的人提供力所能及的帮助。5年了，我的热线一直没停过，这让我十分开心。想想看，我们从父母那里获得了一次生命，就该好好使用它，不能因为经受了挫折和不幸就生出‘把这条命扔出去算了’的愚蠢念头。知道吗？死真的很简单，就像我的那个伙伴，原本用来想事儿的脑袋，一眨眼的工夫就成了红红白白的一片……他不会知道，我没有随他而去；更不会知道，我今天做着一份让我这么充实、这么富有成就感的工作——为别人提供爱心救助。我想告诉你一条我的人生经验：如果你觉得自己的心凉了、死了，就用它去温暖、去救助那更不幸的心吧，那颗心苏醒过来的时候，你的心也一定能苏醒——你愿意试试吗？”

这个故事有一个相当美丽的结局——人间多了一对幸福的姐弟，“9959958”爱心救助热线多了一个美妙诚挚的女声……

馨香心语

不管我们飞得多高，我们都是大地的孩子。质朴的乡情，浓郁的亲情，春雨般滋润了我们被骄纵、浮华扭曲了的心。

铭心故事

这是一位空姐讲述的故事——

作为一个有着丰富工作经验的空姐，我见过形形色色的乘客。但是，那次乘坐我们航班的一位特殊乘客，却给我留下了极其深刻的印象。

那是一位脸孔黑红的老农民。我清楚地记得，那天，他是最后一个登机的。怀里抱着一个鼓鼓囊囊的蛇皮袋子，惶恐地站在过道上，用求援的目光看着我。我忙迎上去说:“大叔，您的登机牌呢？给我看看。”他便把登机牌递给了我。我带他找到了座位，安顿他坐下，然后说;“大叔，来，我给您把袋子放到行李舱里。”他听了，忙摆手道:“不用，不用。我抱着吧。不碍事的。”听他这样说，邻座的一个正欲往脸上贴面膜的女孩毫不掩饰地露出了鄙夷不屑的神情。

我帮大叔系好了安全带。飞机起飞了。大叔成了机舱里唯一一个抱着行李不肯撒手的人。

另外几个空姐也很快就发现了这个不寻常的乘客。大家免不了窃窃私语。一个姐妹说:“这老头可比‘傻根’精多了，相信‘天下有贼’，所以搂紧了自己的金银财宝，省得被人偷了去。”我说:“快算了吧！你看他那副打扮，哪像是拥有金银财宝的人啊？”另一个姐妹说:“你可别这么说，人家真正有钱的人都不露富，有的甚至会特意扮出一副寒酸相，欺骗你的眼球。”

送午餐的时间到了。到了大叔这里，我忍不住又做了一次努力。我说:“大叔，您看，您抱着这个袋子，小桌板就放不下来了；小桌板放不下来，您的餐盒可放哪儿啊？——这样吧，我先给您把袋子放前边去保管，等您吃完了饭，我再给您把袋子送回来。您说可以吗？”听我这样一说，大叔似乎有点动心了，便把袋子往我的手上递。可就在我刚一触到那袋子的瞬间，大叔的手又很快缩了回去。他说:“算了，我不吃这饭了。丫头，你帮个忙，给我把那饭装在一个塑料袋里吧。”

大叔邻座的“面膜女孩”嫌恶地把身子扭向了一边。

飞机降落了。

大家纷纷解开了安全带，接着，机舱里响起一片手机开启的铃声。大叔却依然坐在那里，用求援的眼光看着我。我突然明白了他的用意，赶忙跑过去为他解安全带。纳罕了一路的我忍不住问他道:“大叔，您这是要去探亲吗?”他说:“是啊，去看儿子。俺儿子在这座城市里读大学。前几天打电话回家，说不小心伤了腿，俺就来看他。俺本来想坐火车来，可俺那街坊们说啥也不让。他们说：‘娃伤了腿，盼着见亲人哩。坐飞机多快呀！没钱？俺们给你凑！’……你看，这袋子里装的，是俺儿子最爱吃的山药干。俺抱着它，是怕碎了，碎了就不好吃了……你们飞机上的饭可真香啊！俺哪舍得吃啊？俺想带给儿子，让他尝尝去。”

听完老人的诉说，我突然有一种冲动——想给老人跪下。我强忍着泪水，跑到休息间去取来了自己的餐盒，对老人说:“大叔，这个，您也拿去吧！您夸我们飞机上的饭香，您可一定要亲自尝尝啊!”

“大叔，把这些都拿上吧。”我回头看时，发现姐妹们一个个眼圈红红地站在那里，手里捧着餐盒……

我想，不管我们飞得多高，我们都是大地的孩子。质朴的乡情，浓

郁的亲情，春雨般滋润了我们被骄纵、浮华扭曲了的心。在那一刻，我真想追赶上那个早已匆匆离去的“面膜女孩”，告诉她说：知道吗？你邻座的那个人有一个令人无比尊崇的名字，叫“父亲”。

馨香心语

初暖买了3斤小米，说是要带到新西兰去，“一颗一颗地吃”。《红河谷》的音乐响起来时，她搂着那一小袋小米，稚气与沧桑混杂的脸上，浮起点点忧伤……

我的同学初暖

我的同学初暖，跳过6000多个日子来看我。握手，拥抱。然后，她把鼻子钻进我的头发，狗一样地闻。闻完了叹口气说：没有了——我最熟悉的海鸥牌洗发膏的味道。

我的儿子坐在我和初暖中间，懂事地向“初暖阿姨”敬酒。初暖擎着一杯酒，正待往唇边送，却定格般地停住了。她的眼睛直勾勾地看着我儿子腕上的手表，发出一声欢叫。她扔掉酒杯，把自己戴手表的胳膊伸过来，两只手表碰了个脆响儿，“情侣表耶！”初暖大叫。然后又意犹未尽地举起自己的一只脚，号召我儿子和她比鞋，两只旅游鞋并在一起，“情侣鞋耶！”初暖又大叫。这之后，她顺理成章地对我儿子说：“帅哥，我可以追求你吗？”

于是，大家共同举杯，热烈庆祝初暖没有丢掉少女时代的疯癫。

消灭完了一箱啤酒，大家纷纷去楼下的洗手间。初暖也去了，却半晌未归。我担心半醉的她会进错了房间，便到楼下去寻。刚走到楼梯口，就听得身后好一阵掌声和欢呼声。回头望去，但见初暖正猴子般身手不凡地攀着栏杆从一楼直接爬向二楼，“着陆”处，刚巧就是她的椅子！服务生眼睁睁地看着她飘然落座，不干涉，不多嘴，只管跟着满大厅的客人嘻嘻地笑。

初暖是那种发誓把自己送到天边的人。大学毕业后她去了新疆。许多内地的男子仰慕她率性而为的个性，拼死追求她，她却嫌弃他们“平庸”的出生地，面对他们的无限殷勤，心如止水。后来，她死缠烂打地追到了一个海南的男人，并随他去了海口。那男人很快送给她一件价值连城的礼物——一个孩子，一个叫A娃的女孩。做了母亲的初暖，以为从此可以脱胎换骨，以为自己那颗渴望飞翔的心从此剪了不安分的翅膀，以为自己那双渴望流浪的脚从此熄了走遍世界的欲望。混迹于芸芸众生饮食男女之间，也好吧——初暖在买菜的路上也曾这样安慰自己。但是，两年之后，初暖惨遭辜负，不得已，离了婚。于是，她开始疯狂地学习英语，发誓把自己送到更远的天边。

这一次，初暖是揣着一张赴新西兰的机票来与我们辞别的。我忧心忡忡地问：你走了，A娃怎么办？她说：留给在新疆时结交的一个死党，男的，A娃管他叫舅舅。我又问：你放心？她大笑：那个死党，比丈夫好使多了！我先走一步，然后呢，就把那个死党的老婆弄出去——她的不安分，超过我一千倍！

初暖买了3斤小米，说是要带到新西兰去，“一颗一颗地吃”。《红河谷》的音乐响起来时，她搂着那一小袋小米，稚气与沧桑混杂的脸上，浮起点点忧伤……

馨香心语

那一晚，我们的歌声或舞步剔除了一些惯有的漫不经心，增加了一些让我们感动的激越奔放或轻舞飞扬……

爱是陪你逛街

天底下的女人都爱逛街。

在伦敦培训的日子里，我没有一天不祈祷着早点下课，好留出充裕的时间让我去逛街。我知道，霞姐和惠妹其实揣着跟我一样的心思，培训师还来不及收好他的电脑，她俩早窜到了门外。

男士们不情愿陪我们去逛。下课后，他们不是去“大英博物馆”的“中国馆”去嗟叹流连，就是去海德公园看那些在湖畔躺椅上行日光浴的摩登女郎。惠妹逗他们说:“牛津街的Girl们特别养眼，走啊走啊，饱眼福去喽!”但是，男士们根本不为所动，只冲惠妹同情地一笑，然后，坚定地走开了。

——有一位姓朱的先生却是个例外。

第一次见他站到我们阵营里，我连忙巴结地跑过去，跟他说着亲热的话，生怕我一冷落，他又生出游离的念头。——说实话，我们三个女人还真盼着有个男士陪逛，一来壮胆，二来认路（我们仨全是“方向盲”），三来嘛，如果买了重物，也好有个帮着拎包的，嘻嘻。朱先生却似乎没有察觉我们的“险恶”用心，毫不犹豫地和我们走到了一起。打上车后，霞姐说:“瞧我们四个人出来多合适啊——这伦敦的出租吉普刚巧只能坐四个人！以后我们总一起行动吧！”朱先生笑着点头应允。

这位朱先生还真不含糊，每天都毅然甩掉那帮男士，坚定不移地陪我们去逛街。

我们开心地领受着朱先生陪逛的安全感，私底下却又忍不住烂嚼舌头。惠妹说："我看朱好像很女人气耶，你看他挑项链时左看右看的样子，好像特内行，比咱们还懂呢！"我不怀好意地说："我看他是醉翁之意不在酒，他好像是专为陪你这个美眉逛的，我和霞姐沾光喽！"惠妹听了追着打我，说："你这个坏姐姐，简直比帝国主义还坏！看我非打倒你不可！"

我们逛街，基本上是看女人需要的东西，遇到西服领带，就习惯性地想越过去。回头看看朱先生是否有意逗留，居然无意。他的兴趣似乎也只在女人需要的东西上，确切地说是只给他妻子选东西。他让我们给参谋一件女式大衣，我问他妻子的身高体重，他说："一米六八，55公斤。"我们三个人听后一起做出震惊欲绝的样子，为那从未谋面的朱妻的惹人艳羡的好身材。

应该说，我对于我们女人的逛街风格还是有着清醒认识的。哪里是在买东西啊，分明是在"点货"。我们看上眼的东西，那价格往往又相不中我们；价格合宜的，又往往被我们挑出一个足以气死售货员的所谓瑕疵；好不容易下决心买了一样东西，第二天又寻思怎样退掉它或换掉它。总之是特能折腾，折腾得最有涵养的先生都会对我们生出鄙夷之心。

但是，朱却绝对是个例外！

惠妹花30英镑买了一件上衣，后又在另一家商店看到了同样一件上衣，标价却是35英镑，我以为她会为自己占了便宜而欢呼雀跃的，哪想她竟来了个逆向思维，嘟着嘴说："我看这件35英镑的才是正版，我买的这件是盗版耶！"我们问她："你想怎么办吧？"回答说："决不要盗版！"朱先生笑了，对我和霞姐说："你们俩先坐会儿，我陪她回那家商店把衣服退掉，回头再来买这件衣服。"

我真的服了朱先生。我对望着朱先生的背影发呆的霞姐说："我好嫉妒朱大嫂子呀！瞧人家嫁了这么个‘限量版’的好男人！”

就要离开伦敦了，盘点我们所购货物的时候，发现其实并没买多少东西，只是逛的过程着实让人开怀。要说购买量最大的还得数朱先生，他给妻子买了一件大衣，一套裙装，两件毛衣，还有若干条很时尚的项链。想像着这些衣饰被一个高挑的漂亮女子穿戴起来，由不得直替人家预支那份春光占尽的美气。

在伦敦的最后一晚，大家决定放松一下，到中国城去唱卡拉OK。

朱先生翻看着歌曲目录，突然问我们三个道:“你们谁会唱《最浪漫的事》?”我举手说:“我会唱。”朱先生说:“好啊，我点这首歌，求你为我唱一下可以吗?”

我便唱了那首歌。

唱完之后，朱先生突然把音响调成了静音。他说:“谢谢你在伦敦为我唱这首歌。这首歌，是我妻子最爱唱的一首歌，我们每次去唱卡拉OK，她都一定点这首歌。但是，她已经不可能和我一起‘慢慢变老’了，就在两个月前，她被查出得了胆管癌，医生说，她最多只能活两年了。我的妻子很漂亮，也很爱我。和你们一样，她喜欢买新衣服，喜欢穿新衣服。结婚16年了，这是我第一次为她买衣服，而且一下子买了这么多。去年，在庆贺我们结婚15周年的时候，我俩谈了很多，很深，我们先找出了对方身上的10条优点，然后就互提意见，我给她提的意见是太爱逛街，她给我提的意见是太不爱陪她逛街。是的，我平常总以工作太忙为理由，不陪她去逛街。那时，我觉得时间还长，退休以后有的是陪她逛街的日子，哪想到，我竟然没有了那个福气。这次来伦敦，我有了个惊人的发现，我发现天底下的女人——当然包括英国的女人——都太爱逛街。这不是她们的毛病，是她们的天性。所以，我怀着对我妻子的一份歉疚，陪和她一样爱逛街的姐妹们逛逛街，也算是对我妻子的一个变相补偿吧。希望她在明白了我的这份良苦用心之后能感到欣慰……”

泪水早已经模糊了我们的双眼。惠妹哽咽着说:“谢谢你把我们当知心朋友，谢谢你对女人天性的理解！愿你的妻子早日康复，愿你们一家平安幸福！如果你不介意，我想邀请你跳个舞。”

那一晚，我们的歌声或舞步剔除了一些惯有的漫不经心，增加了一些让我们感动的激越奔放或轻舞飞扬……

馨香心语

30 年后的今天，那些在命悬一丝的紧要关头被慈悲的手神奇托起的人依然忍不住深情地回眸、不倦地讲述——

是你给我一片天

30年前，唐山发生里氏7.8级大地震。一座城市瞬间夷为平地，24万个生命顷刻归天。唐山，来不及号哭悲咽，咬着牙，开始与死神拼死拉锯……30年后的今天，那些在命悬一丝的紧要关头被慈悲的手神奇托起的人依然忍不住深情地回眸、不倦地讲述——

一

大地震那年，我15岁。我家5口人，就活着出来了我一个。

我是被解放军从废墟中扒出来的。一出来，就有人问我："小伙子，能走路不？能走路就跟我们扒人去。"我说："我能……"我咬着牙走了几步，肚子疼得要死，我倒下了。几个解放军找来一床被，把我抬到上边，说："你伤得不轻，等着吧，过会儿让人把你送机场去。"说完，他们就去别处扒人了。

我躺在临时充当担架用的被子上，被一辆卡车运到了机场。机场搭满了军绿色的医疗棚，从各地赶来的医护人员都在紧张地忙碌着。

我被送到了沈阳医疗队的医疗棚里。大夫为我诊断的结果是——骨盆骨折，急需手术。麻醉师是个年轻漂亮的女医生，她把主刀大夫叫到一边，小声地和他说着什么。大夫一听，急了，嚷道："我不管！你是干什么吃的？你自己想办法去！”麻醉师为难地说：“带得不少，可谁知道用得这么快……”

我猜想可能是麻药没有了，便对大夫说：“我不怕疼，你们开始手术吧。”大夫用欣赏的目光看着我，说：“小伙子真棒啊！”

手术马上就要开始了。我的两条腿被捆扎住了，两只胳膊分别被两个人按住，麻醉师按着我的头。手术刀割开我的皮肉的声响我都听清楚了。很快，我的身子下面被温热的液体浸湿了，我知道，那是血。

疼啊！我在心里一遍遍念毛主席语录：“下定决心，不怕牺牲，排除万难，去争取胜利！”我使劲咬着嘴唇，咬得流了血，咬得里面的肉都翻开了。突然，我感觉疼得轻了，我的眼睛就要幸福地闭上了。

恍惚中，感觉有人在轻轻拍我的脸，焦急地呼唤：“小弟，小弟……”

我努力睁开眼，看见漂亮的女麻醉师正俯在耳边叫我。她说：“小弟，我求求你，我求求你了，你可不能昏迷啊！你要是疼，就喊出来吧，别咬着牙硬挺着，你喊吧，你喊呀！”

说着说着，她的眼泪就掉下来了。有几滴泪，掉在了我的脸上。她赶忙轻轻为我擦去。她的动作，那么轻柔，让我想起了刚刚遇难的姐姐。我的眼泪也止不住流了出来。她看我流泪，慌了，忙俯在我耳边万分愧疚地说：“都怨我，都怨我，要是多带点麻药，就不至于让我们小弟受这么大的罪了……”说着说着，就泣不成声了。

手术终于做完了。麻醉师的眼睛也哭肿了。主刀大夫对一个护士喊：“马上给他输……”说到这儿，他好像意识到了什么，痛苦地擂了一下自己的头。我猜得出，一定是连输液的药也都没有了。

突然，麻醉师想起了什么，拉起那个护士，跑了出去。

不一会，她们搬回了两个盛满了空输液瓶的纸箱子，一人拿了一支针管，从那些瓶子里一点点抽取残留的液体。她们用这样的办法收集起了多半瓶子液体，开始为我输液。

输液的时候，麻醉师俯下身子问我：“小弟，刚才你疼坏了吧？”我说：“你的眼泪掉在我脸上，吓得我就不敢疼了。”她听了，含着泪笑了……

直到今天，我还和那个用眼泪为我止疼的麻醉师保持着联系。我叫她姐，她依然叫我小弟。

二

大地震那年，我18岁，正在读中专。我们的宿舍倒了，4个人，两死两伤。

我被放在一扇门板上，抬到了唐丰路。当时，许多伤员都聚集到了这里，希望能方便地被外地来唐的车辆运出去治疗。

马路上横躺竖卧的全是人，只在中间留出了窄窄的一条车道。我躺的位置不好，在最外侧，靠近田野的那边；紧挨着我的，是一个20多岁的大哥；靠近马路中间的，是一位老大爷。

我伤了腿骨，大哥好像是伤了内脏，大爷伤了脑袋。

有车开过来，上面却已载满了伤员。马路上一片喊“停车呀！救人呀！”的声音，但是，车却没有停下来。大哥痛苦地呻吟着，声音越来越弱；大爷的脑袋肿得很大，眼睛只剩下了一条缝，却不耽误他大声地叫骂。他骂天骂地，骂开车的，骂见死不救的。

下午，天下起了大雨。又渴又饿的我赶忙张开了嘴，让雨滴润湿我干裂的嘴唇。我腿上的伤口被雨水一浸，疼得钻心。

天快黑的时候，雨停了。我们依然看不见希望。

有个小男孩伤得可能不算太重，他爬到旁边的地里去拔了几个胡萝卜。因为我靠外边，他便顺手给了我两个。我拿着那两个带着绿缨子的胡萝卜，真想一口吞下去。但我咽着口水强忍着，推推旁边的大哥说：“给你。”大哥却没有任何反应。大爷嚷道：“他死了！把那东西给我吧！”我哆嗦着，隔过大哥的尸体，把那个胡萝卜递给了大爷。大爷接过胡萝卜，并不谢我，却说：“这是糊弄肚子的破玩意！跟你说丫头，要是车不

来拉咱们，咱们都得死在这儿！”

我在湿透的衣服上蹭了蹭那个胡萝卜，连缨子一起吃了。我告诉自己要快点吃，我担心大爷吃完了他那个会来抢我的。

天黑了。大爷叫骂得更凶了。他一点点往马路中间挪着身子，斜伸出一条腿，企图用这样的方法强迫车停下来。一辆卡车开过来了，老远就减了速，不停地按喇叭。但是，大爷豁出去了，就是不让路。那辆载满了伤员的车只好小心翼翼地原路后退，从土路上开走了。

大爷叫骂得嗓子都哑了。快要绝望的时候，有车灯照过来。大爷又来了精神。这下他改变了“打法”，用很柔和的声音喊着：“停下车，我这儿有好吃的！”

他举着的，居然是那个有着绿缨子的胡萝卜！

车停下了。是辆卡车。车上一片呻吟声和抱怨声，还夹杂着一个小孩子的哭声。司机伸出手来，接过大爷手里的胡萝卜，转身递给了驾驶室里的什么人，孩子的哭声骤然停止了。司机说：“真的没地方了，只能上来一个人。”说着，抱歉地看了我一眼。

“那就把这丫头搭上去吧！”大爷说，“她伤着了腿，你们抬的时候注意点。”

我的眼泪一下子就掉下来了。我带着哭腔说：“可是大爷你……”

大爷指指旁边的大哥说：“我再陪着他呆会儿，你走吧丫头！”

……

后来，我曾找过那个大爷，但没找到。我恍惚记得他说过家住在文化宫一带。每当我在文化宫一带遇着上了年纪的老大爷，我都会着意地多看两眼，巴望着他就是那个把生的希望让给我的好心肠的大爷。

三

大地震那年，我还是个5岁的小男孩。

当时，我因为肺感染正在开滦医院儿科病房住院，我妈妈陪床。地

震发生的时候，我妈妈抱着我往窗户那儿跑，可能是想把我从窗户扔出去吧。可不知怎么搞的，我从妈妈手里掉下来了。妈妈想再抱起我，房子倒了，妈妈整个被压在了废墟下面，我被埋在了瓦砾堆中。

我伤得不重，只是肩上擦破了点皮。我想站起来，脑袋碰住了什么，便只好坐下了。我想哭，嘴里塞满了土，发不出声音。我吐出了一些，咽下了一些，这才哭出了点声音。我拼命喊妈妈，可是，妈妈一声也不吭。

突然，我听到有人叫我:“宝儿，宝儿！是宝儿吧？”

我赶紧说:“是我。”

那个声音说:“我是孙阿姨，文文妹妹的妈妈。”

——文文妹妹，是我旁边病床的一个不到一岁的小妹妹。

我说:“孙阿姨，这是打仗了吗？”

孙阿姨说:“不是，这是地震了。宝儿，你没事吧？伤着哪儿了没有？”

我说:“我没事。我文文妹妹呢？”

孙阿姨说:“恐怕是死了，一点都不动弹了。”

我说:“孙阿姨，你在哪儿呢？我怎么看不见你呀？”

孙阿姨说:“别怕，孙阿姨这就过来。”

孙阿姨从铁床下爬了过来，一把就把我搂进了怀里。

我们反复寻找逃生的通道，但是，没有找到。孙阿姨不甘心呀，她不断地用双手抠挖着那透出一点点光亮的残垣断壁，可任凭她抠掉了指甲盖，我们还是给死死困在里面。

孙阿姨不断地告诉我说:“毛主席知道唐山地震了，马上就会派人来救咱们。他们这就到了，这就到了。”

但是，我听不见有人来救我们，连哭声都听不见。

过去了多久，我不知道。我只记得我跟孙阿姨说:“我渴。”孙阿姨便解开衣服，让我吃奶。等我把奶水嘬没了，孙阿姨就又紧紧搂着我，

跟我贴着脸，说着“毛主席……解放军”。

我要撒尿。孙阿姨忙扯过一条布单子，让我撒在那上面。一开始，我还不知道她这是要干什么，后来，我明白了，她居然是用这样的方式收集我的尿液，渴极了，就朝自己嘴里挤几滴。

就这样，我渴了就嘬两口孙阿姨的奶，孙阿姨渴了就拧布单子往唇上滴几滴我的尿液。我们一直在那个小小的空间里坚持了三天三夜，才被解放军扒了出来。

获救之后，我成了孙阿姨的儿子，孙阿姨成了我的妈妈。每当我们娘儿俩在一起唠起那难忘的三天三夜的时候，我都会忍不住落泪。我不知道，今生今世，我该怎样做，才能够报答孙妈妈咽下苦涩的尿液却给予我香甜的乳汁的浩浩深恩……

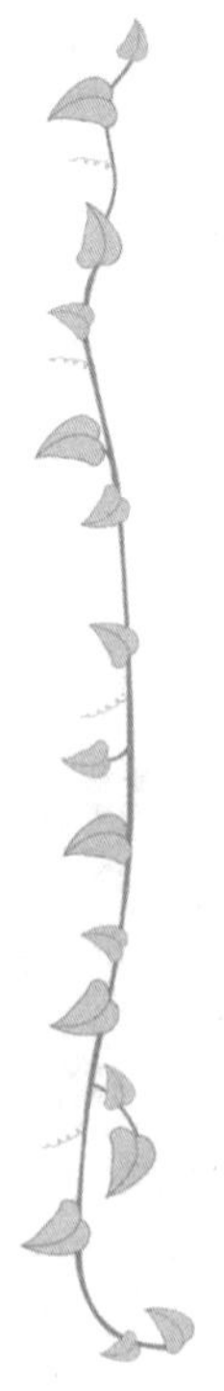

馨香心语

母亲带我上到三楼，走进那间向阳的房子。我看见7个行李卷，整整齐齐地一字排开，阳光照着它们，看得人心里生出暖来。

我家的丐帮亲戚

我的老家是冀中的深泽县。这个县每年阴历九月二十七至十月初二举办庙会，云集四方客商，汇聚八方宾朋，煞是热闹。因我家住县城，我的母亲常在庙会上给人看自行车，收入颇为可观。

1978年庙会期间的一个晚上，忙碌了一天的母亲刚刚睡下，就听到一阵急促的打门声。母亲开开门，闪进来一个瘸腿的汉子。“姑。”他说，“俺是山东菏泽的，要饭来到这里。今天瞎吃吃坏了肚子，你有治拉稀的药吗？”母亲忙找出几片黄连素，倒了一茶缸子热水，让那汉子服下。汉子吃了药，说道：“姑，俺想在你家那柴棚子里借宿一晚，行不？”

母亲痛快地答应了。

不想那汉子在柴棚子里住出好来了，整个庙会期间都不肯挪窝。母亲跟家人说：“叫他住着吧，拉拉着个腿，怪可怜的。再说，他不算不懂事，年龄比我还大，却叫我姑。”我们一起笑起来，奚落母亲被一个称谓给甜乎得晕了头。

转年庙会的时候，那汉子居然带着五六个人来我家柴棚借宿。好客的母亲像接待亲戚一样接待了他们。“那个拉拉着腿的，好像是这个丐帮的帮主哩！”母亲神秘地告诉我们说。

1992年入秋，我家翻盖住房，连那个柴棚子一起拆了。那天，父亲和弟弟正顶着个大日头在废墟堆里挑拣整砖，“帮主”又带着他的队伍来了。他啥话也没说，一摆手，乞丐们就拥上了废墟，帮着父亲和弟弟挑拣起整砖来。乡邻们路过，好奇地看着那壮观的劳动场面，问弟弟说:“嘿，是你家亲戚？怎么都穿得……这么朴素哇？”弟弟白他们一眼，不说话。

下一个庙会到来的时候，我家的新房已经矗立起来了。原来柴棚子的位置盖起了两间厢房。帮主看着那拾掇得干干净净的厢房，有些犯怵地跟母亲说:“姑，要不，俺们另找地方去？”母亲说:“别。塌心住吧，不碍事。”

于是他们又住了下来。

有一天，丐帮中有个女乞丐跟人讨要了一个苹果。一进门，就热切地唤我弟弟的孩子。孩子跑过来，接了苹果，送到嘴边就要咬。我的弟媳大叫着扑过来，“啪”地一下打掉了孩子手中的苹果。苹果骨碌碌滚到了女乞丐的脚下。孩子、弟媳、女乞丐以及闻讯赶来的母亲一起呆在了那里。

那天晚上，母亲打开了午餐肉罐头，执意让弟媳送到厢房去。

自打发生了这件事情以后，帮主他们便不再轻易给小侄食物吃了。他们送给他的东西只剩下了一样——易拉罐饮料。

时间一年年飞过。县城的庙会总是那么热闹，卖“扒糕”的日复一日地吆喝着“好吃不贵的扒糕嘞！”卖烧饼裹肉的一刻不停地往烧饼里裹肉。人们摩肩接踵，在阳光和尘土中行走。在这样的日子里，讨要钱物成功的机会自然会多些。但绝大多数人都尽量躲避着那些乞丐，努力防范着那些乞丐。乞丐们遭白眼，受唾骂，用尊严换取些微钱物。母亲也曾问他们:“你们那里日子就那么不好过吗？”他们只说:“习惯了这样往外跑。”

尽管那些乞丐总是早出晚归，极力避开人们的视线，但县城里的许多人，还是都知道了我家有一群丐帮亲戚。

一天，在保定工作的妹妹打来电话，说："姐，你猜我碰上谁了？我碰上帮主了！今天中午我跟客户一起去吃饭，在饭店门口，我看见帮主了！他坐在台阶上，把手伸进脖领子里，好像在拿虱子！我走过他身边时，他正好抬起头，天哪！他好像认出我来了！吓得我撒腿就往饭店里跑。——妈呀，吓死我了！"

我说："哼哼，我要是帮主，就一把拖住你，跟你们客户说：这是俺老妹子！这还不算，等你吃完了饭，还要死跟着你，跟到你家，睡到你的席梦思床上，把浑身的'自留畜'全抖搂到你的被窝里！"

妹妹尖叫起来："啊——恶心死我了！"

放下电话，我呆呆地想，如果我在自己工作的城市里冷不丁遇到帮主他们，我大概也会避之惟恐不及的吧？

2003年夏天，我家再次翻盖房子，将原先的平房拆掉，盖成了四层楼房。

庙会又来了。

刚巧我出差路过家门，便下车到母亲那里蹭顿午饭吃。还不等我坐稳，弟弟和弟媳就抢着向我汇报母亲和那帮乞丐的事。

原来，庙会开始两天了，还不见我家丐帮亲戚的踪影。母亲急得一趟趟出门到马路上去望，嘴里叨咕着"他们今年是不是不来了？"

庙会的第三天，小侄放学回来，跟母亲说："我看见我要饭的爷爷了！"——孩子不会论辈儿，坚持管帮主叫爷爷——母亲忙问："你跟他说话了没？"小侄说："一大帮同学一起走，我没法跟他说话。"

母亲听了直叹气。

傍晚的时候，帮主居然自己来了！他从挎包里摸出两筒可乐，说："给孩子喝吧。"母亲问："你们在哪住呢？"帮主说："俺们有地方住。前天俺们从这门前过，俺就跟弟兄们说了，看这新楼，多气派！咱不能来这儿住了——不合适。"

母亲跟帮主说:“你来——”

母亲带着他上到三楼，打开一间朝阳的56平方米的房间说:“这间房，够住不?”

……

我很想见见久违的帮主。母亲告诉我说，帮主他们忙“业务”去了。母亲带我上到三楼，走进那间向阳的房子。我看见7个行李卷，整整齐齐地一字排开，阳光照着它们，看得人心里生出暖来。

突然想逗逗妹妹，便给她发了个短信：“咱妈正带我参观丐帮的卧室。我看见有个虱子，美美地晒太阳。我问它：在这里还住得惯吗？它说：凑合吧，过些天，俺们打算去保定，那儿更舒服些。”

馨香心语

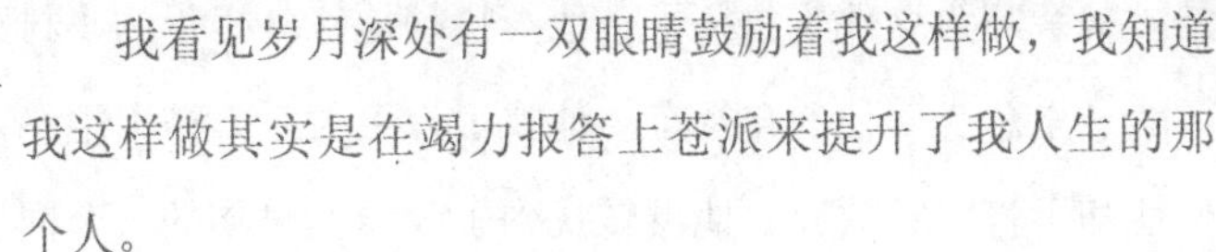

我看见岁月深处有一双眼睛鼓励着我这样做，我知道我这样做其实是在竭力报答上苍派来提升了我人生的那个人。

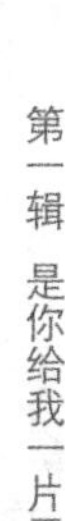

父亲给我的世界

我一直为这件事难过。我生命中那么重要的一个人，我却欠了他一个称谓——一个本应是至亲的称谓。

他是我的继父。

我是在6岁那年拥有这个父亲的。拥有这个父亲之后，我便被寄养到了30公里以外的外祖母家。不是他多嫌我这个女儿，而是我这个女儿实在不愿意和他生活在一起。我不知道自己为什么那么排斥他，反正就是不能容忍和他在一个屋檐下过活。就这样，我宁肯被每日思念母亲的痛苦折磨着，也执意要住到外祖母家。长久的不相见，使我和我的父亲越发地生分起来。有时他来探望外祖母，我放学回家瞄见了他支在院子里的自行车，便悄悄溜掉，跑到艳芝家，直到外祖母蹑着小脚找来，才不得不跟着她回家去。

我读初中的时候，性情暴烈的舅舅因为一件小事开罪了某大队干部，那个大队干部因此给了舅舅许多苦头吃。家里人都以为这事以舅舅的遭报复而告完结了，谁知道竟波及到了我的升学。那时候初中升高中是要大队干部“推荐”的，我没有被“推荐”上——虽然我成绩不错。

我早就厌烦上学了，这下好了，我终于可以在家自在呆着了；外祖父十分纵宠我，平日里看我写作业总是忍不住要劝我“歇会儿”，这下好了，老头儿不必再因为看外孙女受苦而心疼了。

但是，父亲却为这件事急坏了。他一趟趟地往外祖母的小村跑，那段时间，院子里总支着他的自行车。他找了许多关系，被人拒绝，遭人奚落，但他却不肯轻易放弃。他辗转找到了我母亲早年的一个同事，拎着挂面和鸡蛋去登门拜望人家，结果，人家收下了挂面和鸡蛋，却忘了收下我这个学生。

就在心被戳痛的那天晚上，父亲哭了。我没有看见那一幕。我照例到艳芝家去玩了，照例玩到困倦了也不愿意回家。后来我听外祖母讲，就在我玩得不愿意回家的时候，父亲为了我没有学上哭了。揣想着他除掉深度近视眼镜擦眼泪的样子，不懂事的我，竟以为那是件有趣的事情。

他又设法托人找关系。终于，我被一所叫“耿庄中学”的学校收留了。那所学校距离外祖母家有10公里远，骑车跑家十分辛苦。放学回家，把书包一丢，我便开始向外祖父大撒怨气。外祖父一迭声地叹气，说:“不去了！明儿咱不去了！”

我在耿庄中学读了一个月的书，就转学到了父母所在的县城中学。后来我才知道，父亲把我安排到耿庄中学去读书，采取的是“曲线救国”的方法，先让我在那里取得“学籍”，然后再顺理成章地转到管理比较规范的县中去读书。

父亲的家境很贫寒。他一度做过染布的差事。记忆中他的手上总渍着蓝绿的颜色。就是那样一双手，总是变魔术般地变出一些钢镚儿和破旧的毛票，递给我，满足我吃零嘴的嗜好。

1978年我高中毕业。那是恢复高考制度的第二年。我自然报了名，要参加高考。

迈进考场的日子一天天临近了。那天，我的同学改子来找我，捋起袖子说:“看，手表。我爸给我借的，考试的时候戴着它好掌握时间。”

我没有说话。虽说我也特别希望父母能给我去借块手表，但我努力

说服了自己那颗滋生出奢望的心。

高考的前一天，父亲那善于变魔术的手居然给我变出了一块手表！

——那手表不是借来的，是父亲去石家庄给我买来的。那是一块“海狮”牌手表。我一辈子都忘不掉手表上那个“海狮顶球”的图标。这块手表的价格，对于我们这个贫寒的家庭来说无疑是天价，但这天价的手表，却真真的被父亲买回来了啊！

我拿着那块手表，尝试着将它戴到腕子上。黯淡的房间，黯淡的光线，只有我手上的手表是明晃晃的。我的父亲、母亲、弟弟、妹妹团团围住了我，要看着我把那块明晃晃的手表戴到腕子上。那一刻，处在这个仪式中央的我，突然想放声大哭……

我戴着那块“海狮”牌手表，走过了高考考场，走进了大学校园，走上了工作岗位。

在远离父母的一座北方城市里，我做了一名光荣的人民教师。

成家后的第二年，我的孩子就急迫地来向世界报到了。

父母来看我，看到要强的我被忙乱包围着，连口热乎的饭菜都很难吃上，我的母亲当场就掉了泪……

时隔不久，父亲去广州出差，一眼就相中了那种刚刚面市的“电饭煲”。他毅然掏钱买下来，背着它跑了大半个中国，又亲手教我煮好了一锅米饭，这才放心地笑了……

直到今天，我依然不会对父亲开口叫一声“爸”，但在我心中，我一直熟稔地使用着这个称谓。

父亲一天天地老去，我一天天惶恐地意识到我无论怎样努力都难以报答他对我的恩情。父亲给我的爱，清醒而又绵密。他为我计划得长远，却又不曾忽略掉我最实际的需求。我不知道亲生的父亲又能在那爱上附加些怎样的成分。

我越来越强烈地感到，我今天的许多思想和行为其实都可以到父亲昨天对我的施与那里去寻求答案——作为一个被升学压力压得喘不过气来的重点高中的校长，我明白自己学校里的“差生”流失得越多对将来的升学评价就越有利，但是，我不能听任哪怕是倒数第一的学生轻易退学，在他们的老师指天发誓他们是自愿退学之后，在他们的父母在“退学申请”上正式签字之后，我一定要亲自见见那个要辍学的学生，我期待着这个孩子能够回心转意，我期待着奇迹能在那最后的时刻发生，我看见岁月深处有一双眼睛鼓励着我这样做，我知道我这样做其实是在竭力报答上苍派来提升了我人生的那个人；“时间”这个东西真正和我发生关联，我以为是自打我的腕上有了那块“海狮”牌手表以后，它庄严的“滴答”声让我不敢懈怠，不敢苟且，我坚持写作，已出版了5部散文集，我在意这样的时刻——拨通家里的电话，告诉父亲说我又和一家出版社签订了出书合同，我愿意详细地向老人家汇报我的新书的字数、印数、版税、出版社、出版日期、责任编辑等繁杂琐碎的信息，我愿意听到父亲欣慰的笑声，我愿意听到父亲温和的提醒；每当看到我的学生和他们的继父、继母发生抵牾，我都心如刀割，我甚至顾不上掩蔽自家又酸又涩的隐私，把挂面鸡蛋的故事、钢镚儿毛票的故事、海狮手表的故事和电饭煲的故事一股脑地讲给别人听；我学着疼自己，关照自己的胃口、容颜和心情，不容许自己草草地打发掉自己，每天每天，太阳照到我的时候，我都渴望能在心里对它说一声“让我们来交换光明！”……

——我已明白，人，要为爱自己的人，好好活。

馨香心语

她终于明白了，你的“好气质”源于你的精神世界的丰美，因为怀里揣着一个春天，你的世界便四季都不乏花朵。她梦想着因袭你的“好气质”，梦想着每天开出一朵自己的花来，答谢生命。

二　舅

一直以来，我总是相信，我今天的生活是昨天一双神奇的手设定好了的，我要怎样走人生的路，那手早就指给我看了。至于那是谁的手？怎样的手？我也曾试着作答，那或许是时代的手，是际遇的手，是内心深处那个不屈自我的奋争的手，是因痴爱天空就忍不住去触摸水中云朵倒影的多情的手……但是，在这些手之外，我以为我必须提到一双手，这双手引领了我，指点了我，让我从心里生出向往，并且不停地朝着那个花团锦簇的向往进发，劳顿不觉苦，垂泪犹觉甜。

——那是二舅的手。

我的二舅生得很文弱。我见过他早年的照片，在天安门前，戴着金丝眼镜，矜持地笑。每当我和他的女儿肖一起看这张照片的时候，肖总要啧啧赞叹一番，说:“你看我爹多像个北大的学生！气质怎么这么好啊！”我也附和着说:“真棒！确实像个大学生。”我的二舅妈听我这样讲，心里一定很受用，可嘴上却说:“还大学生呢，大字都识不了几个！唉，还不是因为你姥姥家穷啊！要是能进得起学堂，你二舅可是个念书的好料。”

我的二舅几乎是个文盲，但是，他的谋生手段却是说书。二舅脾气很怪，始终坚持不在本村说书。我猜想可能他觉得本乡人太知情，少了神秘感，因而难出效果吧。一年四季，总有本县或外县的人来请他说书。那时我正在姥姥家读小学。记得那一年，西旺村来请二舅说书了，点的是二舅最拿手的《三侠五义》。我和肖一合计，决定瞒着家里人去西旺村听二舅说书。西旺村离姥姥的村子有5华里的路，因为说书的时间是每天晚上，我和肖心里难免有些害怕。我们互相打气，战战兢兢地出了村口。一出村口，我俩就笑了，原来，姥姥村有很多男男女女也都正赶往西旺村去听二舅说书。我第一次听到“狸猫换太子”的故事，就是从二舅那里。那之后我又不止一次地接触过这个故事，但是，最鲜明、最生动的版本却是二舅的版本。那个叫寇珠的丫头，梳着怎样的抓髻，穿着怎样的缎鞋，挎着怎样的篮子，走在怎样的河边，想着怎样的心思……所有这些，经由二舅的嘴说出来，就仿佛到了你的跟前。舞台是简陋的，灯光是昏黄的，但是，听众是狂热的。场间休息的时候，二舅退到后台旁侧去喝水，一些人（大概相当于我们今天的“fans”吧）喊着二舅的名字拥上去，要和他“拉呱”两句，以满足自己强烈的内心需求，同时捞取向乡邻炫耀的资本。我的表妹肖坏坏地笑着说：“嘻嘻，我终于知道我娘是怎么被我爹迷倒的了。”——这是我早就听说过的，当年，有个痴女子绕世界追着我的二舅听书，直到如愿以偿地做了我的二舅妈。

我曾疑惑地问过二舅妈：“我二舅不识字，那他是怎么知道那些书上的故事的？”二舅妈说：“你二舅心儿灵啊！他十几岁的时候，跟一个叫小田的人一起干活，小田识字，能看书，你二舅就让人家念书给他听。不用多，只一遍，你二舅就把那书上讲的事儿刻脑子里了。等他说书的时候你再去听吧——啧啧，比那书上写的还要好呢！”

二舅第一次夸我，是我的作文被当作范文在班上朗读之后。二舅说：“这孩子，真有出息！好好写吧，等你写成了书，二舅就改说你写的书了！”

填报大学志愿的时候，我在所有专业栏里都填写了“文学”。

我的大一还没有读完，二舅就去世了。二舅去世之后，二舅妈翻来覆去地听二舅生前录制的一盒说书磁带，听着听着就哭成了泪人儿。终于有一天，肖流着泪悄悄抹掉了那盘带子……

可是，二舅的声音又怎能轻易从人的心里抹掉呢？

直到今天，每当看到电视上有人说书，我便不再转换频道。我用挑剔的眼光看着屏幕上的人的一招一式，一颦一笑，在心里暗暗和二舅做着对比。在我看来，二舅有太多太多的理由把他们比下去。“说书”这个词，在我的词典里是二舅所专有的。

如果可能，我多么愿意告诉我的二舅，那个当年被你夸过“真有出息”的孩子一直竭尽全力地做事，为的是不让你的这句话成空。因为领略过你在舞台上倾倒众生的风采，她站在讲台上时便会不自觉地从你那里借力，她激情地讲解古典文学，讲解人物形象，她的课在国家级大赛中获得了一等奖；因为你曾允诺要说她写的书，她便不停地写啊写，尽管她知道她所写的书已无缘让你去说，但她常常在心里模拟着你的语调去演说那些故事，经过不懈地耕耘，她已出了5本书，并且，她还在努力地写着第6本书。她从不允许自己懈怠，她告诉自己，要把每一个平凡的日子都打磨出光亮来。她觉得自己很幸运，当她在天空下茫然四顾的时候，你把她带到了文学那多彩的世界，从此，她学会了注目，学会了欣赏，学会了让心在美好的事物面前驻足。她终于明白了，你的“好气质”源于你精神世界的丰美，因为怀里揣着一个春天，你的世界便四季都不乏花朵。她梦想着因袭你的“好气质”，梦想着每天开出一朵自己的花来，答谢生命。

二舅，愿你看到那花——那被你的灵性浇灌过的花。

馨香心语

我们并没有刻意隐瞒什么，而是觉得真的没必要去碰那个秘密。那个人，对我那么好，好得常让我忘记了自己坎坷的来路。

不曾说破

春天，我接父母来自己家里住。邻居李姐得到消息后，赶忙拿着自己做的各种小点心来看望两位老人。

父母品尝着点心，不住地夸“好吃”。母亲批评我说:“你手那么拙，咋也做不出这么好吃的点心来。”父亲马上轻轻反驳母亲说:“闺女做的泡菜可是一绝。”我感激地冲父亲一笑——几乎总是这样的，母亲挑剔我，父亲维护我；母亲的挑剔让我觉得开心，父亲的维护让我觉得温暖。李姐看看我的父母，又看看我，总结般地对我说道:“你长得还是像你老爸的地方多啊。”父亲听了，呵呵地笑着，奖赏给李姐一个橘子。

李姐不是第一个说我长得像我老爸的人，相信也不会是最后一个。但是，我却是长到5岁的时候，才拥有了这个老爸的——他是我的继父。

继父姓赵。我随母姓张。

小我8岁的弟弟似乎一直对我的身世都不甚了了。他喊我姐姐，喊得特别起劲。大概是他读小学二年级的时候，有一天，他跑回家突然对母亲说:“我也要跟姐姐一样随你姓张！”母亲懵了，问:“好好的，怎么想起来改姓了？”弟弟说:“不怎么。就是，今天来了个新老师，姓张。我跟老师说我姐姐也姓张，老师不信，我就跟她说我妈妈也姓张，我也可以姓张的。——我不姓赵了，我要改姓张。”

忘了母亲究竟是怎样平息了弟弟闹着改姓这场风波的了，总之是弟弟依然乖乖姓他的赵去了。除去这一点点弟弟可以质疑我身世的蛛丝马迹，别的，我实在想不出有什么了。

后来，我离开家去上大学，大学毕业后又到外地工作。弟弟也已长大，有了女朋友。那一年，我回家过完春节，返回工作的城市，才发现把一大串钥匙忘在了家里。

弟弟打电话告诉我说，他会让在邮局工作的女朋友把钥匙挂号邮寄给我的，叫我注意查收。我便等啊等，半个月也没等到我的挂号邮件。那天，母亲突然打来电话说："你那串钥匙又给退回来了，因为你弟弟的女朋友把你的名字写错了——你弟弟没有告诉她你姓张。"

后来，我做了母亲。儿子在读小学四年级的时候视力下降得厉害，我便带他去医院看大夫。大夫问，孩子的近视有没有遗传的因素？我说应该没有。但我儿子却更正我说："有的！我姥爷就是近视——他戴900度的近视眼镜呢！"——儿子不知道他与外公其实没有任何血缘关系。

父母不曾对弟弟说破，弟弟不曾对他的女朋友说破，我不曾对孩子说破。在我看来，我们并没有刻意隐瞒什么，而是觉得真的没必要去碰那个秘密。那个人，对我那么好，好得常让我忘记了自己坎坷的来路。小时候家境贫寒，他宁可亏着弟弟也舍不得亏了我。在我生命的前5年，他没有得到抚养我的机会，但是，在以后的日子里，他一直在拼命加倍补偿；更重要的是，他以自己的善良、温煦和宽容做了我人生的榜样，使我成长为一个体谅他人、阳光乐观的人。我愿意让别人说我长得很像他，我愿意用更大的成功为他的骄傲和得意不断增值。

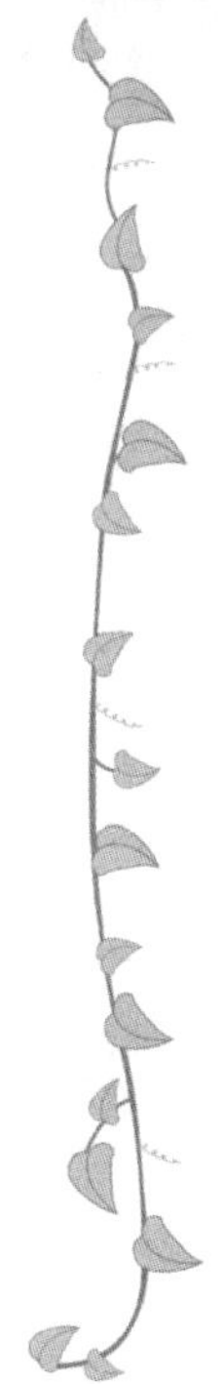

馨香心语

其实，她还是渴盼他铭记着这个日子的啊！如果他真的爱她，他就不可能听任这个日了无声无息地从眼前滑走。

美丽的红玫瑰

他和她坐在出租车的后座上，副驾驶的位置摆放着一捧红玫瑰。花瓣上喷过水。车子里弥散着湿漉漉的花香。

他伸出右手，轻轻与她的左手扣握在一起。时不时地，他暗暗用一点力。她感觉到了，悄悄地回应着他。两个人含着浅浅的笑，谁也不说话。

这是个冬天的周日，天冷得冻跑了行人的表情，他却冒着严寒早早起床去了花店。当他捧着一大束红玫瑰进屋时，她正在刷牙。看见花，她愣在了那里，满嘴满腮的泡沫也顾不上擦。他边脱羽绒服边笑着说：懒猫，快点啊！我可是就等你了。她猛地扭转了身子，不让他看见眼里有泪水在打转。

车子路过一座公园，他用力握了一下她的手，她会意地笑了。他们一起朝公园的人工湖看去，只见几个穿得像皮球一样的孩子正在结冰的湖面上玩冰车，家长们冻得在旁边哈手的哈手，跺脚的跺脚。她知道他心里在想什么。回溯100个日子，他们曾在这清波荡漾的湖边散步。那时，她说她的心里有个洞，她不愿意把别人的心也戳个洞。他却开玩笑说，世上哪有这样的事情，心上的洞还可以传染？他坚持认为，他有能力医好她心上的洞，让她快活得赛过仙女！她相信了他的话，随他迈进了一个簇新的世界。

他是一个细心的人，把与她有关的重大日子都在自己的手机里设置了“提醒”。她的生日自不必说，就连她哥哥的生日他都忘不了送过去一份祝福。

她在他的温存体恤中幸福着。

几天前她开始躁动不安——为了今天这个日子。不知为什么，她居然冒出一些古怪的想法，她希望他的手机突然出了点故障，无力再履行“提醒”的职责，或者他在被提醒之后装一回傻，不告诉她这个日子的到来，不和她商量他们该在这个日子里做些什么。但是，这些古怪的想法还没来得及在她心上落脚，她就慌忙驱逐了它们。其实，她还是渴盼他铭记着这个日子的啊！如果他真的爱她，他就不可能听任这个日子无声无息地从眼前滑走。

昨晚，他只说“明天一起出趟门”，并没有说要带花的。就算她能猜出要带花，也猜不出要带红玫瑰的。

他是个多么会爱的男人！他的爱多么细致绵密！她想。

她把和他扣握在一起的手用力地紧了一下，他敏感地捕捉到了，冲她眨眼笑起来。

他们的目的地——陵园到了。他从副驾驶的位子上抱起那一束红玫瑰，郑重地交给了她。

她接过那44枝红玫瑰，鼻子一酸，掉下泪来。

——他多么有心！今天，是那个曾经和她一起生活了15个年头的人的忌日。44，是那个男人的终年，也谐音为“思”——噢，这并肩走来的两个人的“思”啊。

馨香心语

我知道这不速之客的来意
却不忍用稻草人将它驱赶
不要说这谷穗本是我一己的所有
我放任这小鸟
是出于对生命的悲悯与哀怜
……

爱神多给了一份爱情

那时，小缎还是大二一个青涩的小女生。她的青春醒得迟。一次撞上同宿舍的一个女孩和男友接吻，她居然愣在原地，呼吸困难，险些晕倒。她是过敏性体质。“难道说，我对爱情这东西也过敏？”可是，她看电影、电视和书上的那些爱情故事就没有这种感觉。“大概，我是惧怕‘现场感’的一个人吧？”她这样对自己说。

大二的后半个学期，学院举办诗歌朗诵会，小缎是作为听众去的。她坐在不起眼的角落，一如既往地被大家忽略掉。瘦瘦高高的方达出场了，朗诵了一首缠绵的爱情诗。小缎望着他忧郁的眼睛，突然呼吸急促，有一种眩晕的感觉。后来，小缎在阅览室偶遇了方达。石破天惊地，她对他说:“你那首诗的底稿还在吗？可以借来用一用吗？”方达便把底稿拿给了她。她接过那页轻飘飘的纸，同时递过去一颗沉甸甸的心。

他们相爱了。

真正地爱起来，小缎反倒没有了过敏反应。他们有时争论起来谁率先认出了自己的那“另一半”，她说:“当然是我！我先开口和你说话的嘛……”方达用一个吻封上她的嘴，说:“命运告诉我说，作一首爱情诗吧，它将为你引来爱情。是我先用诗呼唤了你，你听见了我的声音，便做出了一个应答——不是吗?”他们每每被这样的争论灌醉。

毕业之后，他们双双去了一座海滨城市，分别到两家公司工作。半年后，他们筑起了温馨的爱巢。

因为有爱情的滋养，小缎越来越俏丽，也越来越懂得风情。只是，小缎做梦都没有想到，同办公室一个小她一岁半的男同事会和她擦出情感的火花。

他的名字中带一个“清”字，大家都叫他阿清，她便也这样叫他。阿清是一个眉清目秀、性情温和的大男孩，女朋友到国外去读研，第一封电邮就开始跟他探讨分手的问题，阿清知趣地为他们的情感画上了句号。

那天天气很冷，阿清和小缎留下来为老总赶做一个电子幻灯片。完成了任务，阿清和小缎击掌庆贺，各自穿了大衣，准备回家。闭掉办公室的灯，四周一片漆黑。小缎“啊”了一声，原地站住了。阿清拉住她的手说:“适应一下，就好了。”小缎试着抽回自己的手，却感觉阿清把它攥得紧紧的，便只好盲人般地随了他往前走。突然，小缎觉得呼吸不畅，大口大口地喘起气来。阿清一下揽住了她的腰，哄孩子般喃喃地说:“不要怕，就会好的。”小缎经他这样一劝，猛地一阵眩晕，整个人倒在了阿清怀里。阿清这才意识到事情不妙，急忙抱了她掉头往办公室走。

小缎偎坐在椅子上，头靠在阿清怀里，慢慢地平静下来。她不好意思地对阿清说:“老毛病了，不碍事的。”

再往外走时，小缎几乎是主动地拉住了阿清的手。闭灯之后，两个人都站着没动。阿清拥住了小缎。两个人的鼻子碰到了一起……

小缎似乎明白了自己有着怎样的“毛病”。原来，当她不经意地看到别人的爱情秘密或是自己心底萌生出爱的驿动时，她就会“犯病”。

小缎原本是个“爱情专一论者”，想不到自己的行为竟会这样荒唐地颠覆了自己的思想。前几天，她在网上看到一篇文章，说使人产生爱情的那种叫“多巴胺”的东西在一个对象身上维持的效力最长不超过3年，这样说来，莫非她和方达的爱情已经走上了末路？

方达还在不合时宜地爱着诗，写着诗。他所在的公司没有小缎的公司景气，但他没有因此凋落了诗人情怀。这在小缎看来多少有些不可思议。当方达在电脑上敲出一首新诗喊小缎来看时，小缎不好拂逆他，便敷衍地看上两眼，敷衍地说一声“不错”，然后走开。

小缎不敢承认自己爱上了阿清，但是，她觉得阿清身上有一种特有的气味越来越吸引她，诱惑她。那气味从那个晚上开始纠缠她，让她无可逃遁。他们的办公室一共4个人，当那两个人不在时，阿清会飞快地跑过来，给小缎一个法兰西式深吻。小缎很陶醉，在陶醉中来不及自责。她不明白爱神是怎么昏了头，多给了她一份爱情。小缎记起小时候去买4角钱一个的方格本，她给了售货员5角钱，售货员在递给她一个方格本后又糊里糊涂地找给了她6角钱，她想退回那多找的5角钱，但却不知为何拔腿就跑掉了——带着一份隐秘的欢欣跑掉了。如今，她仿佛又坠到了那种难以告人的隐秘的欢欣里，不能自拔。

小缎撇下在家写诗的方达，和阿清一道去喝咖啡。“加班”是她最好的托词，她相信她对方达撒的谎方达是永远不会识破的。

那天，咖啡厅里正播放东来东往的《别说我的眼泪你无所谓》。当听到“我想要的美，你还不想给”时，阿清笑着问小缎：“我想要的美，你想不想给呢？”小缎居然反唇相讥道：“那我想要的美，你想不想给呢？”阿清略略吃了一惊，继而起身走过去坐进小缎的那张沙发里，偎在小缎耳畔轻声说：“姐姐说明白点，你究竟想要什么呢？”

就在那天晚上，他们相约要等一个“机会”。

方达参加一家杂志社的诗歌征文活动，以一首《农夫与小鸟》夺得了一等奖。当他把这个消息告诉小缎时，小缎也真心为他高兴，开玩笑说他“宝刀不老”。

“你这才叫谬赞呢！”方达笑着说，“你连看都没看我那首诗，怎么就知道我的宝刀老与不老呢？”

小缎说:“听题目也能猜出个大概嘛，肯定不是爱情诗。——农夫与小鸟？噢，是写人与自然和谐相处的吧？”

方达沉吟半晌，幽幽地说:“算是写和谐相处的吧，但却不仅仅是人与自然。”

“那是什么？”

“有时间你自己看吧——在电脑里。”

方达要去北京领奖，小缎搂着方达的腰，柔柔地说:“老公，我会想你的！”说这句话的时候，小缎的眼角居然有清泪在闪。她不知道自己为什么要流泪，但她却是真的流泪了。她心惊地想，莫非，这是一种预先的自责？他去北京，赐予了她和阿清了一个绝好的“机会”，她将在这个“机会”里有所作为。她一直搞不清楚自己究竟算不算一个老实本分的女人。虽说她的青春醒得迟，但是，当她在昏睡中醒转来，她立刻就知晓了自己想要什么，并大胆地去要了。她率先向方达发出爱的信息，没有丝毫扭捏。她又是那样地纵宠自己，为了关照自己的情感需求，甚至和一个未婚的小阿弟混到了一起。她听女同事们骂某女子“水性杨花”时，也曾试着用这个词去套自己，但她觉得这个词套不住自己，因为自己比这个词所描述的那种女人纯洁。比如，她看到别人接吻会晕厥，再比如，她只是被别人拉了拉手就差点昏死过去。

方达拍拍她的头，安慰道:“不就才三天的时间嘛，第三天晚上我就回来了——啊？”

第一天，小缎没有把方达走的消息告诉阿清。不知为什么，几次话到嘴边，却怎么也说不出口。

第二天，小缎趁着办公室只有她和阿清两个人的机会，低声告诉阿清说:“今晚我们在一起……”

临近傍晚的时候，方达打来电话，说是有家出版社有意为他出一本诗集，要小缎赶紧把一些诗发到他的电子邮箱里。

小缎让阿清等着她，她要回家从电脑中找到那些诗，给方达发过去。

小缎打开电脑，发现“我的文档”的文件列表中第一个就是那首《农夫与小鸟》。她好奇地浏览了一遍。突然，她的呼吸急促起来。她紧盯着电脑屏幕上那些分行的文字，心脏就要从胸腔里跳到喉咙口了。

那首《农夫与小鸟》写道——

我是一个农夫
手里攥着预言的老茧
我说
我的穗子们啊
你们的别名应该叫“饱满”
穗子们听懂了我深情的歌吟
在秋风中默默膨胀着心愿

小鸟提着媚惑的八音盒
栖落在我的丰收在望的田边
我知道这不速之客的来意
却不忍用稻草人将它驱赶
不要说这谷穗本是我一己的所有
我放任这小鸟
是出于对生命的悲悯与哀怜
……

小缎一遍又一遍地读着这寓意深远的诗行，禁不住泪流满面。

她查看了一下这首诗的写作日期，居然正是她和阿清一起喝咖啡听东来东往的歌的那一天！

小缎盯着电脑屏幕，那些分行的文字突然间灰飞烟灭，她打了一个激灵，定睛再看，那些文字又回到了原来的地方。她有些心悸，脸上的一块肌肉也“突突”地跳起来。她怎会想到，她自以为连上帝都看不见的一切却没能逃过方达那明察秋毫的眼睛。他察觉到了她的移情，却没有说穿。他的手里“攥着预言的老茧”，他掐算出了谷物的丰收，也掐算出了小鸟的偷食，他还掐算出了什么？他能否掐算出她今天对阿清说的“今晚我们在一起……”？他能否掐算出她此刻在这首《农夫与小鸟》前的心惊肉跳？其实，他的这些掐算还不算最可怕，最可怕的是他说他出于“对生命的悲悯和哀怜”要“放任这小鸟”啊！想到此，小缎羞愧地捂住了脸。

那天晚上，小缎没有离开家。阿清打爆了电话，始终未曾听到小缎的回音……

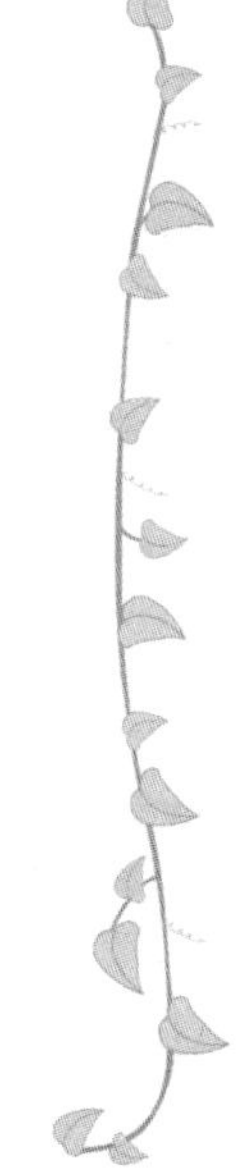

馨香心语

“花开富贵”，这是个多么逗人开怀的词！在我的理解中，这个词不单单是用来描摹牡丹的，所有被爱注过册的花，一朝开放，那方黯淡的天地，顿然变得富丽起来、金贵起来。

被爱注册的花

一

一大早，老邻居高姐打来电话，问我今天在不在单位。我问她有什么事，她说是要送花给我。

我便在办公室等她。工夫不大她就来了，怀里抱了老大一捆各色的剑兰。我说:“天哪！你批发来的？”她笑答:“不是。你姐夫退二线后没事可干，就在我家楼后面开辟了一片荒地。别人开荒种菜，种庄稼，他却种花，并且是只种他最喜欢的剑兰。”我抚摩着剑兰长长的花箭，说:“这花确实招人喜欢啊！”高姐说:“你姐夫每天起得比鸟都早，像个老农民一样在他的田垄里来来回回地走。他不怕累，不怕热，顶着个毒日头，给花浇水，施肥，锄草。有天他回到家，喜笑颜开地跟我说，喂，我的花丢了一大片！我说，咦？不对啊，咋你丢了花比拣了钱还高兴啊？他说，你不懂，丢花跟丢别的不一样。你想啊，那偷花的人眼力多好哇！他看出了我种的花值得一偷呢！这是对我工作的肯定。再说了，反正我又不指着种花卖钱，那花插在谁家的花瓶里还不都一样好看？一样让人瞅着舒心？——瞧瞧，这人都爱花成痴了。你姐夫喜欢侍弄花，却不愿意眼睁睁看着花开败。他总问我，你朋友谁喜欢花呀？赶快送去一些吧！这不，今天他剪回来了这么多花，我就全给你抱来了。”

那天，我们同楼层每个办公室都分到了几枝剑兰。大家在剑兰的花影里欢欣地转述着那位姐夫的故事，尤其是他那句“那偷花的人眼力多好啊”被大家争相传诵——那是个闷热的伏天，但我明白，几枝有故事的剑兰捎给人们的清凉，起到了消暑降温的神奇功效。

二

几年前，我在电视上认识了那个从亚美尼亚跟着邓忠刚来到中国的金发碧眼女子，她叫努内，她跟着邓忠刚去的地方是山东省荣成市崖西镇的詹家庄村。

她不知道那被丈夫苦苦思念的故乡竟是这么一个贫穷落后的地方。她第一次认识了土炕，第一次认识了长长垂挂着的灯绳。清早起来，她在屋子里打转转，却怎么也找不到洗衣机。她来到厨房，发现一个很大的容器，想，这可能就是洗衣服的东西吧，于是，她把待洗的衣服投了进去。这时候，她婆婆进来了，说，哎呀，你怎么把衣服扔进锅里去了？

就是这样一个惹得她不断垂泪的地方，却成了她的家园。

努内在自家的院子里种了许多花。有了花，有了爱，就有了扎根的理由。

贾平凹先生在他的《通渭人家》里面说，越是缺水，通渭人就越是喜欢着花草树木。栽几朵花，天天省着水去浇，一枝一叶精心得像照看自己的儿女。当他看到山沟里一堵土院墙内高高地长着一株牡丹，枝叶隆起如一个笸篮那么大时，给惊得大呼小叫，断言道：这家肯定生养了漂亮女人！

“花开富贵”，这是个多么逗人开怀的词！在我的理解中，这个词不单单是用来描摹牡丹的，所有被爱注过册的花，一朝开放，那方黯淡的天地，顿然变得富丽起来、金贵起来。

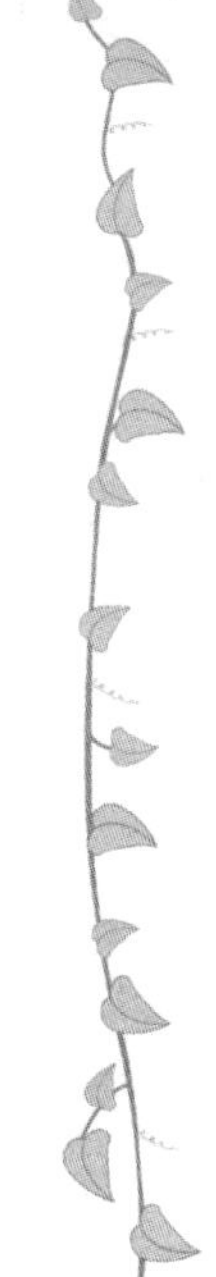

我爱离不开花的努内，我爱种出了好花的通渭人家。是他们，让我读出了花的好，人的好。

三

爱花的人无一不是爱生活的人。

听到一个有趣的故事。说是有位内蒙的女士去昆明出差，禁不住那里比小白菜还便宜的鲜花的诱惑，买了一大箱子鲜花。她坐火车回家。漫长的旅途，折腾坏了这个千里带花的痴姐姐。她不断地接来水，洒在那被暖气烘得发蔫的花枝上。后来，她放弃了将花带回内蒙的不切实际的想法，索性把花分插进旅客们扔掉的罐头瓶、啤酒瓶、易拉罐里，送到了乘务室和车厢的每张小桌前，引得满车厢的乘客开心地哗然大笑。

我相信，这个关乎花的芬芳故事，会被每一个目击者和耳闻者恒久珍存。

唐山一个摄影家举办个人摄影作品展，邀请我去参观。在满展室的作品当中，一副题目为《好闺女》的黑白摄影作品吸引了我。画面是歪斜的格子窗，窗子上方悬垂了长长的冰凌；透过明亮的窗玻璃，可见一只带豁口的碗里养了一棵盛开的白菜花，拍摄时间注明是1976年冬天，拍摄地点则显然是大地震后的“简易棚”。我不解地问摄影家，为什么取了《好闺女》这样一个题目？他呵呵一笑说:“你自己去想啊。”我想了想，说:“是不是这家人在地震中失去了女儿，他们便把这花当成闺女来拉扯了？”他笑了，说:“也是，也不是。我还有一层意思是说，一个在经历了那样的灾难之后还有闲情雅趣在那么破烂的简易棚中侍弄花草的人，对好日子的指望就像对那好看的花的指望，也像对好闺女的指望啊！”

是啊，能生出美丽的指望的心是永远都不会凋败的。

第二辑　脚窝里开出的花朵

世界造就了这样一种人，给黯淡以色彩，给喑哑以声响，给沉寂以灵动，给腐朽以生机，他从自己的眸中扼出一些光亮来赠给你，他从自己的耳中摘下一些声音来赠给你，他是诗人，揣着一颗珍贵的诗心在寻常的日子里行走，在他的身后，脚窝里开出了不败的花朵。

馨香心语

当世间最疼我们的那两个老人相继走远，当我们被孤零零地剩在这扰攘的人间，尤其是当我们在街角不经意瞥见一个酷似自己父亲或母亲的身影，我们怎能不顷刻间泪下沾襟？

至善的祝祷

梦想，这是一个被赋予了极大自由度的词语。面对这个词语，心灵可以恣意生出最荒诞离奇的祈愿。所有不切实际的展望都不该遭到哂笑，所有不合逻辑的表达都不该遭到讥讽。

面对这样一道宽松的人生命题，太多的回答迷乱了我们的眼睛。但是，在这些回答当中，我最钟情的那个回答却是“父母健康长寿”。在我的眼中，这个梦想是一个高品位的梦想。

年幼的时候，我们的心只顾得去追寻花朵的消息和云霓的消息了，我们以为，父母就是一座永不坍塌的山，可供我们恒久倚靠。那时候，你也许还没有学会做“父母健康长寿”的梦。可当突然有一天，父母仿佛一下子步入了老境——耳聋了，眼花了，喜欢吃软的东西了，腿脚越来越不利落了……这时候，你悚然一惊，知道上帝残忍地收走了父母最美好的人生岁月，那个早已习惯了无微不至地照顾我们的人竟然需要我们来照顾了！面对这真实的一切，你的心情怎能平静？那句至纯而又至善的祝祷怎能不在你的心空钟磬般响起？

父母，这带我们来到这尘世间的人，这用爱与担心分分秒秒陪护着我们的人啊！父母给予我们的爱，有的清浅如溪，有的厚重如山。得着这爱的喂养，我们长成了现在的自己。只要父母健在，多大的人都可以被宠成孩子，外出有人牵念，回家有人远迎。“多年父子成兄弟”，这话是汪曾祺老人说的，不知为什么，每次在心里重温这句话，都要莫名激动。我多么喜欢看人间厮守成了“兄弟”的父子与厮守成了“姐妹”的母女啊！这美丽的厮守，或许曾让拥有的心忽略，甚至曾被倨傲的心悄悄厌烦，但是，当世间最疼我们的那两个老人相继走远，当我们被孤零零地剩在这扰攘的人间，尤其是当我们在街角不经意瞥见一个酷似自己父亲或母亲的身影，我们怎能不顷刻间泪下沾襟？

我有一个同事，我叫她刘姐。那年早春，刘姐的慈母大去。后来，她跟我说起了母亲在病魔缠身时她为老人所做的一切，包括辗转三个省寻觅到老人最牵挂的一个早年邻居，使老姐俩终于见上了一面……望着泪眼婆娑的刘姐，我安慰她说：你已经为老人家做得够多了。刘姐说：母亲在世时，我也用这样的话给自己解心宽；但是，直到母亲去世后，我才明白，我所做的一切其实都是为我自己做的——为了安妥我的一颗心做的，并且，不管我做得多么完美，事后想来都会感到是憾迹斑斑……

造命之恩，养命之恩，慧命之恩……这么多的恩情涌泉般慷慨地施与了我们，我们穷尽了今生也报答不完啊！衷心祝愿和我怀抱同样梦想的人，愿我们好梦成真，愿我们的父母健康长寿！

馨香心语

活着，就不要亏了自己。在快乐与忧烦轮番袭扰我们的岁月里，不要忘了给自己一个犒赏，更不要忘了让这个犒赏标出你心灵的高度。

给自己的犒赏

突然想到“犒赏”这个词，觉得自己一直是一个颇善于给自己犒赏的人。回想给自己犒赏的历史，竟不期然地看出了心灵长成的轨迹。

读小学的时候，如果考试得了“双百”，如果作文被语文老师当作范文在班里朗读了，我就会萌生出犒赏一下自己的想法。那时候我对自己的犒赏是一包两角钱的葡萄干。一个人走在回家的路上，揣着隐秘的欢乐，边走边踢起路上的小石子，嘴里细细地嚼着酸甜的葡萄干，感觉自己就是快乐之神的爱女。

后来，我长大了一些，依然是一遇到开心事就迫不及待地要犒赏自己，这在我似乎已形成了一个习惯。只是，我对自己的犒赏已从一包葡萄干变成了一个发卡，一条纱巾；再后来，这犒赏变成了跟一个自己感兴趣的男子的缠绵邀约；当然，有时也免不了会纵宠一下自己不可遏抑的物欲，一掷千金地购买一件奢侈品，然后，在享用的过程中接受来自心灵不知哪个角落的轻轻呵责与小小挞伐。

现在，我每日被烦乱的工作和烦乱的心绪包围着，有时候，得到了一个关乎自己的好消息——文章获奖了，被自己颇在意的人夸赞了，等等，我居然就忘了犒赏自己，或者说，我居然就觉得这根本就不值得犒赏了。烦心的事一件接着一件，我在这些事情的间隙微微地抬起头来，想到给另一方天空下的某人一个电话，想到在电话里聊一些轻松的话题，连俏皮的台词都设计好了，连亲昵的语气都准备好了，我的手放在话筒上，却没有轻易拨出那个熟悉的电话号码。我继续埋头做事，直到把那些事情都一一打理完毕。每次都以为会熬不过来的，但每次又都熬过来了。我站在一个事件的尾巴上喘息，像刚刚跑完了3000米。这时候，我会体恤地跟自己说：哦，现在可以给那人打个电话了，愿聊什么就聊什么好了。——就这样，我幸福地吃到了精神的葡萄干。

从给甜蜜的事情赏以物质的奖励，到给痛苦的了结施以精神的安慰，我对自己的犒赏，前后发生了多么大的变化啊！那天读龚自珍的诗，“未济终焉心飘渺，万事都从缺憾好。吟到夕阳山外山，古今谁免余情绕”，突然就很想知道定庵先生是不是也在用这样的诗句犒赏自己不再执著一念的心。心结豁然解开之际，那定庵有没有被这一包精神的“葡萄干”逗弄得心花怒放呢？念及此，由不得兀自笑起来。

你应该也有这样的体验吧——少年的快乐，其实多是年少时未曾意识到的快乐。少年的快乐，偏爱在成年的回忆里织锦。而人生的快乐又何尝不是如此呢？虽说是万事有憾，虽说是余情绕人，但当人生谢幕之时，那历经的坎坷悲辛大概还是会幻化成漫天华美霞霓去耀人眼目的吧？心儿会开花的时候，我们对着那花欢笑过了；而今，心儿被尘埃覆了，被琐事缠了，被忧烦侵了，被懊恼挟了，被伤了，被负了，被欺了，被窃了，怎么办？怎么好？那也不要怨，不要怕，依然是，给自己一个犒赏吧！哪怕仅仅是跟可以对话的人对对话——用电话跟远方的某个朋友对话，用读书跟逝去的某个朋友对话，用写作跟未来的某个朋友对话。

——活着，就不要亏了自己。在快乐与忧烦轮番袭扰我们的岁月里，不要忘了给自己一个犒赏，更不要忘了让这个犒赏标出你心灵的高度。

馨香心语

日子砸下来。有多少影人儿不知所踪？美妙的台词在伤感的嘴里喑哑。那在岁月的皱褶里失传的，是无与伦比的精湛演技，更是带着温度的刻刀与携着体香的眷念。

影人儿

冀东有一种皮影戏，以薄而透明的驴皮刻出人或物的形状，在打了灯光的幕布后面要弄。那映在幕上的“影人儿”，被巧手的师傅随意操纵，行走坐卧，打斗亲昵，什么都来得。

在朋友开的一家“民俗博物馆”里，我以“箭杆”挑了影人儿，在幕布后面笨拙地引着一个盛装的女子走路。她是不幸的。被我耍得时而飞起时而倒地，好不容易站稳当了，却迈左脚甩左手地顺了边。旁边一个看热闹的人给逗得哈哈大笑，竟忍不住也操起一个影人儿来，让“他”伸出一个指头指点着“我”好一番奚落嘲笑。

——我们的后面是“箭杆王”的巨幅画像。那个瘦瘦的民国初年的民间艺人，看着我们这样拿着他心爱的“玩艺儿”胡闹，不知道会不会在覆了薄尘的像框里面皱眉叹气。

朋友带我去他不轻易示人的“珍品间”参观。进屋之后，我立刻捂住了鼻子。朋友说:“是影人儿上刷的桐油的味儿。年月久了，有些刺鼻。不过跟你说，这些年，我走村串户地去搜罗这些宝贝的时候，还真就是奔着这个味儿去的！嘿嘿，说实话，我对这个味儿还挺着迷的。”朋友说着，抖开一方淡蓝色天鹅绒，将全套的《西厢记》铺展在我面前。那美轮美奂的宫室，那精美考究的陈设，特别是那些惟妙惟肖的人物，把我

的心逗得欢跳起来。我用箭杆挑起崔莺莺，一下子呆在了她的面前。只见她云髻半偏，双目含情，腰若纨素，仙袂飘举。我跟朋友开玩笑说："天，她这么美，张生自是要着迷；只怕是，你这个李生也要心旌摇荡了吧？"朋友的脸微微一红，轻抚着影人儿腰身的手竟下意识地闪开了。不期然地，他略带窘迫的目光撞上我不胜惊讶的目光，两个人同时哈哈大笑起来。朋友的眼睛放着光，说："你仔细看看，这眉，这眼，刀法多么细腻；你再看这裙上的蝶，好像就要飞起来了！你知道吗？当年，箭杆王在小山一带耍的就是这个崔莺莺啊。"我"哦"了一声，举着崔莺莺的手禁不住轻颤了一下。我用力捏了捏手中乌亮光滑的箭杆，试图从那上面触摸到那双灵异的巧手的遗痕。我默念着箭杆王当年耍影人儿的口诀——"青衣身稳两手交，少女步小目下瞧，彩旦身乱晃，花旦手掐腰"，走到白的墙边，借了一缕挤进窗帘的日影，神助般顺利流畅地完成了一串崔莺莺从容行走的动作，朋友立刻不失时机地尖起嗓子吟道："云敛晴空，冰轮乍涌。风扫残红，香阶乱拥……他做了影儿里的情郎，我做了画儿里的爱宠。"

恍惚间，我仿佛看到了在民国银亮的月光下面，简陋的舞台下涌动着人的潮水。身怀绝技的箭杆王娴熟地在幕布的后面操纵着一个女子的精魂翩舞凄唱。有人喝彩。有人倾倒。幕布上虚幻的影子撞进寂寞的胸怀，撩拨善感的心……

日子砸下来。有多少影人儿不知所踪？美妙的台词在伤感的嘴里喑哑。那在岁月的皱褶里失传的，是无与伦比的精湛演技，更是带着温度的刻刀与携着体香的眷念。

我的手，在美丽的影人儿上流连。每一件作品我都要俯下身子仔细观瞧。朋友夸张地用手为我扇开桐油的气味。我在心底窃笑起来。因为，只是短短一个钟头的时间，我就已经不再排斥这种原本很刺鼻的气味了。我知道，我的魂，已被这些怀揣着各种心事、见证过世事变迁的影人儿夺了去；我也知道，功利浮躁的我们再也雕不出、耍不活这些影人儿了，那在入口处被当作商品出售着的，是永远也附不上精魄的赝品。

馨香心语

听这小船欸乃，看这山水皆绿，连我疲惫的生命也被辉映得如此有声有色了。

领受你美丽的抚慰

我是在小学课本上认识小英雄雨来和他的“还乡河”的。闭了眼，雨来就在那条河里扎猛子。但我一直没机会去亲近那条距离我现在生活的城市并不遥远的河，只在假想中分享着雨来在水中当泥鳅的惬意。

终于，骤然降临的酷暑把我和几个朋友赶到了这条还乡河边。

没有想到，这竟是一条很媚气的河流。我疑心它是粗枝大叶的北方变的一个想逗笑水乡妹子的魔术。我呆立于清泠泠的水边，愣愣地开口向当地一个林业工作人员问道:“这条河，一直是这个样子吗？”他不解地望着我，说:“是啊。不是这个样子又该是个啥样子呢？”——不，我不是在怀疑什么，而是觉得在我的襟袖之间藏着这样一条简直是照着漓江的样子梳妆过的河水，多少有点不可思议。

我们租来橙色的救生衣，认真地穿好，准备上船。

“这么多蛐蛐呀！”一个戴眼镜的女友大叫起来。她的话音刚落，就有人反驳道:“你仔细瞅瞅，那是蛐蛐吗？是小蛤蟆！”我躬下身，发现脚下的草丛里确实蹦跳着成千上万个土褐色的小东西。一想到它们是幼年癞蛤蟆，我起了浑身鸡皮疙瘩，抬起的脚怎么也不敢落下去。船家走过来，说:“这不是癞蛤蟆，是青蛙。教给你们一个辨认的办法——‘大嘴是蛤蟆，尖嘴是青蛙’。你们好好看看，它们都是尖嘴的。”说着，猫腰抓起一把，递到了我们面前。我们惊叫着，顾不得自己脚下有无小青蛙殒命，拼命往船上跑去。

那是几条简单的木船，比我小时候折的纸船复杂不到哪去。

穿白色对襟衫的船家悠悠地摇着橹，跟不远处的几个同伴吆喝着问答，大概是讲谁谁的“鱼阵”里圈住了一条多大的鱼之类。待船家闲下嘴来，我忙抢着问:“什么叫鱼阵啊?”他一指河边类似竹栅栏的东西告诉我说:“那就是鱼阵。用竹扦子插成一个迷阵，鱼只能顺着往阵里游，不能戗着往阵外游。渔民就用这土法子捕鱼。”我问:“这河里鱼多吗?”船家说:“多。还好吃呢！可我们摆鱼阵时把扦子插得特别稀，我们只圈大鱼，不圈小鱼，小鱼进不了阵底，从扦子缝里就跑了。”有人插言说:“我们老家那儿有‘炸鱼’的，还有‘电鱼’的呢！炸鱼就是往水里扔炸药，把一大片水里的鱼都炸死；电鱼就是往河沟子里通电，把整条河里的鱼都电死……”不等那人说完，船家就抢过话头说:“哎呀，这事干得可忒‘绝户’了！咱还有儿子、孙子呢不是？炸光喽，电绝喽，咱还不得招子孙们骂呀？——我们这儿可不兴这么干。”

我心头一热，觉得这个穿白色对襟衫的汉子还真有几分素质。

岸上的绿，深深浅浅的，跌进水里，在波中漾啊漾的，给我们橙色救生衣的倒影一衬，十分好看。

水阴阴的，把我们的思绪都浸得微凉了。

有鸟叫声送入耳鼓。水娇水媚的鸣啭，让人疑心是从水底传来的。有人问船家那是什么鸟，船家有些不好意思地说他也不知道，接着他解释说:“鸟忒多了，实在是认不过来。要说这河上最好看的鸟，还是白天鹅。每年刚开河的时候，就有几百只白天鹅来这里歇脚。它们的叫声传得好远！呃呃呃呃……它们叫得可好听了！它们在这河上呆半个多月，然后就往北飞了。看到半山腰上那个村子了吗？那就是我们百草坡村。我们村里的人们都认识那些天鹅，天鹅也认识我们村里的人们。年年见了面，大家都欢喜一阵子，跟老朋友一样。我们百草坡的人都稀罕鸟，野鸡跑到房顶上偷吃玉米，也没人伤它们。”

我们听得欢叫起来，仿佛天鹅和野鸡也成了乐于跟我们厮守的好朋友。

越往下游走，河面越开阔，河水也越深了。

水面上飞舞着许多小小的蓝蜻蜓，忽来倏往，仿佛是从梦中飞来的，又仿佛是要飞到梦中去。我伸出手，想要捉一只，不料，有两只小精灵居然大大方方地联袂落到了我的胳膊上，任由我观赏把玩。

有人突然倾下身子，试图抓住水里的一条小鱼。船身猛晃了几下。船家笑问那个惊魂未定的家伙："会水不？"那人说："不会。"船家说："我们这里的人全都会水。那小英雄雨来的水性可不是吹出来的！"我好奇地问："你们这儿的人是不是特为雨来骄傲？"船家说："那自然！我们也特别感谢作家管桦，他把我们这条还乡河和生活在河边的人都写活了。"——嗬，他还知道管桦！让我更加惊异的事还在后头呢。小船驶过一座小庙时，船家告诉我们说："这叫'红石庙'。传说庙门上有一副对子，上联是'山庙无灯明月照'，下联是'山庙无门白云封'。——别看有这么多重字，可真是好对子啊！你咂摸咂摸，越咂摸越有味道！"

大家饶有兴味地重复着船家所说的对联，一边撩水一边咂摸着其中的味道。一个女友俯在我耳边说："啧啧，没想到，雨来的这个老乡还挺儒雅。"

我轻轻舒了口气。我在想，小小的雨来，用他的机智勇敢捍卫了这好山好水。今天，如果他九泉有知，一定愿意他热爱的山水得到更多的人热爱，也一定愿意他敬重的父老得到更多的人敬重……

日已过午，岸上的朋友已是几番来电催促上岸了，我们的船依然被水深情地挽留着。有人突然问船家道："你们百草坡有房子出售吗？多少钱一平方米？"不待船家回答，满船的人就都欢笑起来。

"唉乃一声山水绿"，是柳宗元的诗句吧？先前，我总以为只有在南方才可以领略这般景象，然而，今天，我在北方一个叫黄昏峪的地方也幸福地潜入了这句诗的内核——听这小船唉乃，看这山水皆绿，连我疲惫的生命也被辉映得如此有声有色了。我喜欢童年时在书页上揣想过的这条河，喜欢这有些媚气的清泠泠的河水，喜欢这河畔生长出的原生态的故事，喜欢会辨认青蛙、会模拟天鹅鸣叫、会咂摸好“对子”的船家。当酷暑追击我们的时候，我庆幸能和朋友一道遁入这个水光潋滟的时刻，通过蓝蜻蜓的翅膀领受一种特别的抚慰，通过不知名的鸟叫宴享一种特别的恩宠。

有个美国人曾说:“朋友们问我去林肯的弗林特湖畔做什么？看四季的轮回难道就不算是一种职业吗？”说这话的人叫梭罗。真喜欢他这个回答。但是，俗务缠身的我们，谁个又敢口出这等狂言呢？大自然是精彩的，万物之灵的人也该活得精彩。然而，大自然的精彩常被我们过于好奇的手改写得面目全非；自作聪明的我们，还常常用这样或那样的理由剥夺了自己亲近大自然、让生命呈现精彩的机会。我想，就算我们不能奢侈地以“看四季的轮回”作为自己的职业，至少，我们也应该懂得，业余去亲近一回大自然，是人生应该追求的一种荣光……

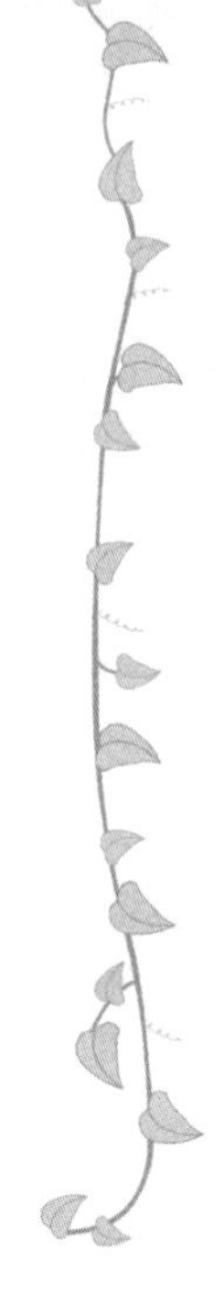

馨香心语

如果你真心爱它们，那就请你“忘了它们的存在”吧，因为它们最美好的祈愿，就是与你相忘。

相　忘

慕名去峨眉山访猴。

走完长得不可思议的山路，终于看到前面人头攒动，知道那便是猴子出没的地带了。

早买好了数包猴食，捏在手里，预备作为见面礼的。看到一只肥硕得像熊的猴子高傲地从我的一个同伴那里取走了食物，不由心中发急。遂学了当地人的口音，唤猴子来食。这招儿还真灵，一只又小又肥像皮球一样的猴子听得我唤，犹犹豫豫地朝这边走来。我连忙讨好地将手中的猴食捧了过去。猴子灵敏地将纸包取走，急不可待地撕开了看，像是要检验我所进贡食品的优劣。——还好，它总算满意了，开始美美地享用。它离我那么近，吃相又有趣，我不由蹲下身子，想看得更仔细些。不想，它居然腾跳起来，威胁地冲我挥了一下手臂，“嗖”地逃掉了。

我扫兴地站起身，心里埋怨这只猴子简直莫名其妙！导游在一边笑着问我：你是不是看它的眼睛了？我说：它不让人看吗？导游说：它对人的眼神很敏感的，它看你可以，但只要你和它对视，即便你是出于善意，也会惹得它生疑——它以为你不会平白无故地看它，看它，就是冒犯它的第一步。

上帝，峨眉山的猴子原是看不得的。

突然想起母亲和野鸽子的事。

那时，我家有一个不小的院子，院子北头有一个水龙头，水龙头旁边的低洼处总是积存着一些水。有两只脖颈生着绿羽毛的野鸽子，习惯了在树上高歌之后来这里饮水。那年暑假，我回家探望母亲。第一次看到两只好看的野鸽子在那么近的地方从容地低头啄水、仰脖咽水，感到特别惊喜，不由想靠近它们一点，再靠近它们一点。终于，它们觉察出了我异样的靠近，“忒儿”地飞走了。

那之后的三四天，野鸽子都没有出现。母亲说：看你把野鸽子给吓着了，要不人家天天都来这里喝水的。我听了，心中生出些歉疚。那是母亲的小伴儿呢，就因为我吓着了“人家”，“人家”就不肯光顾了。后来，又听到梢头有了“咕咕咕——咕”的歌唱声。母亲说：一会儿准来喝水！果然，两只野鸽子唱累了，双双栖在我家院子里，从容地喝水。我端着个簸箕，正要去倒垃圾，看到眼前的一幕，不敢动了。母亲笑着接过我手中的簸箕，说：你看着！说完，端着簸箕径直走到院子里去了。她走过两只野鸽子身边的时候，它们好像没有察觉，继续低头啄水、仰脖咽水。等母亲倒完垃圾回到屋里，我迎上去，低声问她：你比我上次离它们近多了，它们怎么不害怕？母亲笑笑说：你要假装没有看见它们，忘了它们的存在，这样，它们就不怕你了。

我想，大概，在猴子和野鸽子的眼里，我的眼神是不值得信赖的。虽说我拿走了目光中所有的锋芒，虽说我极力取悦那同时也在注视着我的眼睛，但是，那似乎能够洞穿一切的眼睛依然不容我与之对视！

其实，大自然怀抱中的动物们原本活得多么好。它实在不需要你或恶或善的注视。如果你爱它，就不要拘禁它，折磨它，也不要挖空心思地保护它，爱抚它。千百年来，它们在大自然的怀抱里繁衍生息，活得快活惬意，它不需要你为它的冷暖操心，更不需要你为它投食喂水。它们以自己特有的语言交谈，说着四季变换的消息。它们几乎都是绝美的，肥瘦秾纤皆能得到很好的控制。

峨眉山猴子一身的赘肉，是对游客畸形好奇心的无声挞伐。真的，

大自然饿不死一只猴子，但争先恐后的投食却扭曲了一只猴子的形象。

——如果你真心爱它们，那就请你“忘了它们的存在”吧，因为它们最美好的祈愿，就是与你相忘。

馨香心语

别让你的眼和心黯淡下去，让它们放出光来，点亮每一个日子，激活每一处风景。

点亮日子

有一位陌生观众通过王小丫的朋友给她发了一条短信："小丫，我真的很佩服你，这么多年了，你在《开心辞典》中还能两眼放光……你能对重复的工作保持如此之久的热情，真是挺难得的一件事情啊！"《开心辞典》从2000年开播到现在，将近6年的时间了，王小丫美丽的眼睛依然能够放出光来，这确实是件令亿万观众开心的事情。

在中央电视台主办的"中国魅力城市评选展示"活动中，东临鄱阳湖的九江市被评为了中国魅力城市。那期节目播出之后，一位居住在距离鄱阳湖十数公里远的先生，迫不及待地步行来到鄱阳湖边，激动万分地尽览鄱阳湖绰约的风姿。他在写给节目组的信中说道："虽说我一直生活在鄱阳湖畔，但是，很惭愧，我一直忽略着她的美。是这部片子让我重新认识了鄱阳湖，让我看到了她令人倾倒的美丽景色！以后，我会常来这湖边散步，享受自己曾经粗心错过的幸福。"

我想，生活中的我们，往往会不自觉地走向王小丫的反面。理想，事业，伴侣，这些原本是用来供我们爱的，但是，爱着爱着，我们就有点爱不动了。今天是昨天的"拷贝"，明天是今天的复制，我们初始的爱，渐渐覆上了恼人的尘埃。爱被折旧了，我们的两眼失去了放光的功能。"我的爱，不再有花开"——这是刘欢唱的歌吧？不再有花开的爱，就那么蔫着，惹得人开始恹恹地怨责起这世界的乏味和无趣。

如果说“折旧”还可以归咎于光阴的磨砺，那么，“忽略”只能说是源于自身的一种痹症了。我们的心，那么粗疏，美景当前，我们却视而不见。我们似乎更喜欢对远处的风景付出一厢情愿的猜想，总以为那目力难及的地方才可能是美的故里。湖水在眼底荡漾了几十载，可就是难以越过心堤，成就心中水波潋滟的景致。

说起来，“爱”与“美”原是两样多么容易受伤的精致器物啊！时光在流转中那么容易噬啮了它们，目光在漠视中那么容易贬损了它们。护爱好它们，就等于护爱好了我们内心最柔软的部分。你愿不愿意从现在开始，唤醒麻木的神经，高声说出绚烂的梦想，柔声说出动人的情语，从一茎草上读懂春天，从一片霞中读懂岁月……说真的，我喜欢王小丫会放光的眼睛，也喜欢真诚赞美这眼睛的人；我欣赏那位一看完节目就兴致勃勃去亲近鄱阳湖的先生，欣赏他以歉疚的口吻说出对鄱阳湖美景的辜负。别让你的眼和心黯淡下去，让它们放出光来，点亮每一个日子，激活每一处风景。

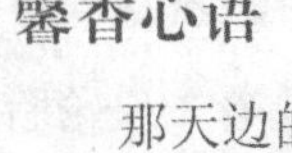

馨香心语

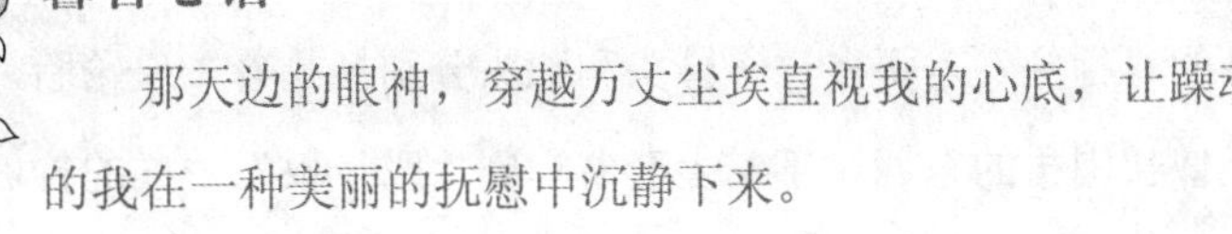

那天边的眼神，穿越万丈尘埃直视我的心底，让躁动的我在一种美丽的抚慰中沉静下来。

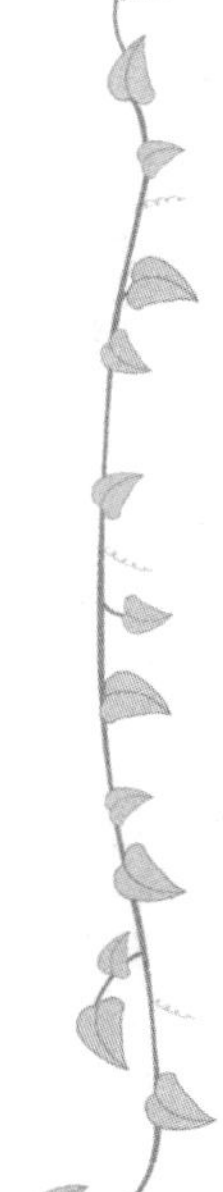

天边的眼神

从西藏归来已有月余，但我那颗被天染蓝、被水浸绿的心却仿佛依然滞留在那块神奇的土地上，不肯随我的身体回来。那天边的眼神，穿越万丈尘埃直视我的心底，让躁动的我在一种美丽的抚慰中沉静下来。每天，我只要一坐在电脑前，一定首先点开那个名为《我与西藏》的文件夹，看在西藏时拍摄的100多幅照片，想那与照片相关联的一段段故事——

伍加一家

在我手机的记事本里储存着这样一条信息:“伍加，1946年出生，藏族，四川省石渠县东区瓦须乡香钦村人。2004年9月率妻子和两个儿子(长子18岁，次子13岁)踏上朝拜之路。目的地：拉萨大昭寺。”

我们是在2005年7月3日上午由拉萨去往林芝的路上遇到伍加一家的。当时，大家在小面包车里吹着冷气，一边吃零食，一边跟着音响哼唱《高原红》。坐在副驾驶位置上的导游突然回头对我们说:“前面有磕长头的，你们要不要停下看?”我们说:“要看!”车子于是停下来。

大家都拿了相机，争先恐后地为那一家四口人拍照。在连绵起伏的冈底斯山脉的一个凹洼里，在汩汩流淌的尼羊河畔，伍加和他的梳了满头小辫子的妻子一人推了一辆手推车，顶着毒辣辣的日头平和地赶路;

而他们的两个儿子，在距离他们大约100米远的后面，磕着等身长头前进。哥俩的“行头”差不多——鞋头和膝头分别捆扎着一块轮胎，前身系一条类似长围裙的东西，手掌上套着一副“趿拉板”一样的竹板。见我们拍照，哥俩就站下了，友好地冲我们笑。导游跑到弟弟面前，从他手上要过那副竹板，学着他们的样子，双臂前扑，身体倾倒，以额触地——一个还算标准的“五体投地”。弟弟和哥哥看着她趴在地上，相视笑起来。导游把竹板还给弟弟，问他们是哪里人，什么时候离家的，家里还有什么人，需要向家里报平安吗，等等。说到给家里报平安，哥哥的眼睛亮了，无限感激地向导游不住地点头。导游问:“那就留个地址。有身份证吗?”弟弟抢着说:“我阿爸有!”说完就开始喊他的阿爸。可是，因为距离较远，前面的阿爸听不清孩子在说什么。弟弟便决定走过去向阿爸讨要。让我们没有想到的是，那孩子居然要磕着长头“走”完这一段距离!因为“走”得急，他小小的身躯快速地起落着，但即便如此，他的动作也决不敷衍!直看得我们这一干人等忍不住唏嘘慨叹起来。

我们返身上车，拿上自己带的可口零食，开封的没开封的，一股脑地送给了伍加一家。

第二天，我们从林芝返回拉萨。刚一上路，大家就开始念叨伍加一家。我们粗略计算了一下，他们要到大昭寺，起码还要走两个月的时间。有人说:“真想带那小哥俩一程呀!只要他们肯上车，中午他们就可以到八角街吃午饭了。”有人反驳道:“快省着你那点好心吧!知道吗?你那是在害人家呀!人家整整走了10个月了，少不了饥啃草根渴咽雪的，眼看着就要大功告成了，你却想让人家前功尽弃!”有人感叹说:“伍加他们真是想不开，干吗非要这么折磨自己呀?信徒要是虔诚到这个份上，就显得太愚昧了。”有人立刻嗤笑道:“你嘲笑人家，人家还嘲笑你呢!人家伍加会想：瞧这一伙子人多可怜，连信徒的快乐都不懂，啥艰辛都不愿意付出，借着几个车轱辘东跑西颠，算啥本事!靠这样的手段去神圣的大昭寺朝拜——哼，耻辱！”

“快看！伍加他们！”

我们立刻停止了议论，齐刷刷趴到车子的左侧窗上。我们看见，在绸缎一样的尼羊河畔，在一片开着灿黄小花的草地上，支起了一个粉蓝色条纹的帐篷，伍加一家，就在那帐篷里歇脚……

今天，就在我坐在电脑桌前敲这篇文章的时候，伍加一家该正在赶路吧？他们过了经幡飘飞的米拉山口了没有？两个孩子还好吗？想着这些难以索解的问题，心口竟微微痛起来。

快乐玄机

在布达拉宫买门票的时候，我们每人获赠一条哈达。大家把哈达挂在脖子上，问导游该把哈达献到哪里，导游说，过一会儿上到红宫和白宫的时候，大家可以随意把哈达敬献给任何一尊佛像。

蓝天在我们的头顶，蓝得有些失真；偶有白云飘过，就有人急唤同伴：“快给我拍一张！拍上这朵白云！”

我们走到一堆刻着文字的石头面前，看到旁边的树上挂着几条哈达，便问导游这是怎么回事。导游告诉我们说：“这些石头叫做玛尼石，是朝拜者们从遥远的地方一块块搬来的。”有人被虔诚的朝拜者不辞辛苦搬运石头的举动感动，当即从脖子上摘下哈达，用一个活结系在了玛尼石边的树上。

转过一个弯子，我听到了一阵特别嘹亮的歌声，是无伴奏的女声合唱，高亢得仿佛钻到了云彩尖上。便忍不住猜想：难道布达拉宫也像别的旅游景点那样举办民俗活动，用地方风情歌舞吸引游客？

喘息着爬到最高处，感觉脚下的路面突然变得好光滑。“哟，这里怎么会是水磨石的地面？”有人向导游发问。导游笑起来，说：“你再好好看看，这跟你们那里的水磨石地面是一样的吗？”我们便一起弯下腰仔细勘察，结果发现，这里的“水磨石”是可以刮下土渣的。导游解释

说:“这叫阿嘎土，是我们西藏特有的。你们可能会问，土做的地面怎么可能这么硬、这么亮？告诉你们，那是因为捶得久的缘故。捶地面是个很辛苦的差事，也是个很光荣的差事。布达拉宫的地面就是信徒们一下下捶出来的。”

这时候，我又听到了那无比美妙的女声合唱。灿烂的高音，近在咫尺，直捣耳鼓。

我听不懂那歌词，但约略可以断定那是饱含快乐的。跳荡的音符，阳光般掠过了我，又雨丝般浸润了我。“大概，这是倾诉爱与被爱的欢乐的歌子吧？”这样想着，由不得在心里默记了那旋律，时间不长，竟可以断断续续地跟着哼唱了。

到了红宫和白宫，大家纷纷将脖子上的哈达献给了最能打动自己的佛像或最能触动自己的灵塔，只有我的脖子上依然挂着那条哈达。

从最后一个灵塔殿出来，我又被那歌声撞个满怀。终于忍不住问导游:“这是谁在唱歌呀？这么好听！”导游走到殿堂廊柱前，掀开遮挡视线的墨色网罩，用手指着一个方向说:“你看，那个金顶正在维修，为了不扫参观者的兴，就给遮挡起来了；现在，金顶修得差不多了，开始捶地面了，那歌就是那些捶地面的人们唱的。她们都是虔诚的信徒，能被选来捶神圣的金顶地面，这是她们今生最大的荣耀。所以，她们就边劳动，边快乐地唱歌。”

原来，那是在劳动中唱的歌！长这么大，我从来没有见过劳动中的人有这么欣悦、这么欢畅！想来，那搬着沉重的玛尼石前来朝拜的人也是会在遥迢寂寞的路上唱歌的吧？因为佛在心里，因为佛在旁侧，所以一切的辛劳都可以被解读为幸福！一时间，我这个终日在工作中苦熬苦挣的人被这顿然的领悟温柔地包围。我摘下脖子上的哈达，把它系在了朝向金顶方向的廊柱上，又举起相机，为在金顶上幸福劳作的人们拍了一张照片。

——如今，那张照片已被我设置成了电脑桌面。每天，我都巴望着有人问起这究竟是怎样的一张照片，我愿意向所有的询问者不厌其烦地讲述，讲述一个有关快乐的真实故事。

不可思议

在西藏，我说的最多的一个词是“不可思议”。

这里的天蓝得不可思议，这里的水绿得不可思议，这里的人的一些心灵固守更是不可思议，比方说，这里有那么多无比清冽的水——从银线般游走的淙淙溪水，到遍地漫流的江水河水，但藏民却舍不得拿它去洗个澡！他们把水看成了天赐的圣物，不敢去染污它，宁可脏着自己，也要还水一个清白。

当看到藏民的房舍前后贴了许多黑糊糊的牦牛粪饼时，有人开始干呕。导游说:“牦牛粪是最干净的东西了。如果你到藏民家去做客，热情的女主人怕你嫌她的碗不干净，会特意当着你的面用牦牛粪干把碗擦一遍；要是你觉得恶心，她会再当着你的面把碗舔一遍的。”我们惊骇得大叫起来。

在不可思议的地方，居然撞上了一件更为不可思议的事情。那一天，我们去游览巴松措圣湖。在我们的车前面，有3辆豪华大巴，车上挂着“中外摄影家看西藏”的条幅。我们便是和那些扛了笨重的摄影器材的中外摄影家们一起登上了湖心岛的。

到了岛上，先在一个叫做“桃抱松”的景点前参观留影。一棵粗壮的桃树，竟牢牢地将一棵俊逸的小松树搂在怀中，任凭你怎么琢磨，都琢磨不透那松树究竟是怎样从桃树结实的腹中生生钻出来的。正惊叹间，猛然看见一条狗从密密的丛林中窜出，大家吓了一跳。导游说:“你们仔细看看，它可不是狗。”我们听了，十分惊异，心跳却平稳下来。没想到导游接着说:“它是一匹狼啊!”我们一下子给吓傻了。导游看我们吓成那样，笑笑地说:“别怕，它是一匹温柔的狼。它到底是怎么个来历，我也说不清，只知道它在这岛上呆了许多年了，我每次带客人来巴松措都能见到它。它叫起来不是汪汪的，而是嗷——你们要不要听？”我们一律摇头，继而抱头逃窜。

参观完了壁画，我们来到一个比较开阔的院子里。居然看见那匹狼正和一只被拴在遮阳伞柄上的小猴子争食。狼的优势是可想而知的，身躯庞大且无羁无绊，那绳索加身的小猴子哪里会是它的对手！可是，不然，那狼竟然傻乎乎地卧在小猴子跟前，和它争抢一包食物。小猴子在狼身上上蹿下跳，又叫又咬，狼却不急不躁，只偶尔抬一下头，嬉戏般地张嘴去抢那美食，小猴子逞强地扇狼的嘴巴，憨厚的狼左躲右闪，就是不懂得还击。我一边按着快门，一边为那狼叹息——狼啊狼，咋就这么好脾气啊你！

一阵哄笑。回头看时，却见四五个中外摄影家也正将镜头对准这有趣的一幕。他们一定和我一样，被这少见的“以弱凌强”给深深吸引住了。

——在不可思议的被大海托举起来的高原上，我遇到了那么多不可思议的事，我在这些不可思议中思议着，试图读懂那被蓝天绿水滤净的灵魂，读懂那把“干净”看成一番别样风景的眼睛，读懂那草木氤氲释放的怜爱与真情，读懂强悍在隐忍中呈现出的母性柔光……当我重新回到几乎绝缘了蓝色的天空下，回到臭气熏天、孑孓游泳的水沟旁，回到充满了竞争、“潜规则”大行其道的城市里，注定了，我的心灵会缺氧，到那时，就让我借着这些“不可思议”的氧气，维持正常呼吸吧。

天佛瀑布

在西藏的最后一天，导游带我们去游览天佛瀑布。

车子在一片花树中颠簸行进。车窗开着，一些低垂的花枝探身进来，惹得我们一人抓着一把粉白的花欢叫起来。

神秘的森林，偶有鸟叫声在耳畔响起，你赶紧举头寻觅，却不见鸟的影踪。

花和鸟都叫不上名字，却是逗人爱的。它们亲近着你，撩拨着你，却又不肯和盘托给你，让你付出一些儿幸福的猜想。想来，人间的许多事物不就是在这样一种情味中被人恒久地摄入眼、铭于心的吗？

迎候我们的“地导”是一男一女，全都穿了民族服装，很神气的样子。我们的随团导游朝他们发问：“是帅哥去，还是美女去？”那小伙子举手示意。我们的随团导游便跟了他，一口一个“帅哥”地叫，而他呢，很自然地应着——看得出，这在此地是一个十分普遍的称谓。

“地导”带着我们在小径上穿行。我看见路边有自然倒地的巨木，就那样安然地躺着，一任木耳钻出来，花草漫过来。一条溪流横过，斜生的树木殷勤地邀约你的双脚，“地导”提醒大家“过桥要小心啊！”——居然，这枝叶葱茏的树就是天成的桥了。

终于听到了瀑布堕地的轰响。转过一个弯子，顺着“地导”的手望过去，天佛瀑布的全景就尽收眼底了。有人忍不住笑起来，说：“这么小！比尼亚加拉大瀑布差远了！”有人接茬说：“连黄果树瀑布的一半都不及！”我又在心里又补充了一句：“甚至都赶不上‘世界之窗’的人造瀑布壮观！”“地导”听我们贬损他的景，不慌也不急，只是尽责地为我们讲解着天佛瀑布得名的由来。原来，在瀑布的一侧，有一帧眉目清晰的天然佛像。我们顺着“地导”手指的方向看，一下子就辨认出了那佛像——那果然是一帧十分逼真的佛像啊！“地导”说，自打这尊天佛驾临此山，这里的一切就都有了灵性，连山崖都长出了美丽图画！天佛不仅护佑着这里的每一个人，也看护着这里的鸟兽虫鱼，花草树木，不让它们遭灾受害，所以，这里连年风调雨顺，鸟语花香，姑娘漂亮，小伙英俊。我们听了，友善地笑起来，同时格外留意地看了“地导”一眼——嘿，小伙子确实挺英俊。

天佛在上，瀑布在上，花粉沾上了我们的发梢，叶露润饰了我们的微笑，那一刻，我们的心被一种说不清的力量彻底征服，大家纷纷冒险攀上一块巨石拍照留念，希望将自己的形象和天佛瀑布的影像永远完美

地叠合在一起。

不可救药地，我爱上了这座有天佛看护的森林。我见过许多被踩躏得不像样子的森林，欲望的手，毫无顾忌地劫持了树木接近蓝天的梦想，没有敬畏感的心，甚至连惊悸的功能都已彻底沦丧……我多么感激眼前高高崖壁上那个安详的笑影！她劝人止息了不应有的欲望，她将庸常的景物赋予神圣的灵光！给花一个尽情开放的理由，给鸟一个欢快鸣叫的机缘，让躺倒的树木不觉悲苦，让独行的人儿不觉畏惧。瀑布小一些有什么关系，一个慈悲的眼神，足以让每一朵飞溅的水花都把自己读成娇姿欲滴的白莲！

在我们未曾参透这美景之前，我们那么饶舌，急着作出事后想起让我们羞愧不已的浅薄评判；一旦我们彻悟，虔敬的心，却在长久的仰望中编织不妥一句恰切的礼赞。

瀑布遥遥。遥遥的瀑布，却为何，突然打湿了我的双眼？

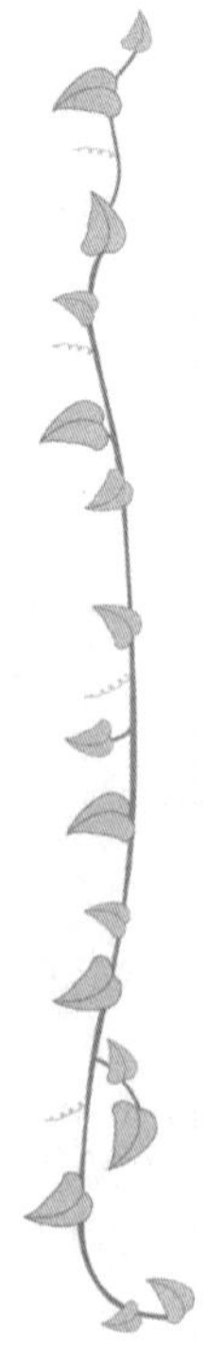

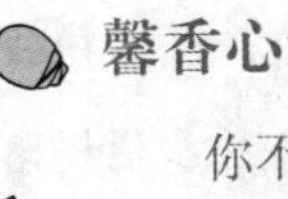

馨香心语

你不要期盼着超越任何一个阶段，也不要梦想着永驻在其中任何一个时期，上帝偏爱你，才让你尝尽人间百味，你若不想辜负，就请悉心品尝。

一个女人的“欣赏史”

我友，善谈。一日偶然与她聊起“欣赏”这个话题，女友慨然坦言自己对异性的“欣赏史”——

懵懂孩童的时候，性别意识刚刚萌芽，当然是欣赏“父亲级”的成熟男人，觉得他就是天。那时候的欣赏，其实更像是膜拜，教徒对神灵的膜拜。膜拜的心十分空落，以为自己今生都不可能获得与他平齐的机会，他会永远领跑你，只给你一个遥不可及的后背。

待到长成了一个会想葱茏心事的少女，自然要欣赏帅气的男孩。追星的日子，特别甜美，把那人某时某刻的眼神千回百转地想了又想，忆了又忆，模仿它，玩味它，整个人都陷了进去，不能自拔。情窦初开的心，暗许着身边的某个美少年，喜欢看他被老师叫到黑板前做题的样子，喜欢看他因为蹿个儿太快而稍稍显短的裤腿，就算他遵从着老师的指令从自己手里收走了一个作业本，也要把他取本子的动作一次次回味琢磨，试图从中挖掘出一些儿别样的意味。那时的欣赏，其实是羞于告人的爱恋。一棵隐秘的植物，疯长了很久，又无声无息地凋零，在不为人知的伤感中，成泥，成灰。

初为人妻的时候，欣赏温柔浪漫的男人。看电视剧里的女人被爱她的男人万般宠爱地拥吻，心里不免生出哀怨，以为自己的那个他，总是欠缺那么一点点。闲时，就喜欢做这样的梦：隆冬时节，世界粉妆玉砌，你一个人忧郁地走在无垠的雪野，突然，一架飞机在你身后抛落数万枝玫瑰！鲜艳的花，以百态千姿委身雪的怀抱；而那空投玫瑰的人，依然惴惴不安地揣想着这样的举动究竟可不可以打动你的芳心！能生出这般创意又甘愿为你一掷千金的男人，多么有趣味，多么有情调！——你看，那时的欣赏，其实是一种虚荣的渴慕，喜欢让人以自己为圆心画圆，不相信自己的容颜盖不过一代佳丽，不相信自己的魅力抵不过一座城池。自恋的心，带着一些莫可名状的跛踬，叹着气，与庸俗的日子绝望地拉锯。

到现在，开始欣赏优秀卓越、会做事的男人。突然就特别爱看一个小木匠用刨子刨平一块木板时的娴熟与自信，爱看某成功人士把酒临风、指点江山、笑谈欲将巍巍昆仑“裁为三截”时的大气与儒雅。评判身边的男人，居然可以对他容貌的美丑视而不见，对他有没有浪漫情怀忽略不计，只是紧紧盯着他制作的精彩别致的网页，盯着他起草的文采四溢的文稿，盯着他与对手谈判时从容镇定的目光，盯着他得志时、失意时宠辱不惊的神态。应该说，这时的欣赏，才称得上是真正的欣赏。作别了孩童时期的盲目，少女时期的浅薄，少妇时期的虚妄，繁花凋尽，惟剩本真。

——瞧，这就是一个女人的“欣赏史”。你不要期盼着超越任何一个阶段，也不要梦想着永驻在其中任何一个时期，上帝偏爱你，才让你尝尽人间百味，你若不想辜负，就请悉心品尝。

馨香心语

他是诗人，揣着一颗珍贵的诗心在寻常的日子里行走。在他的身后，脚窝里开出了不败的花朵。

脚窝里开出的花朵

最初接触白居易的《琵琶行》时，我还是个十二三岁的孩子，无端地，竟把他想像成了一个穿长衫的男子，临风伫立于浔阳江头，握了满把大大小小的珠子，往一个碧绿的玉盘中撒，撒。后来终于读懂了这首绝美的诗，却无论如何抹不掉脑海中这个错误的景象。再后来，我站在讲台上给我的学生们讲这首诗，讲到“大珠小珠落玉盘”的时候，我常忍不住浩叹，我跟学生们说：如果你的耳朵不被这样的脆响灌满，你就没有办法领略琵琶女弹奏技艺之高妙。他们不知道此刻的我唇际正漾着一汪笑，我在笑自己在这首诗中那个稚气的迷失。

白居易对有声之声写得如此精妙生动，对无声之声的描摹更令人叹服，他说“此时无声胜有声”，在声音的空白处，他的耳朵听出了一万朵花开！自打他对无声之声做了如许描摹，千载而下，他的身后崛起了一代又一代驾轻就熟地引用着这个诗句的幸福的人儿。一个生生不息的句子，葳蕤着，为多少静默的时刻代言！当你信手拈来这个神奇的句子，把它恰到好处地插入你的某种表达当中，你会不会向岁月深处感恩地回眸，向那个才情傲世的诗人颔首微笑？

那么多容易被人忽略的声音，都被白居易纳入了耳鼓，摄入了心屏，挑在了笔端——

白居易笔下的“夜雨”是这样的：

“早蛩啼复歇，

残灯灭又明。

隔窗知夜雨，

芭蕉先有声。”

瞧，他连一只嫩嘴的蛐蛐叫一阵子歇一阵子都清晰地分辨出来了！雨前的风，逗弄得残灯时明时灭，诗人并不曾伸手于窗外探察雨点，却敏锐地听到了芭蕉叶上雨儿的足音！

白居易笔下的“夜雪”是这样的：

“已讶衾枕冷，

复见窗户明。

夜深知雪重，

时闻折竹声。”

雪来了，它没有像雨那样激动地在芭蕉叶上跳舞，而是悄悄地从你的衾枕上偷走了一点温热，从你的窗纸上涂掉了一层晦暗。你真切地得知雪之大，雪之重，还是竹枝殷勤相告的呢！静夜中折竹的响动，惊扰了诗人的幽梦，于是诗人开始在这不寐的长夜中苦觅新诗的韵脚。

浔阳江畔的珠玉之声，就算被我曲解了，也错出一段美妙的歧韵，至于那越窗而来的雨雪之声，更是让我生出了比珠玉还温润的怀想。因为心静，所以耳喧。如果让我试着说说这些诗的效用，我可能会说：安神，解乏，镇痛，疗伤。在浮躁追击着每颗无辜的心灵的今天，你想像不出，我多么愿意听珠子撞击玉盘时的绝响，多么愿意听深夜雨雪行经芭蕉或竹枝时的妙声，多么愿意听“别有幽愁暗恨生”时那无声的心曲。这些声音在白居易之前就在那里存在着，却被太多太多的人忽略，若不是白氏用生花的妙笔救起这些声音，我们的耳朵怕也会在它们面前失聪的吧？世界造就了这样一种人，给黯淡以色彩，给喑哑以声响，给沉寂以灵动，给腐朽以生机，他从自己的眸中挹出一些光亮来赠给你，他从自己的耳中摘下一些声音来赠给你，他是诗人，揣着一颗珍贵的诗心在寻常的日子里行走，在他的身后，脚窝里开出了不败的花朵。

今天，我的耳朵里充斥着机器的噪音，我不敢宣称我想回到唐朝，我不敢宣称我想追随着白居易的耳朵去幸福地听。我只愿哼着歌子，为白居易的诗做一个漂亮的“flash”，发给我天南海北的朋友，让他们在噪音中遁入一小片安宁，随着白居易去听，去想……

馨香心语

生命的体验，说到底是心理的体验。一个爱情故事，如果省略了有关青梅暗嗅、月上柳梢、红豆相思、执手相看的细腻描摹，仅剩下粗放的结果表述，又怎能引来高贵的阅读者？

飞翔的椅子

那是一段被多情的手抄来抄去的文字，那是《战争风云》的女主人公娜塔丽写给恋人拜伦的一段文字：……我非常强烈地想念你，我现在才开始明白，为什么铁屑总要朝磁石奔去。有时候我坐在屋子里思念着你，从你那里来的吸引力是如此强大，以至于使我产生一种感觉，好像一放松椅子上的扶手，我就会飘到窗外，穿过法国，横越大西洋，一直飞到诺曼底路1316号你的家。

不要夸赞这个女子奇妙的想像力，她所说的话，其实都是最真实的内心剖白。爱人的召唤是这样的不可抗拒，它甚至要为一把寻常的椅子催生出神奇的翼翅，飞行器般载着它的女主人跨越千山万水，去投入爱人的怀抱。

我愿意为这个浪漫的爱情故事付出这样的拟想——丽日高悬，蕙风和畅，我走在每天都要走的大街上，或许还会想着一点点不愿诉人的心事，突然，我感到头上的天空有些异样，举头望时，却见一个裙袂飘飘的丽人乘坐一把会飞的椅子从蓝天白云下款款滑过。我惊叹着，把这奇观指给路人看，但路人却一脸漠然——他们谁都没有看见我指点的景观！而我，却是真真切切地看见了啊！我看见那丽人流转顾盼的眼眸，没有幽怨，没有哀愁，有的只是对一个必然到来的甜美瞬间的执著瞩望和热烈向往。她在飞翔。她的影子投在我身上，她的影子投在我心底。我为那些对她视而不见的人感到难过，我知道他们漠然的表情下掩藏着对这个世界更具体的物质的强大欲望，在他们心里，爱情的传奇已然死灭，因而，上帝剥夺了他们观赏一把椅子在天空生动飞翔的权利。

我想说，那把椅子和那个丽人在我心中其实已经抽象为一个符号，它代表着我们对自我情感世界和自我精神趣味的关照。在我们身边，生活着那么多发誓将日子兑换成票子的人，他们终日奔忙着，打拼着，赚钱成了人生第一要务。有一个写诗的朋友，我们曾一起走过数载押着美妙韵脚的少年时光，后来听说他发达了，前些日子见到他，已是面目全非。容颜的改变并不可怕，可怕的是他一张嘴居然声称因为发达了所以身后不乏香艳追求者……无聊的炫耀，恶俗的吹嘘，已将记忆中那个吟哦过好诗的美少年从里到外彻底毁容！我痛感曾诗心葱茏的他已成了“睁眼瞎”，他将再也看不到天空飞翔的椅子和椅子上仙袂飘举的丽人了。

如果我们的情感贫瘠到了只有一张床那么窄，如果我们的精神萎缩到了只有钱眼那么瘦，那么，我们将活得多么寡淡悲苦。生命的体验，说到底是心理的体验。一个爱情故事，如果省略了有关青梅暗嗅、月上柳梢、红豆相思、执手相看的细腻描摹，仅剩下粗放的结果表述，又怎能引来高贵的阅读者？人生的记分方式，如果被解读为“赚取钞票的多寡”，那这个苦命的解读者将戴着一副质地精良的镣铐，踉跄地走向天空中永无椅子飞翔的乏味世界。

爱自己，就要培养一对敏锐地感知外物的触角，感受到春风的抚慰，感受到雨露的滋润，眼会遨游，心会驰骋，爱会酿蜜，情会飘香，在深藏于心的欣悦中细细体味这世界的精妙精微，多姿多彩。

——假如，假如那把飞翔的椅子从你家门前飞过，我希望你能看到它；假如你真的看到了它，请喊出你爱的人，让他(她)跟你一起看。

馨香心语

那个字，被你长久地含在唇齿之间，咽不下，吐不出，化不掉。你所能做的，似乎只有一任清泪般的语句点点飘落在这纸页之上，慢慢慢慢洇透你不肯凋败的心事……

栖在唇齿间的字

那个字轻悄地栖在你的唇齿之间，仿佛一阵风来，就可以把它吹落。

欲要玩笑着说出口。曾经，那个字恰如随意折叠的纸飞机，想要让它飞向谁，就嬉笑着朝着谁的方向抛掷。好风凭借力，送入伊人怀。眼看着飞机撞毁了一个人的庄肃，得逞的心，充溢报复的快感。可如今，你所有的纸张都已被岁月无情没收。你只能眼睁睁看着，那载了谑语的纸飞机殷勤传递别人心灵的消息。

欲要郑重地说出口。毕竟，是一个值得珍惜的人。无数次在心中用了朗读经典读物的调子说着那个字，宫殿的华美，庙宇的庄严，全都赶来装饰了这个字。原以为就可以这样雍容地剖白自己的那个祈愿了，岂料竟生出膜拜的惶恐。惴惴的心，在这个豪光四射的字面前逡巡，不敢造次地开口，唯恐亵渎了那无与伦比的神圣。

时光倒流。

一个春天，人间的春天，缘分开了一树热闹的花。谁都以为那不过是一处春的闲笔，谁都没有料到这棵树能用心地将一枚果子带到秋天。但那果子分明就在枝头招摇了。你已认定，坠落成了它无可逃遁的命运。但它却坚持着，接纳成熟，拒绝腐烂。它痴痴等待一个最佳时机，裹挟着香艳欲滴的相思，着陆。

那首在心底低回的歌，启迪你说“找一个字代替”。你找了，反反复复，寻寻觅觅。你经营文字，可以毫不费力地找到那个字的同义词、近义词。你拨亮了这些词，如同拨亮生命的烛光。你试着遣它们去照耀另一颗心走向你的遥迢的路。然而，你的眸子先于那些词黯淡了。你唤回了它们，因为你发现了这些“替身”的蹩脚。

面对着一双早已窥破了你的心迹的眼睛，你玩着并不高明的花招。你选择了一个绝对安全的话题，絮絮地说着，目光灼灼，灵魂却已游离。你想着自己咽下的苦，想着不对等的思恋，想着在下雪天曾拥炉念一个人的好，想着在下雨天曾临窗怨一个人的过……你的眼泪涌上来，却竭力睁大了眼睛，不让眨动惊落那劝不回去的晶莹。

那个抵在舌尖上的字，不是不可以滑落，而你执意地含着它，无非是想维护一处既有的风景。一点点的改变，一丝丝的逆转，都可能使那风景面目全非。你虔心祈祷，数千个日子过去，让你的风景依然如初。你珍惜“熟悉”，却又是一个愿意枕着“熟悉”做“陌生”的梦的人。

——甜蜜的折磨，虚妄的揣想，无端的泪涌，这些，无不源于栖在你唇齿之间的那个字。咽下去是坚忍，吐出来是勇毅，幻化掉是超脱，却偏偏不能。那个字，被你长久地含在唇齿之间，咽不下，吐不出，化不掉。你所能做的，似乎只有一任清泪般的语句点点飘落在这纸页之上，慢慢慢慢洇透你不肯凋败的心事……

馨香心语

当始料不及的忧愁懊恼潮水般疯狂涌来，心域中有太多的领地失守，而那个属于你的领地，却安然无恙。

温习一下你的样子

“我好想你，想你想得都想不起你长得什么样子来了。”这句话，是我拿来和你调侃的。你听了，只管在电话那头笑。我晓得，你并没有把这话当真。但，你知道吗？我有时是真的苦于想不起你的样子来，或者换句话说，我向记忆讨要一个100%的你，可是它能够为我提供的或许仅有99%，而那不幸流失的1%就成了我无比痛苦的理由。

总该见上一面，让我温习一下你的样子。

冬天了，记忆中的你还是穿单衣的样子。那是和许多朋友相聚，你我淹没在其中。发起人说，怕约不到我，便声称你会来；又怕约不到你，便声称我会来。结果，两个人都来了。哈哈！我们听了也跟着笑。我在一派嘈杂中大声对那人说：算你狠，一下子打到了我的软肋上——你知道我总是积极追随人家的！

没有别的意思，就是想摘取你最新鲜的笑容。在塞满了烦乱的心事的心房里，有一个干净且安静的地方已经习惯了存放关于你的信息。当始料不及的忧愁懊恼潮水般疯狂涌来，心域中有太多的领地失守，而那个属于你的领地，却安然无恙。

那年深秋在B市，我在一个适于眺望红叶的房间住下。你来了。我们说了一大堆关于红叶的话题。后来你意味深长地看着窗外说：一片枫叶从出生那日起就开始等待——等待一场霜。我听得有一点心悸。讷讷地说：不过，它也可以在一场虚拟的霜中，想像着自己红透。

就这样穿越时空持续着我们的对话。有几分韵致，有几分落寞，还有几分温暖。没有想过为你留下些什么，也没有想过从你那里带走些什么。看到你，和你聊，这就足够了。

企图维持下去这份情谊，其实是想纵宠一下自己傲岸美好的心。你看上一处风景，那风景定是值得驻足欣赏的——作别了对绝佳的景致说“爱”的年龄，那就说“欣赏”好了。有风吹来，你感到了彻骨的寒冷。假若在一朵火花旁取暖的权利你都不要了，你的心，该有多么寒苦。

曾对你提出要求：在手机中为我留出足够的短信空间，别让我赤诚的话语在你那里感到被排挤或被冷落。在阴冷的冬日黄昏，我很可能会发一条这样的信息给你：晚来天欲雪，能饮一杯无？你能不能在这句问话面前微笑，并细心掐算出暌违的日子，然后，略带一点歉意地提醒自己：可不是，该温习一下她的样子了！

温习一下对方的样子，这是一件需要两个人共同完成的美好事情。不会有太多的故事发生，不会有太深的情感表白。保持一张桌子的距离，你在南，我在北，中间是一杯不容易迷醉的咖啡。设若你说：明天寒流要来。那么我就说：哦，记得多加一件衣。

——多加一件衣，和你的身心一同变暖的，将是我那份淡淡的情，浅浅的意。

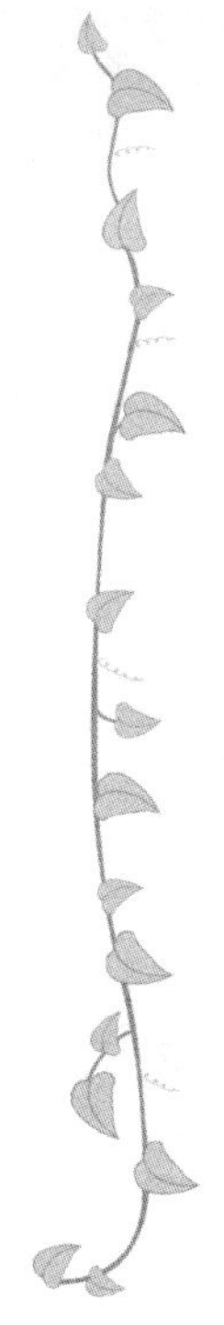

馨香心语

远方的朋友，愿你在千山万水之外听到我清越的心音，愿你我今生能常与中意的人儿比肩而坐，让我们一起看落日熔金，冰轮乍涌；让我们一起听鸟鸣虫唱，风声雨声……

今生与谁同坐

不开心的时刻，突然收到朋友发来的一条手机短信：“我在苏州园林，独自幽坐‘与谁同坐轩’。扪心自问：我欲与谁同坐？斗胆问君：君若来此轩，又欲与谁同坐？”

饶有兴味地读着这条短信，我的不开心顿时烟消云散。

若干年前，我也曾游过“与谁同坐轩”的，只是，我游得仓促，只在轩前与众人合了一个影，并未细细揣想自己究竟愿意“与谁同坐”这样一个有意思的问题。今天，既是朋友问了，不妨试着做一回答。

首先，我愿意与会欣赏的人同坐。会欣赏的人，有着一颗经由世界细琢细磨锻造而成的心。它善于采撷，善于与美对话，善于在没有风景的地方看出风景来。说真的，我很怕与无趣的人结伴出行，不管那人性别与我相同还是相异。那一年，我和一个无趣的人同游法国的罗浮宫，他累了，懒得再陪我转，居然开口对我说：“你给我照张相，证明我来过就得了。”我举起相机，悲哀得说不出话。我开始心疼那昂贵的机票，痴痴地想，要是让谁谁来替代了他，那该多好！

其次，我愿意与会欢笑的人同坐。面对美景丽人，我喜欢会欢呼的那一个。炎炎夏日，霍金来访，这个只能用面部抽搐来表示肯定的人，居然明白无误地说他“喜欢中国姑娘”！当那台充当他喉舌的特制电脑流利地读出这个多情的句子时，我看见霍金的眼睛登时放射出了无比温柔的光芒。世界将精彩呈现在我们面前，它愿意听到我们由衷的欢呼。我害怕与一个对美盲视的人同坐，我害怕他(她)表情漠然地看着让人动心的景物与人物，彻底丧失掉表达的欲望和微笑的本领。

再次，我愿意与会扮靓的人同坐。不管这人是男是女，也不管他(她)长得是丑是俊，反正我就是不可救药地喜欢会扮靓的人！我有一个忘年交，一个62岁的老太太，我没大没小地管她叫“亲爱的”，她呢，也顺势这样称呼我。那年初春，她约我去北京保利剧院看杨丽萍的原生态舞蹈，走在街上，所有的人都回头看她，因她穿了宝蓝色高跟皮靴，灰粉格子毛短裙，淡粉收腰低领毛衫。她妖娆地挽着我，优雅地踩着碎步走。嘿嘿，虽说我衣履远不及老太太光鲜，但我也颇得意啊，因为，我觉得她的光辉美美地照亮了我！

我愿意与会欣赏、会欢笑、会扮靓的人同坐，这样的要求不算太高吧？美丽的苏州园林，用一个美丽的轩名，引发了我美丽的遐想。——远方的朋友，愿你在千山万水之外听到我清越的心音，愿你我今生能常与中意的人儿比肩而坐，让我们一起看落日熔金，冰轮乍涌；让我们一起听鸟鸣虫唱，风声雨声……

馨香心语

在想念和想起之间，流光做了怎样的努力？在点红了樱桃、染绿了芭蕉之后，它是不是就开始奋力揉搓起人的想念，不将它揉搓得褪了色、起了皱、穿了孔就决不肯罢手？

想念与想起

“当你把一个人从想念变为想起，那就代表他已在你生活中蒸发掉了。”这是一部电影中的台词。听着这样的台词，竟无端地叹息起来。由不得将生命中从“想念”渐渐沦为“想起”的人在心里过了一遍筛子。

突然觉出时光的无情，也觉出自己的无情。

有一些人，曾经怎样地被我煎骨熬血地想念着啊！想念的程度是那样深，想念的频率是那样高。当我陷在想念中，我忘了自己。日也想念，夜也想念，坐也想念，卧也想念，啄也想念，饮也想念，行得慢了被想念追上，行得快了被想念迎上……想念成了我的人生常态。正如那首小诗所说的——我每想你一次，上帝就落下一粒沙，于是就有了撒哈拉。

也曾偷偷地怨起那个人，怨他跋扈地掠走了我太多太多的生命时光。爱是一个不等式，它压根就不管什么叫对等与对称——被想念着的人，看不见广袤的“撒哈拉”。

记得那年有项紧要的工作落到我头上，偏偏正在害病般地想念着一个人。手上忙着工作，心思却游走到很远很远的地方。我招魂般地呼唤

自己，要自己赶快回来……可以说，那项工作的操作流程中处处渗透着一个名字，或者说，那个名字落英般地飘散在了那项工作的每一个环节。当我从那项还算圆满完成的工作中疲惫地抽身，竟禁不住学了勇晴雯补就孔雀裘之后的口吻幽幽说道：我，再不能够了。

想了种种法子解救自己。编出种种理由让自己卸下那折磨人的想念。但，想念是个不知趣的玩意儿，你越想让它远离，它越是紧紧缠了你。

真的以为就这样做稳想念的奴隶了，以为怎样的挣扎和自救都无济于事了。

然而，不知从哪天起，也不知究竟为了什么，想念的死扣居然自己松动了那么一点点。只是一点点，心也惊悸地捕捉到了。

同样的动作，发作般地一次比一次来得强、来得密。最后，那想念的痛，竟像暖阳下的残雪，悄无声息地融成了软软的一摊春泥。

雷同的故事，又热带风暴般地多次袭扰了脆弱的心房。在每个想念的高峰期，都觉得这一回定然是熬不过去了。但愚钝的心，一次次错误地预测了想念的走向……

今天，我坐在电脑前，啜着咖啡，撷取了几个想念的标本，供自己从容地研究。我是多么羞于承认那绚丽的“想念”已经毋庸置疑地沦为了灰败的“想起”！但是，真相不容辩驳。在想念和想起之间，流光做了怎样的努力？在点红了樱桃、染绿了芭蕉之后，它是不是就开始奋力揉搓起人的想念，不将它揉搓得褪了色、起了皱、穿了孔就决不肯罢手？

明明知道“想起”已是再不可能有机缘升级为“想念”了，可为什么竟怅然地有所希冀？被想念俘获时，一心盼着挣脱；被想念赦免时，却又无限流连地回味起了身陷其中、难以自拔的时光。

一个人，一个曾经那么重要的人，是可以轻易“蒸发”掉的吗？

“想起”的味已是这样的淡，淡得犹如羽翮掠过天空的遗痕。我守着它，守着它，一直守出一块“想念”所不期然凝结而成的寂寥的琥珀——遗忘。

馨香心语

人生没有错误的台词。即便我们慌不择言，即便我们“借”来了一张嘴，那从我们口中、笔端流露出的，依然是我们最真实的心曲。

人生小品

台词

读流沙河先生的《Ꞧ詹詹草》，看到其中一节写道，有电视剧厚诬诗人徐志摩，竟以“流氓的想像力”乱编出台词云：“梁思成可不是我的对手！”流沙河先生无比气愤地说：“瞎编者生来就未见过一位gentleman，以为徐志摩的想法同他自己相去不远。不然写不出这样一句台词。”

读到此，由不得掩卷而笑。

我自然十分赞同流沙河先生的说法。我以为，徐志摩之说不出“梁思成可不是我的对手”，正如剧作者之说不出“我是天空一片云”。隔着修养、性情与志趣的高山，去凭空揣想一位诗心绅士的情怀，这真是一桩十分危险的游戏。如此说来，剧作者遭人指斥也着实委屈冤枉。因为从某种意义上讲，他并没有念错“自我的台词”——倘若剧作者的身边也有一个“梁思成”，他一定会自鸣得意地声称：“梁思成可不是我的对手！”并且，他一定不会为瞬间暴露了自己的褊狭卑俗而稍显愧色。

朱光潜先生早就教导我们说，要将人的“一言一笑、一举一动纳在全部生命史里去看”。人生没有错误的台词。即便我们慌不择言，即便我们“借”来了一张嘴，那从我们口中、笔端流露出的，依然是我们最真实的心曲。

两样

一个写诗的朋友打来电话，语气沉郁。先是盐咸醋酸地聊了一会天，然后她说要读一段新写的文字给我听——

你只想要一样，它偏要给你两样。

你只想要心跳，它连同心痛一起给了你。

你只想要浪漫，它连同糜烂一起给了你。

你只想要逍遥，它连同烦恼一起给了你。

你只想要一朵盛开的白莲花，它连同腥臭的淤泥一起给了你。

你只想要一段可以拈起来轻嗅的芬芳回忆，它连同一揭开就流血的伤疤一起给了你。

你一再强调只想要一样，它却不厌其烦地送来两样……

朋友问：喂，我读了这么多，你猜到我写的究竟是什么了吗？我擎着电话听筒，惶惑地说：我猜不出来。朋友叹口气说：那就告诉你题目好了，题目是，《任性的性》。

遇到

“我遇到猫在潜水，却没遇到你。我遇到狗在攀岩，却没遇到你。我遇到夏天飘雪，却没遇到你。我遇到冬天刮台风，却没遇到你。我遇到乌龟都学会结网了，却没遇到你。我遇到所有的不平凡，却一直遇不到平凡的你。”

我喜欢拿几米的这段文字和张爱玲的“噢，你也在这里吗？”对比着想。在生命有限的时空中，怀想一个从未出现过的人是不太可能的；那个在“结网”的小乌龟之外被甜美地怀想着的，应该是一个仅有擦肩缘分的人罢。擦肩的缘分，却偏不肯仅让它停留在擦肩上，这便惹出了

淡淡的相思，浓浓的闲愁。“遇不到”的烦恼，丝一般捆缚纷扰着多情的心。

遇到了，又怎样呢？问一声“噢，你也在这里吗？”怜惜的声音，恍若从天外传来，抚弄着琴弦般敏感的心。寂寞的心怀，从此流淌出高山流水的华章。

但是，假如天天遇到呢？假如你总在“这里”徘徊呢？我们是应该去诅咒，还是应该去歌唱？

——坠入情网的“叶公”，何时才能够由衷赞美一条从窗外蜿蜒而至的爱情真龙？

看我

余光中先生为西方的玫瑰设计过一句精妙的台词，叫做“Look at me”，并且他说，东方的莲绝对不会有如许大胆炽烈的表白。

玫瑰大胆地宣讲出了内心的祈愿，莲呢，在心中默念着嘴上不说的祈愿。

Look at me是女孩讲给父母听的话。她画了一个小熊猫，折了一个小鸽子，她要急切地唤你来看。

Look at me是女子讲给男人听的话。她的容颜姣好，她的衣饰迷人，她便急切地唤你来看。

Look at me是女人讲给世界听的话。她身怀爱的绝技，她能够用美丽的真情暖透一个阴冷的巢穴，她能够用本能的智慧拯救一个沦陷的城池，于是，她急切地唤你来看。

不要嫌怨“她们”的台词不够深沉。当玫瑰与莲用嘴或心说出那句台词的时候，嘘——请风屏气，请雷敛声，请认真去听，且看。

馨香心语

我渴盼大地上所有的河流都清波荡漾，无论我走到哪里，河水都多情地跟着我；我随手掬一捧水，就可以畅快地洗颜抑或饮用。

逐水而居

因为爱世界，我心中的渴盼缤纷旖旎。而在这诸多的渴盼当中，有一个渴盼，让我魂牵梦系，柔肠百结——我渴盼大地上所有的河流都清波荡漾，无论我走到哪里，河水都多情地跟着我；我随手掬一捧水，就可以畅快地洗颜抑或饮用。

我的家在滹沱河畔。儿时，确也亲见过滂沱大水滚滚东逝。但是，河水慢慢枯竭，农人索性将玉米种到了河床里面。几年前回家，远远望见河心波光粼粼，心中甚为惊喜，忙对弟弟感叹道：这河里终是有水了！弟弟不屑地说：你仔细看看，那是什么水呀？那是造纸厂排放的污水哩！走到近前，我看清楚了，那的确是把蓝天白云都泡黑了的乌黑的污水呀！——我的流淌过泠泠清水的河床，我的拥有着洁净记忆的河床，如今被臭不可闻的黑水充溢着，一副万分屈辱却又无可告语的样子，直看得人的眼睛都酸涩起来了，真恨不得即刻跑到水边，一勺一勺滤净了那水，也好还我的滹沱河一段清白。

我到过许多地方。每当我路过一条干涸的河流，我都习惯问一问她的名字，为的是借助她水灵灵的名字遥想一下她往昔妖娆明媚的容颜。我替太多的河流惋惜过，痛苦过。2003年7月，我和我的同事慕名游览神往已久的黄河壶口瀑布。当我们被引到一条河沟面前，当一道浑黄的水柱被确切无误地唤做“壶口瀑布”时，我和我的同事们都绝望地笑出了眼泪。——怎么可以这样瘦弱呢，我在歌里唱过、在诗里吟过的黄河？怎么可以这样寒酸呢，我在电视上关注过、在网络上查询过的瀑布？

在韩国那个叫“抱恩”的地方，我曾满怀妒意地看着在一条清澈见底的河里一群孩童拿着五颜六色的充气塑料玩具追逐嬉闹；在法国，当我坐在塞纳河的观光游艇上凝视澄澈明净的河水，我想到了我干渴已极的滹沱河，她寂寞的河床，何时才能睡上一匹这样柔美灵动的水缎？

是谁，弄丢了我们的水？又是谁，弄脏了我们的水？

没有人能够劝止我的灵魂逐水而居。当我在飞机上看到一汪明镜反射出太阳的光芒，我的心登时就变得水润盈盈了。爱水的人，轻易就能被水抚慰，被水浸染。我知道，在苍凉的现实中，河水“断流”的消息还会悲怆地撞击我的耳鼓，河水遭污染的现象也不可能一夜消除，但是，我还是愿意保留我那份痴愚的渴盼——渴盼大地上所有的河流都清波荡漾，无论我走到哪里，河水都多情地跟着我；我随手掬一捧水，就可以畅快地洗颜抑或饮用。

——谁能告诉我，这一天，距离我们究竟还有多远？

第三辑　每朵花都有盛开的理由

我们在寂寞的人生旅途中一路走来，应珍视眼中的每一朵花。在花枝下自觉地低头，不要莽撞地碰落了她。给她浇水，对她微笑，鼓励她努力延续美丽的花期——不是吗？

馨香心语

只有真心热爱着成功的人，才能够生出“第三只耳朵”，用来听清上帝的耳语。

上帝对你耳语过

在这个世界上，有太多的人都在追问：成功的秘诀究竟在哪里？他们不知道，公允的上帝，用了耳语的方式，将成功的秘诀悉数告诉了你。不曾失聪的你，可曾听见？

有一位年轻大夫，看到两个孩子在玩跷跷板的游戏。顽皮的孩子打破了通常的游戏方式，一个孩子把耳朵贴近木板的一端，另一个孩子在另一端用一枚钉子刮擦木板，微小的声音，通过木板传递到伙伴的耳朵里，两个孩子在这隐秘的欢乐中雀跃。年轻的大夫从中受到启迪，发明了一种重要的医学仪器——听诊器。这名大夫名叫雷奈克。

有一位眼镜制造匠人，看到自己的孩子站在窗台上，两只手一前一后，各拿着一只镜片，让它们重叠起来，好奇地望着远方。孩子兴奋地告诉爸爸说，这是一种很好玩的游戏，因为远处的景物被拉到了眼前！爸爸听了，便仿照孩子的样子去做，果然看清了远处教堂的塔尖。这引起了这位眼镜匠人的浓厚兴趣。他仔细查看两只镜片，发现其中一只是老花镜片，另一只是近视镜片，如果把老花镜片摆在前，近视镜片放在后，只要适当调整两只镜片之间的距离，就可以看清远处原本模糊的物体。根据这一原理，他制成了世界上第一架简单的望远镜。这名眼镜匠人名叫利珀希。

在雷奈克和利珀希之前，该有多少人看到过孩子玩同样的游戏？但是，那些人都没有听清上帝的耳语。上帝通过孩子天真的玩耍，提示了渴盼成功的心灵，引领着它去发现，去发明，去创造。

上帝用苹果的坠落启发了牛顿。

上帝用壶盖的顶起启发的瓦特。

上帝用一个首尾相咬的蛇的梦启发了凯库勒。

上帝用一地花瓶碎片启发了雅各布•博尔。

……

只有真心热爱着成功的人，才能够生出“第三只耳朵”，用来听清上帝的耳语。尘世是如此喧嚣，我们的耳朵是如此辛苦。我们忙着听取风声、雨声、市声、人声，忙着听取教诲之声、训诫之声、呼唤之声、诱惑之声。在这些声音的包抄围剿中，我们常忽略或误听了自我内心的声音。我们忘了自己想要什么。美丽的梦，不再可以充当人生御寒的衣服。我们的理想，被光阴窜改，被岁月蹂躏。这时候，上帝殷勤地赶来，别说是耳语，即便是大声提示，你也会充耳不闻。

清净的耳朵，不被俗世染污的耳朵，才有可能听清上帝的耳语。在浮躁追击着每一颗无辜心灵的今天，在“失聪”由一种生理疾患变成一种心理疾患的今天，你可要加倍珍惜自己的听力，别让上帝的对你的耳语轻易被风儿吹散……

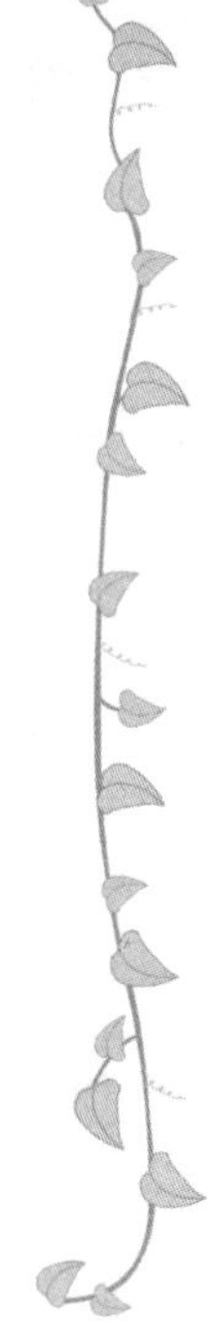

馨香心语

我多么希望我的丈夫就是这样一位绅士，带着一份不太合时宜的迂腐之气，在女性面前显得有一点局促，有一点不知所措；我多么希望我的儿子就是这样一位绅士，因为爱母亲，所以懂得给女性更多一些怜惜，宁可尊重错了对象，也决不轻慢了他人。

不该失传的惊慌

女友向我讲她的老公有多么迂腐——有一天，他们两人到百货大楼去购物。她为他选了一条休闲裤，售货小姐便让他到试衣间去试穿。他进去了，旋即神色慌张地跑出来，手上搭着那条新裤子。女友问他，是不是里面有人？他支吾着，只说“算了吧，今天不买了”。女友觉得蹊跷，便趁着另一位男士进试衣间的当儿往里面望了一眼，一望之下，她顿然笑得不能自抑。她对我说:“你做梦都想不到，我家傻老公是让什么给吓出来的。”我摇头。女友说:“那个试衣间里有一个塑料模特，女的，裸体，我家老公就是叫它给吓出来的！哈哈哈……”

我也忍不住跟着她笑起来。想来也确乎好笑，一个大活人，硬是让一个闲置在试衣间里的衣服架子给吓得试不成衣服了。人家那第二位先生一定是无所畏惧地推门进去，然后坦然地在那个塑料女模特面前宽带更衣的——怕啥嘛？又不是个真女人！

一个简单的故事，却一连几日在我心头萦绕，挥之不去。不知为什么就特别欣赏女友那个迂老公，觉得他在好男人快要失传的时代是一个奇迹般的存在。多少遍，凭空揣想着他莽撞进入试衣间瞥见女模特时的

内心独白:“哦，真是对不起，我……我不知道你在这里！”他低着头，惊慌地向后退，额上，或许还会有汗珠渗出……想想看，如果女模特有知，她定然也会为他的君子风范动容的吧？她被放置在这里，丢失了曾经拥有的华服丽裳。她的性别被多少进来试衣的男子视而不见，他们傲慢地将“她”读作了“它”。他们走近了她，他们没有在意她羞怯的眼神，他们在她面前肆意地动作着，弄不好，腰带还会粗暴地碰痛她的肌肤……她以为世间的男子可能都是这样的了，她不再对他们抱有什么幻想。但是，她终于幸福地意识到自己错了，因为她在一个不寻常的时刻迎来了不寻常的他。面对一个因怀揣了敬畏之心而执意不肯在她面前试衣的男子，我想，她一定会含泪含笑地在心里反反复复说“谢谢”。

——我多么希望我的丈夫就是这样一位绅士，带着一份不太合时宜的迂腐之气，在女性面前显得有一点局促，有一点不知所措；我多么希望我的儿子就是这样一位绅士，因为爱母亲，所以懂得给女性更多一些怜惜，宁可尊重错了对象，也决不轻慢了他人。

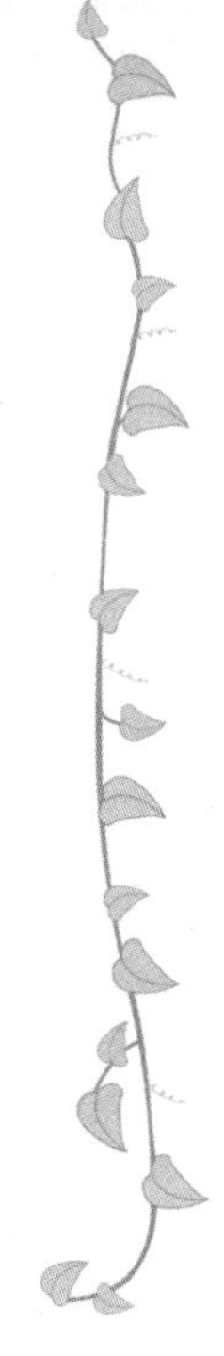

馨香心语

我们说说天吧，秋高气爽；
说说水吧，眼一样的明亮；
说说鲜花吧，开得跟朝阳一样；
说说阳光吧，你会看见我眼底的微笑！

我们说说天吧

走在繁华闹市，和一个人擦肩而过。走过之后，突然感觉那人似在用异样的眼光看我，便本能地回头。我回头偏巧她也回头，四目瞬时相对，却又倏地分开。

——我知道，她认出了我。

可她没有说话，一句话也没有说。

她是谁？我曾在哪里见过她？她为什么认出了我却又不理我？这些问题，整下午地纠缠着我，让我不得安生。

我没有认出她，我以为这不是我的错。首先，迎面而来的她没有引起我的足够注意；其次，在我的“内存”中，不曾存储关于这个人的确切信息。所以，我缄口，上帝也不会提出异议。

她不理我的原因可能有这么几种：一、担心认错了人。(这种原因不成立，因为我的直觉告诉我她知道我是谁。)二、担心遭遇冷脸。(哦，那是某些官员才有的脸，我等凡俗之人还没有修炼出来哩！)三、懒得说话。(怎么就懒成这样！说句话消耗不了多少体能的。)四、有“交际病”。(“交际病”，乃是我们同胞的一种多发病、常见病。病因多为自卑、自弃、自轻、自贱。)

我一直十分向往这样一种和乐的社会氛围——相识的、不相识的人见了面，都彼此打个招呼。老师和学生打招呼，官员和百姓打招呼，大人和小孩打招呼，警察和农民打招呼，大款和民工打招呼，健康人和残疾人打招呼，漂亮小姐和“恐龙”打招呼，偶像和“令人作呕的对象”打招呼……说一句话，就造就了一个太阳，自己暖了，别人也暖了，多好。

但是，我们流行不说话！

读高中的时候，我曾经在一个硬壳子笔记本上抄写过美国诗人惠特曼的一首诗，那诗中有这样的句子：

陌生的人啊，
假使你偶然走过我身边并愿意和我说话，
你为什么不和我说话呢？
我又为什么不和你说话呢？
那么，
我们说说天吧，秋高气爽；
说说水吧，眼一样的明亮；
说说鲜花吧，开得跟朝阳一样；
说说阳光吧，你会看见我眼底的微笑！

你终日闷着头赶路，目光黯淡，面无表情，见到相识的、不相识的人都不愿意说话，这多无趣、多乏味！你愿不愿意响应这个美国诗人的号召，率先开口和人说话，如果实在不知道说什么好，那就说说天吧，行不行？

馨香心语

不管我们在履行着怎样神圣不凡的使命，不管我们在创造着怎样惊天动地的伟业，生命的枯荣，都应该随时牵动我们至高的情感，至美的柔肠。

至尊生命

这是摄影家宗同昌讲述的一个真实故事——2004年，他随一支探险队穿越死亡之海“塔克拉玛干”沙漠。“塔克拉玛干”在维吾尔语中的意思是“走得进，出不来”。穿越的过程中，不少队员们因为这样或那样的原因中途退出；领头驼每走三步就哀号一声，听得人心惊胆寒。几乎所有的队员都被迫放弃了临行前所发出的“徒步穿越死亡之海”豪迈誓言，他们难为情地骑上了负载着水桶、食品、行囊的骆驼，在死神的注视中艰难前行。

那天，宗同昌利用队伍短暂休整时间带着相机去附近选景拍照，突然，他在一个沙丘前发现了一峰离队的骆驼。他以为这是一峰不堪忍受旅途艰辛而逃跑的骆驼，但当他走到它跟前时，他一下子就明白了这峰骆驼离队的缘由。原来，它生产了。小骆驼在寒风中瑟瑟发抖，仅存一息；母骆驼用哀告的眼神凝望着眼前的人，仿佛在谢罪，又仿佛在乞求。是的，它在最不适宜做母亲的时候做了母亲。它的使命，本是帮助探险队穿越沙漠的，但想不到它却给大家添了这么大的麻烦。所有的人都围过来了，有人甚至脱下自己的羽绒服盖到小骆驼身上。没有人怨嫌这个小生命来得不是时候。在接下来的行程中，他们卸去了那峰母骆驼身上所有的东西，并由专人负责抱着那峰还不会行走的小骆驼前进。

——有了爱的精心看护，死神怎能轻易撷走那柔弱的生命之花？

生命，至尊的生命。不管我们在履行着怎样神圣不凡的使命，不管我们在创造着怎样惊天动地的伟业，生命的枯荣，都应该随时牵动我们至高的情感，至美的柔肠——不是吗？

馨香心语

灾难在给了这座城市足够大的考验之后，再无兴趣重演故技，只将成倍的福祉降临于她的头上。

余震仍在继续

我是被爱召唤到这座震城来的。当我踏上这块土地，大地震已过去6年。我在废墟前伫立，在错位的大树前嗟叹。每天每天，我在他人口中重温“地震”这个词，也在自我心中咂摸“地震”这个词。我越来越深切地体味到，蓝光拖曳着的光尾不会轻易从人们的心空消逝，一种强烈的撼动会从地心传到地表，再传到人心。冬去春来，月盈月缺，“余震”仍在继续，“余震”中的人们在一种身不由己的晃动中沉静地回首、顽强地挺立。

我不知道一场大震后的余震竟会如此持久。30年间，唐山每年都有余震来袭。直到今天，我对第一次经历余震时的情形仍记忆犹新。

那年我刚满20岁，大学毕业后被分配到一所企业学校教初中。那天，我站在讲台上，刚书写完新课文的标题，地震发生了！我本能地扔下书本，一个箭步就跨出了教室的门。几乎就在同时，我听到身后响起了善意的笑声。回头看时，却见我的学生全都纹丝不动地坐在座位上，看着我，笑。有个同学说:“老师，别怕，这是余震，不碍事的。”我万分尴尬，脸上发起烧来。面对一个恶作剧般的捉弄，我没有表现出应有的风度，既不能沉着应对，又不能先人后己，而是不假思索地夺门而逃。我为自己的所为感到深深的遗憾，唯一可以开脱自我的理由是，作为一个外地人，我没有经历过地震，在那突如其来的震动面前失了理智、慌了手脚。自那以后，我又经历过无数次余震，早已历练得像一个真正的唐山人那样处变不惊，稳如泰山。

其实，比我更加“防卫过当”的外地人还有很多呢。外地来唐山读书的学生经历一次余震就不敢进寝室睡觉了；外地来唐山出差的人员在深夜遇上余震，居然从三层楼上跳了下来，摔成了粉碎性骨折……

余震是大震后上苍额外搭送给唐山的一份推不掉的礼物。在这份礼物面前，唐山人表现得很平静，很恬淡。“震了一下”，“又震了一下”，顶多，他们在聊天中插进这样一个短语，然后继续他们的话题；或者，仅仅是对视了一眼，仿佛在说“老朋友来了”，来了就来了吧，没人再过多地理它。真的，生活仍在继续，我们不能因余震频仍而停止前行的脚步。

我有一个优秀的同事，在地震中失去了一双儿女。她的钱夹里放着两个孩子的黑白照片，随时拿出来跟人讲解地震那天孩子遇难的情景。我知道，她的心被剖开，有一半永远地掩埋在废墟中了。

有位先生，我称他为曹兄，他跟我讲过一个真实的故事。他说:“我和你嫂子是地震3年后结婚的。她是地震孤儿，家境特别贫寒。结婚的时候，她的陪嫁只有两床被和一个竹箱子。那个竹箱子很沉，有明暗两把锁，可你嫂子从来没露过钥匙。我也曾乍着胆子问她箱子里锁了什么，她只说是重要的东西，我也就没有再深问。结婚两年了，那箱子就一直放在我家的床下面。后来，我们有了孩子，你嫂子这才把箱子的钥匙给了我。我打开箱子一看，吓坏了，里面整整齐齐地码放着8个骨灰盒。你嫂子哭着对我说:‘这就是我那一家人，我不想跟他们分开啊！现在，咱们的孩子降生了，你亲口跟我家里人报个喜吧！’”

唐山大地震，让24万人同时罹难。这24万人的离去，给活着的人带来的了巨大的痛楚，有生之年，他们心灵的余震不可能停息。清明是祭奠亡人的日子，大地震，硬是让唐山多出了一个清明！每逢“七•二八”，唐山的十字路口都会纸灰飞舞，人们用这种方式告慰亡灵，寄托哀思。

2002年，“唐山地震纪念墙”落成。我夫挑选了正面12排11号这个位子（这是他家住老工房时的门牌号），刻写上我婆母“陈俊荣”的名字。婆母在地震中亡故，成了家人心中永远的痛。后来，我夫的兄长从上海回家探亲，当他来到“唐山地震纪念墙”前，看到自己母亲的灵位时，怆然跪倒在地，大放悲声。

“唐山，有眼泪也要交给太阳！”这是我夫最自赏的诗句。在我看来，他是在为一座城市代言。灾难只会打倒弱者，对强者而言，灾难却会幻化成生命中坚硬的内核，让人在承受了巨大的痛苦悲伤之后，越来越温柔，也越来越坚毅。心灵的余震，提醒人们珍惜今朝，好好生活。

看到一个参与过唐山抗震抢险救灾的外地人写的一篇文章，其中对唐山某年“七•二八”地震纪念日时抗震纪念碑“静悄悄”的情景颇多微词。在他看来，唐山人应该在那天有大的举动，应该用一种喧闹的形式来表达自己的心怀。但是，我觉得，这个人没有真正读懂唐山。有一种沉积到骨子里的、日日都需温习的痛苦，让唐山人淡化了某一天对痛苦的集中宣泄。

住在外地的人不会切身地感受余震，不会明白在那无可抗拒的震撼中每一颗心都顷刻回到了1976年7月28日凌晨4点42分的惊悸；身体无残疾的人不会明白轮椅遇障时那种撕心裂肺的感受，不会明白断臂之后在盛夏也要穿着长袖衫的难以诉人的痛苦；家庭完好的人不会明白逢年过节餐桌上摆着几副空碗筷的悲怆，不会明白在一个重组的家庭中孩子管男主人叫姑父、管女主人叫舅妈的尴尬……有了这么多外在的和内在的伤痛，“忌日”染黑了每一个日子，唐山一开口、一举步、一啄一饮、一颦一笑都可以牵动那根最敏感的神经，都可以逗出泪水，血水。所以，不要指责唐山没有在每一个“七•二八”都举办做给人看的大型纪念仪式，她的纪念仪式已在灵魂深处轰轰烈烈地持续了30载！她椎心的记忆，泣血的感受，一个局外人永远无法体味。

灾难使人伟大。因为扛过了大灾大难，唐山人多是沉静从容的。不管是盛传“小行星撞地球”，还是人人自危的“非典”时期，唐山都没有出现骚乱。曾经沧海的心，不会轻易就被吓倒。

盛夏时节，突然接到北京、保定两位朋友发来的短信，问唐山是否发生了大的地震，因他们那里都有了震感。我回复他们说:“唐山没有地震。唐山百年之内不会有大震。”后一句话是我平素最爱讲的一句话。这句话，是我从一个地震工作者那里听来的，听来之后，我把它讲给关心唐山地震的人听，讲给我远方的父母听，当然也讲给自己听，讲给上苍听。我想，这座对灾难获得了“免疫”的城市，不会再惧怕灾难；我也衷心希望，灾难在给了这座城市足够大的考验之后，再无兴趣重演故伎，只将成倍的福祉降临于她的头上。

“在唐山，每一朵鲜花都是顶着人的灵魂开放的”。美丽的新唐山，本身就宛如一朵盛开的花朵，滋养着她的，除了建设者的智慧与汗水，还有匆遽地离开这可爱家园的人的爱与不舍。每一个幸存者（人们戏称“震漏”）都是带着数颗心在活着。

每天每天，我和心中装着故事的唐山人并肩走在文化路、建设路上。和熟人打招呼的时候，我所使用的已是地道的唐山方言。我明白，我的骨子里已经“很唐山”了。我喜欢这座刚强却不乏柔情的城市，喜欢那些在俗世的欢娱中从容度日的人们。余震教给了我镇静，也引导着我去领悟生活的真谛。我早已不再是那个可以被余震吓得魂飞魄散的“外地人”，我翻看了大量有关唐山大地震的书籍，接触了许多亲历过唐山大地震的人们，我思考，我采撷，我把感动了我的人和事写成文章，让更多的人了解唐山、认识唐山。我愿意和每一个唐山人一道，借着那场灾难苦涩的给养，磨炼一副好筋骨，修炼一种好心性，爱着，微笑着，朝前走。

馨香心语

上帝爱他的花园，大概，他也会用清水、微笑和歌声来浇花吧？并且，他会和孩子一样，不会忽略掉哪怕是最不起眼的一株植物的一抹浅笑……

浇　花

阳台上的双色杜鹃开花了，终日里，妖娆的红色PK雅洁的白色，静静的阳台显得喧嚷起来。

妈妈提来喷壶，哼着歌儿给花浇水。她在看花儿的时候，眼里漾着笑，她相信花儿们能读懂她这份好感，她还相信花儿会在她的笑影里开得更欢——她用清水、微笑和歌声来浇花。

儿子也学了妈妈的样子，拎了喷壶来给花儿浇水——呵呵，小小一个男孩子，竟也如此懂得怜香！

一天，妈妈仔细端详她的花儿，发现植株的旁侧生着几株茁壮的杂草。她笑了，在心里对那杂草说:“几天没搭理你们，偷偷长这么高了？想跟我的杜鹃抢春光，你们的资质差了点！”这样想着，俯下身子，拔除了那杂草。

儿子回到家来，兴冲冲地拎了喷壶，又要给花儿浇水。但当他跑到阳台上，却忍不住哭叫起来:“妈妈，妈妈，我的花儿哪去了？”

听到哭闹，妈妈一愣，心说莫非杜鹃插翅飞走了？待她跑过来，却发现杜鹃举着笑脸，开得好好的。妈妈于是说:“宝儿，花儿这不在这儿吗？”

儿子哭得更厉害了:“呜呜……那是你的花儿！我的花儿没有了！”

妈妈见儿子绝望地指着原先长草的地方，顿时就明白了。说:“宝儿，那哪儿是花儿呀？那是草，是妨碍花儿生长的杂草！妈妈把它拔掉了。”

不想儿子却说:“我天天浇我的花儿，它都开了两朵了！呜呜……”

妈妈疑惑地把那几株杂草从垃圾桶里翻拣出来，发现那蔫蔫的叫不上名的植物上确实开着两朵比叶片颜色稍浅的绿色小花儿。妈妈想说“这也配叫花儿，你看它们多丑哇！”但是，不知为什么，妈妈没有说，她的心温柔地动了一下，俯下身抱起了孩子。

“对不起，妈妈不该拔掉你的花儿。宝儿，你真可爱！妈妈要替这两朵小小的花儿好好谢谢你，谢谢你眼里有它们，谢谢你一直为它们浇水；妈妈还要替妈妈的花儿谢谢你，因为在你为你的小花儿浇水的时候，妈妈的花儿也沾了光！”

后来，妈妈惊讶地发现，这个世界上原先被她忽略的花儿可真叫多！柳树把自己的花儿编成一个个结实的绿色小穗，杨树用褐色的花儿模拟虫子逗人，狗尾草的花儿就是毛茸茸的一条“狗尾”，连蒺藜都顶着柔软精致的小花儿与春风逗弄……上帝爱他的花园，大概，他也会用清水、微笑和歌声来浇花吧？并且，他会和孩子一样，不会忽略掉哪怕是最不起眼的一株植物的一抹浅笑……

馨香心语

我们缄口走过岁月。那些值得我们深爱的人或物，在远离我们的地方惶惑地猜测着我们的心。真的，我们被自己惩罚，不能说出自己的真爱。

人生台词

有一个故事，听了就难以释怀——

有一个王子，开罪了国王，所得到的惩罚居然是，一年只准开口说一个字。王子为此痛苦万分，却只有承受的份儿。

更为不幸的是，这期间他爱上了一个姑娘。他想表白，但又无法表白。爱的蜜语在心中千回百转，最终空化作天边的云、水中的花。可他怎甘心就此放弃！他告诉自己说：除了等，你别无选择。

他便等。

他等啊等，等啊等，等得那个“等”字都形销骨立了啊！

一年过去了，他没有开口说话；两年过去了，他依然没有开口说话。到了第三个年头，有人开始暗地里悄悄议论:“可怜的王子啊，他一定是彻底失语了。不然，他怎么会接连三年都放弃了那每年只说一个字的权利呢?”

但是，大家猜错了。就在第三年的某一天，王子找到那个姑娘，深情地望着她的眼睛说:“我爱你。”

——原来，王子两年不说话，是在苦心地积攒着那金贵的一年一字啊！这石破天惊的表白，这用上千个日子凝结而成的一句爱语啊！

然而，就在这个时候，发生了一件让整个世界顿然黯淡倾覆的

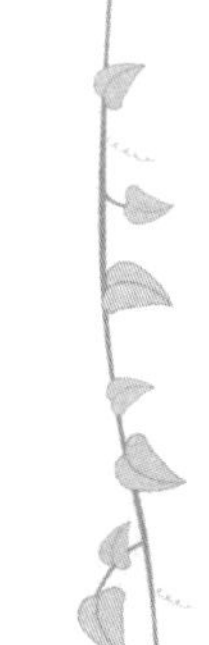

事——姑娘竟然说:“你说什么？我没听清楚，请再说一遍!”

我在这个故事的结尾处绝望了好些天。我不认为这仅仅是一个关乎爱情的故事。

我想，在我们的心中，是不是有一个我们自塑的“国王”？他掌控着我们，操纵着我们，剥夺了我们表达自我的权利，尤其是，剥夺了我们表达爱的权利。我们缄口走过岁月。那些值得我们深爱的人或物，在远离我们的地方惶惑地猜测着我们的心。真的，我们被自己惩罚，不能说出自己的真爱。缄默的日子里，我们希望自己成为离了爱也可以活得挺好的人，我们甚至天真地设想把别人的爱挪来权做我们自己的爱。咸涩的欺瞒，酸楚的抚慰，让我们把日子过得好生惨怛！好在，那个诱惑我们的“姑娘”必然地出现了！这致命的美人啊，把我们的魂魄都勾了去。我们又何尝不愿意为她苦心积攒那“一年一字”？揣想着那剖白心迹的一刻宝石般镶嵌在未来的某个日子里，现实中每一天的灰暗和颓败便都被赋予了全新的意义。

——像那个王子一样，我们终于石破天惊地说出了那三个字。

但是，多么悲惨！那理想的“姑娘”，那被我们日里夜里牵念着的美人，却没有听清我们赤诚的表白!

怨恨?

怨恨又有何用!

我们所能做的，大概只能是驱逐自己心中那个骄横的“国王”吧？我们无意为自己设立这样一个“国王”，他的到来，违背了我们的意愿。但是，作为“追求”的副产品，他从我们生出爱之心的那日起就一直跟随着我们，如影随形。我们的爱成长得愈快，他的权势也增长得愈快。他的使命，就是要将我们的爱杀个片甲不留……

但是，此刻，爱的声音是这样真切！它蚕茧一般缠紧了你又烛火一般照彻了你！要知道，只有你自己，才能将这美妙的声音从喉头解救出来。不要再惧怕，不要再惧怕“姑娘”的耳朵忽略了你痴心的表白。不

必再傻傻地等，也不必再哀哀地哭。携着自己一颗向往爱与美的心，从“国王”的桎梏中逃离，深情地、一遍遍地重复自己的人生台词吧——

我爱你，胜过爱我自己。

馨香心语

垂挂的泪，使我的生命幸福。

倒流的泪，使我的生命深刻。

热泪倒流

那天整理旧作，邂逅了往日心情。在字里行间，我辨析着那个容颜模糊的自我。突然就对那个自我惊异起来。真的，怎么那么爱流泪呢？一篇挨着一篇，几乎篇篇都泪花飞溅——真逗。认真回忆一下，眼中确乎曾有晶莹的液体淌出，也就是说，我没有欺骗纸张。

那时，我的心很容易燃烧。心一燃烧起来，眼里就淌出了泪水。能点燃我的东西很多，一茎草，一瓣花，一片云，一朵霞，一句诗，一首歌……我愿意为感动了我的事物付出真诚的眼泪。眸子被泪水洗过，如同青山被雨水洗过，澄澈，清明，没有一星儿尘渣。

从什么时候开始，我不再动不动就流泪，也不再动不动就写流泪了？我找不到一个确切的分水岭。总之是从某个时刻开始，我与眼泪相互背弃了。

心，不再容易被点燃。即便被点燃了，也不再像从前那样用汪洋恣肆的泪水来证明。更多的时候，我体会着一种热泪倒流的况味。当我说“我哭了”，你不要看我的眼睛。我的表达从泪腺出发，经由血管，直抵心房。那一刻，我的心有了烧灼感。

一天看电视，看到周杰伦在演唱《七里香》。台下是狂热的观众。观众中有个女孩，一边挥舞着荧光棒跟唱“雨下整夜，我的爱溢出就像雨水；院子落叶，跟我的思念厚厚一叠……”一边哽咽流泪。镜头不停地

追拍她，显然，她在大屏幕上看到了自己泪流满面的模样，却没有丝毫的难为情，反而唱得更带劲、哭得更带劲了。我坐在电视机前看着这个放肆地哭且唱的女孩，觉得十分可笑。我给儿子发了个短信，和他分享这有趣的一幕。没想到他回短信说：老娘啊，你真的老了！

我确实老了。我差点忘了，这个女孩的心，正处在容易被点燃的时期。她如此毫不吝惜地抛掷着自己的“液态钻石”，看到的人，应该为她的慷慨感动才是啊！在这个世界上，所有的泪水(包括婴孩的泪水)都是不应该遭到嘲笑的。

那天读一篇文章，写一个5岁的苦孩子为了得到一个人手中的矿泉水瓶，跟随这个人在烈日下行走了8公里，直到那人把水喝完，丢弃了那个瓶子，孩子才飞快地捡起它，飞快地掉头往回跑……那一刻，我真切地体味到了热泪倒流的滋味。一股滚烫的岩浆，从泪腺出发，直抵心房，烧痛了心脏……

生活的美丽曾经惹得我流泪，我的泪流得真实而畅快；生活的沉重劝止了我的泪水，我学着把那泪水和着思想抟成前行的力量。旧作中的我，轻易就潜入了一朵花的芳蕊，我眼中的世界顷刻就被美艳和芬芳包围；现在的我，更喜欢冥想那花叶下面有着怎样纠结盘错着的根，冥想那根曾走过怎样艰辛苦难的历程。

——垂挂的泪，使我的生命幸福。

——倒流的泪，使我的生命深刻。

馨香心语

好在黑天鹅听不懂人们的议论与感慨。就在我们热炒这个事件的时候，它依然爱着它的天鹅船，不悔愧，不羞赧，不忧戚，不愁怨，在平静的湖面上一圈又一圈地跟着它游弋。

一只鸟爱上一条船

眼下，人们正在热炒德国明斯特尔动物园里的一只黑天鹅。

这只情窦初开的黑天鹅，居然傻乎乎地爱上了湖里一条白色的天鹅船。每天形影不离地跟着它，发出兴奋不已的叫声。它不在乎自己的爱没有得到任何回应，只管痴痴地跟定了那只船，享受与它朝夕相处的乐趣。动物园里的工作人员也存心为这只黑天鹅凑趣，每天都派人踩着这条小船游湖，制造浪漫的约会气氛。

一百个人读这则趣闻，就能发出一百种感慨。

爱情至上主义者可能要说：那是超乎物外的爱，不管对方有无回应，只要你真心爱着，你就是美丽的，幸福的。

哲学家可能要说：世间所有的爱都是不对等的，只不过，这只鸟和这只船放大了这种不对等。

诗人可能要说：谁敢说那白色的天鹅船里，没有住着一只善感的天鹅的灵魂？

善于幻想的人可能要说：只要那只黑天鹅永远不放弃自己的追逐，那么，即便是一条天鹅船，也可以长出洁白的羽翼，最终和爱它的黑鹅双宿双飞。

童心未泯的人可能要说：这两个家伙一定是在赛跑！黑天鹅加油啊！我就不信你超不过那条天鹅船！

慈悲为怀的人可能要说：动物园的工作人员多么有心啊！感谢他们每天派人踩着那条天鹅船游湖，感谢他们用这样的做法关照了黑天鹅的爱与尊严。

黑色幽默家可能要说：啊哈，知道吗？这只是一场化装舞会，白天鹅不过是化装成了一条天鹅船，夜幕降临的时候，我亲眼看到卸装之后的白天鹅和心爱的黑天鹅交颈而眠。

……

好在黑天鹅听不懂人们的议论与感慨。就在我们热炒这个事件的时候，它依然爱着它的天鹅船，不悔愧，不羞赧，不忧戚，不愁怨，在平静的湖面上一圈又一圈地跟着它游弋。我想，如果黑天鹅可以开口说话，它一定会说：爱错了的人那么多，为何偏偏盯着我一个？

馨香心语

世界就是这样构成的。一些高尚的人，一些美好的事，不时地赶来安抚我们脆弱无助的心灵，让我们切身感到了这世界的可爱与温暖；同时，一些卑下的人，一些龌龊的事，也会不请自到，让我们感到彻骨的哀痛与悲凉。

那些事件并不遥远

寻常的早晨，我照例打开电视，收看一档早间读报节目。

一个空军飞行员，独自驾驶着一架歼击机，在飞机训练结束下降途中，突然遇到鸽群撞击，发动机发出一声巨响。飞行员和塔台指挥员联系：我撞鸟了，要调整跳伞！但是，6秒钟之后，他却又对塔台指挥员说放弃跳伞，准备迫降。可就在迫降过程中，飞机撞上沟渠的堤坝爆炸。距离飞行员最近的在田野上劳作的农民安然无恙，飞行员的血肉之躯却与飞机的碎片融为了一体……在那样的紧要关头，飞行员为什么要放弃跳伞逃生的机会，毅然选择危险的迫降呢？原来，当时他的飞机上装有航空炮弹、火箭弹，还有易燃的航空汽油、氧气瓶等，而他的脚下就是密集的村庄和人群，如果他跳伞后飞机失控，后果将不堪设想。所以，他毅然迎向死亡，而将平安留与他人。

一家出售安全帽的商店，为自己的商品打出了这样一句“温馨”提示语：千万别摔，一摔就碎。这种像纸糊成的安全帽售价不高，仅5元人民币。在这些安全帽旁边，还有许多材质很好的安全帽，标价几十元上百元不等。问这些安全帽差别怎么这么大？回答说：那些便宜的安全帽是给工人们用的，那些贵的安全帽是给领导们用的。

这两则消息，在那档读报节目中前后间隔不超过五分钟。当我还没来得及停住对那位飞行员的英雄壮举唏嘘赞叹的时候，安全帽的消息就不由分说地冲进了我的耳鼓。

在生死攸关的时刻，有的人因为懂得别人生命的珍贵，不惜听任自己的生命化为齑粉；而在平安平静的日子里，有的人却“聪明”地给不同的生命分出了高低贵贱，将毫无防护作用的帽子贴上“安全”的标签，让那些不值钱的脑袋顶着一顶自欺欺人的帽子听天由命地去和砖石瓦块较量厮拼。

世界就是这样构成的。一些高尚的人，一些美好的事，不时地赶来安抚我们脆弱无助的心灵，让我们切身感到了这世界的可爱与温暖；同时，一些卑下的人，一些龌龊的事，也会不请自到，让我们感到彻骨的哀痛与悲凉。

我们就在这样的世上活着。明丽或灰暗的风景，光影交错。但是，谁又能心静如水地坐在电视机前吃着面包、啜着牛奶仅仅做一个局外的看客？那些事件并不遥远——我就是那在飞机爆炸处不远的田野上收获地瓜的农人，是飞行员以他壮烈的死换来了我的生，从那以后，我的粥锅里每天都翻滚着他滚烫的祝福；我就是那戴着5元钱买来的安全帽在险象环生的工地上劳作的工人，一块不长眼的石头落下，我的脑袋汩汩地淌出了鲜血，我贤惠的妻子、懂事的孩子从此与悲苦为伴，再没有了欢笑的理由……

人，其实是多么善于爱的动物啊！别闲置着我们的爱，别扭曲了我们的爱，用我们的爱多为这世界增加一些亮色吧！让人心倚着人心取暖，让更多动人的消息在每一个早间读报节目中随早餐一道飘香。

馨香心语

我宁愿看到一个女人的眼神难以企及繁漪的蕴藉，也不愿看到一个女人的眼神无端超越了繁漪的风骚。

繁漪的眼神

这是话剧团的一位导演讲的故事——

20多年前，四人帮被粉碎，我们做导演的终于可以忙点自己想忙的事了。我打算重新排演曹禺先生的《雷雨》——这个剧以前是我们话剧团的“看家戏”。别的演员都选好了，就是饰演周繁漪的演员定不下来。你知道，周繁漪这个角色历来是考验女演员优劣的试金石。团里的女演员们都跃跃欲试，连“侍萍”和“四凤”都有意争抢这个角色。最后，我使用了一个挺有实力的中年女演员，可以说，我把赌注都下在她身上了。那个女演员上装后看上去很理想，可以说外形是没挑了。可是，几天下来我就发现，这个繁漪选得不成功。我跟她讲，你要饰演的是一个受过一些新式教育的旧式女子形象，她敢爱敢恨，困兽犹斗，她自称既不是周冲的母亲，也不是周朴园的妻子，骨子里，她只在意一种角色，那就是周萍的情妇。这个身穿镶灰花边黑色旗袍的女人，眼神应该是哀怨中有怒火，强悍中有柔情，阴鸷中有热望。但是，我们这个“憨大姐”看周萍时的眼神，总也跳不出妈妈看儿子的眼神，或者是姐姐看弟弟的眼神。“错了！”我一次次冲着她咆哮，恨不得立刻变成个女的把这个不开窍的东西换下来。我一遍遍跟她说戏，甚至一遍遍给她示范繁漪看周萍时的复杂眼神。但是，她一做就走样。那目光纯净得像是从周冲的眼里射出来的。我彻底绝望了。最后，我不得不让她和侍萍调换了角色。

20年后的现在，我又开始排演新版《雷雨》。一水的新人，都是刚从戏剧学院毕业的学生。我记取了20年前的教训，下大气力先挑选繁漪。我把团里的女演员一个个过了一遍，最后，终于敲定了繁漪的理想人选。那是一个悟性很高的女演员，一点就透，我暗自欢喜选对了角色。可是，几天后我就发现了问题。我发现这个新繁漪的眼神里有一种太过轻佻的东西。她看周朴园时的目光和看周萍时的目光同样十分热辣，热辣到勾魂摄魄的地步！“错了！”我冲着她咆哮。我说:“你给我记住，周繁漪不是个荡妇，她是曹禺先生‘怀着尊敬的心情来哀悼’的一个不幸的女人!”像20年前一样，我一遍遍跟这个女演员说戏，甚至一遍遍给她示范繁漪看周萍时的复杂眼神。但是，她也是一做准走样。看着她毫无内涵却极具挑逗功夫的眼神，我突然怀念起20年前那个不开窍的女演员纯净的目光来……真的，我宁愿看到一个女人的眼神难以企及繁漪的蕴藉，也不愿看到一个女人的眼神无端超越了繁漪的风骚。

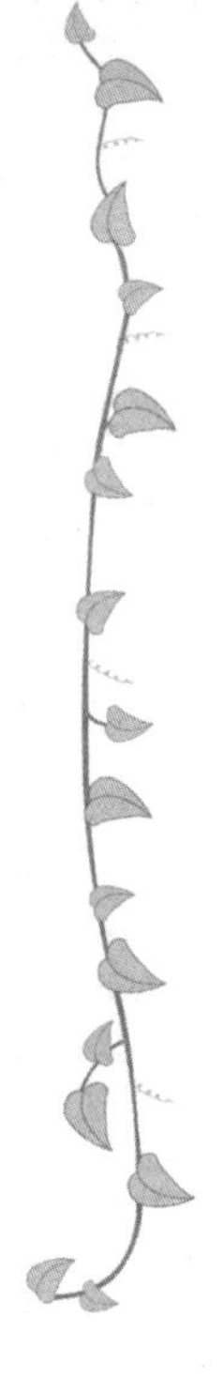

馨香心语

“你很漂亮”，我不要这句刺耳椎心的恭维语，我只希望一个六七岁的女童本真、率直甚至略带一点刁蛮地望着我，用属于自己的声音，和我对话。

“你很漂亮”

在新疆的高昌故城，我们的参观团遇到了一群推销小铃铛的小姑娘。小姑娘都是六七岁的年龄，个顶个那么漂亮，大眼睛忽闪着，浓密的睫毛让人生出检验一下真伪的欲望。我买了一个小女孩的铃铛，其他的孩子立刻“嗡”地围过来，强行将她们的铃铛往我手里塞。我说我要不了那么多，她们却一定让我要。我十分无奈，只好将包里的口香糖送给了一个粘我最紧的女孩。女孩接过口香糖，用浓重的烤羊肉串的口音一字一顿地对我说:“你很漂亮！”我听了很吃惊，没料到她会说出这样的话来。我弯下腰，抚摩着她满头的小辫子说:“你才漂亮。”

小姑娘们继续跟着我们的团队走。拿到口香糖的女孩不停地朝同伴炫耀着，可当同伴向她伸手讨要时，她却把攥着口香糖的手藏到了背后。小姑娘们跟定了我们团里的女士，一副不达目的决不罢休的样子。为了斩掉这尾巴，我示意姐妹们送她们一点小食品，于是，大家纷纷拿出了话梅、巧克力，我发现，不论哪个小姑娘，只要一接到礼物，一定会对施舍者说一句:“你很漂亮！”最后统计，我们团里所有的女士(包括最无姿色优势与年龄优势的女士）无一例外地统统收到了这样一句恭维语。

在接下来几天的时间里，“你很漂亮”成了我们团的一句流行语。

有人给你递了一瓶水，你要说“你很漂亮”，有人给你开了一下门，你要说“你很漂亮”。有位先生，尽职地为“唱山歌”的女士们站岗，最后博得众姐妹异口同声的一句赞美:“你很漂亮!”那位先生苦笑着，说:“这真是世界上最歹毒、最恶俗的一句赞美语。”

我不知道是谁教会了小姑娘们这句汉语，也不知道小姑娘们在说这句话时是否懂得它真正的含义，我只是觉得满心不舒服，为了这个被贱卖的句子，为了孩子过于讨巧的嘴巴。

我想，贫穷对人心和人性的扭曲是多么叫人惊骇。正义的丧失，良知的泯灭，抢劫，偷窃，行骗，卖淫，在所有这些“疾患”当中，都可寻到“贫穷”的病菌。这些“硬伤害”足以让人悲伤叹惋，而常被我们忽略了的“软伤害”更是惹得人泫然泪垂。为了使自己的口腹之欲得到暂时的满足，可以放弃尊严；一旦自己卑微的愿望得以实现，可以违心谄媚。在这样小小的年纪，王勃在咏鹅，杜甫在咏凤凰，而这些孩子，却要苦苦修炼功利滑黠、心口不一，为的是在苦寒的生活当中为自己赚取一点点的甜味。

“你很漂亮”，我不要这句刺耳椎心的恭维语，我只希望一个六七岁的女童本真、率直甚至略带一点刁蛮地望着我，用属于自己的声音，和我对话。

馨香心语

当她用月牙型的口琴为一个不谙世事的孩童吹奏出照耀心灵的乐曲，我们怎么忍心说这样的乐曲不中听？我们又怎么可以说这样的乐曲仅仅是一个母亲为了逗弄孩子灵机一动想出的妙招？

妈妈的绝活

看一档电视节目，叫做“妈妈的绝活”。被邀请到现场的妈妈都带来了一样绝活。第一个妈妈是用单手编织毛衣，半个毛衣夹在左腋下，右手的5个指头在环形针上挽着一根毛线跳舞；第二个妈妈带来的绝活是原地转圈，现场有两个观众朋友被邀来“陪转”，结果双双转倒在了那位旋风般转个不停的妈妈的脚下；第三位妈妈十分腼腆地声称自己的绝活本不应当叫绝活，因为“实在是太简单了”。

说话间，主持人送上来了一张白纸和一片月牙形的塑料梳子，只见那位妈妈把这两样叠在了一起，解释说:“以前我的家很穷。孩子小时候，家里买不起录音机，也买不起乐器，我呢，就弄了这样一把土造的口琴，给孩子吹歌子听……下面，我就给大伙吹一首《美丽的草原我的家》吧。”古怪的乐声从那把“土造的口琴”中传出来，有一些刺耳，有一些寒碜。我仔细分辨着那声音，那其实是女人的哼唱加上呼出的气流在纸与梳子之间形成的摩擦震颤声。我想说“多难听的音乐”，但我的心像被什么东西蜇了一下，我为自己这样的评判感到羞耻。

妈妈吹得很忘情，苍老的眼睛闪动着母性的柔光。她刻意摆出的姿势，简直就和真正的口琴演奏者演奏时的姿势一模一样。

现场一片沉寂。

等那位妈妈吹完了曲子，梳着翘翘辫儿的主持人用职业的甜腻嗓音评价道:“噢，你可真是一个会逗孩子玩的妈妈！我相信，你的孩子听到你吹奏的歌曲，一定不哭也不闹了，对不对？”我在心里叹了一口气，想：可爱的小女生啊，你糟踏了这个妈妈的绝活。

——当这个穷苦的妈妈做了妈妈，她也巴望着能给予孩子世间最美妙的音乐。她一定钟爱着口琴；但是，她连这样一件简单的乐器都无法拥有。我猜不透究竟是什么驱动了这个母亲无比丰富的想象力，她居然神助般地创造出了人间最奇妙的一把口琴！最初的那张纸，说不定就是她男人的卷烟纸吧；而最初的那把梳子，应该就是她每日梳头用的那把缺齿少牙的梳子。聪明的她，将这两样寻常的东西不寻常地组合到一起，给贫瘠的日子团捏出了一个饱满的喜悦。当她用月牙形的口琴为一个不谙世事的孩童吹奏出照耀心灵的乐曲，我们怎么忍心说这样的乐曲不中听？我们又怎么可以说这样的乐曲仅仅是一个母亲为了逗弄孩子灵机一动想出的妙招？

我不知道那个妈妈的孩子日后是否与音乐结了缘，也不知道那个妈妈的孩子的孩子如今正用怎样的方式亲近着音乐，我只是一眼一眼地瞟着自己堆积如山的CD光碟，瞟着我的孩子每日挂在脖子上的存有上百首歌曲的MP3。

我愿意永远铭记这个妈妈的绝活，也虔心祈祷全世界的妈妈们都无须再创造这样的绝活……

馨香心语

日子给付到我们手上，本是让我们珍惜的。可太多的人，把日子过得太过粗糙了——过着，看不到它的凋陨；过后，忆不起它的容颜。

偷得一片光阴

同事的父亲做了胃切除手术，我们几个朋友便相约去医院看望老人家。

一路揣想着一个年过七旬的老人在病榻之上该是怎样一种凄惨光景。但到了病房，我们全都怔住了。原来，老人正精神抖擞地半靠在床上认真地作画。见我们进来，老人忙放下了本子和笔，热情地招呼我们坐下。

我好奇地拿起那个本子，看老人究竟在画什么。——居然是《手术台上的我》！画面上，老人微笑着(绝对是微笑！)躺在手术台上，周围是几个神情庄肃的大夫。我拿着那个厚厚的本子问老人:“我可以翻看一下前面的内容吗？”老人笑着说:“看吧，这把年纪了，没有隐私！”一句话，把大家都逗笑了。

这个本子深深吸引了我。原来，这是老人家一本特殊的“日记”。我问老人:“您肯定有好几个这样的本子了吧？”他朗声笑着说:“猜对了！我还有11本呢！喜欢的话，可以让我儿子拿给你看。”

我便拿到了其中的两个本子。

我发现，这是一个有心人的“生命记历”。里面有一页，用蝇头小楷写了一句话——“偷得一片光阴”。我会心地一笑，明白了老人记这些

“日记”的初衷。

老人的经历极其丰富，放过羊，当过泥瓦匠，耍过皮影儿，贩过皮货，解放后到一家砖厂工作，从小工做起，一直做到了厂党委书记。而他记“日记”的方式也是不拘一格的——有文字，有绘画，有歌谱，有数字(记账),还有实物粘贴(如各种票据等)……煞是精彩丰富。让我惊讶的是，他曾和冀东皮影名家“箭杆王”同台演出，他在国家级报刊上发表过诗歌，拥有两项发明专利，还为好几个厂子写过“厂歌”(他既是词作者又是曲作者)。他对生活的爱,表现得那样淋漓尽致——他给自己放的羊取了好听的名字，还为它们“造像”，光是羊犄角就画了整整两页；他把用砖砌“喜”字的四种方法一一画在纸上，并得意地注明其中一种乃是自己的创新；他将自己两次迎娶新娘所用的轿子细致地画下来，还把长子的一绺胎发认真地粘在了纸页上……

面对着这样一份沉实的生命记历，我有些手足无措。我真真切切地体会到了“真实”的力量。我抚摩着那些拥挤的羊犄角，看着那些表情各异的羊，并试着叫出它们好听的名字，内心充满了无限的温柔。特别是，当我触摸到老人长子的那一绺柔软的胎发，揣想着当年那粘贴这绺胎发的手是怎样动情地动作着，揣想着在一个有着格子窗的农家房舍里传出婴儿脆嫩的啼哭，霎时，我整个人，被尘世的欢悦幸福地淹没。

当我从那些泛黄的册页中抬起头来，禁不住长久地注视着自己空空的两手，它在这美好的故事面前愧怍了么？它愿意远离浮躁安静地去弹响平凡岁月中爱与美的乐章么？

日子给付到我们手上，本是让我们珍惜的。可太多的人，把日子过得太过粗糙了——过着，看不到它的凋陨；过后，忆不起它的容颜。诗情，画意，其实就住在每个寻常的时刻，就看你是否善于撷取，善于挽留。

——“偷得一片光阴”,你可有这样的雅兴与雅意？

馨香心语

这个世界上确乎失踪了很多东西，但是，爱一旦从我们的胸腔出发，就踏上了孕育爱、激发爱的旅程。

爱生爱

一位小学老师撰文论证教师常怀感恩心态的重要性。他骄傲地宣称，他本人就是一个对自己职业怀有深深的感恩之情的人。他说，他的家乡在湖南农村，冬天没有暖气，也很少生炉子。他读小学的时候，每天都要和小伙伴们从五六里远的地方赶到“中心小学”去上学。严冬时节，他们顶着星星上路。为了抄点近道，他们每天都要横穿一大片荒草坡。荒草茂密，露水浓重，等到了学校，他们的布鞋已经湿了。他们的老师在门口摆开了一个个沙袋迎着他们。那用粗布缝制的袋子里，装着满满的热沙子。那是老师的爱人——孩子们的师母的“杰作”。她因为心疼孩子们冰凉的小脚，就弄来一口大锅，每天一早生起炉火把一锅沙子炒热，再分装在袋子里，让每个孩子把双脚舒服地埋在里面听课。教室门口那一双双精湿的小鞋，被她悄悄收走。她利用炉火的余热，烤干那些鞋子，然后，再悄悄把干爽的鞋子送回……因为双脚被露水冰过，更因为双脚被沙袋暖过，当年的一个“孩子”长大后义无反顾地读了师范。当他成为一名小学教师，那来自岁月深处的爱与柔情时时赶来温暖他、提醒他，使他总被“怎样才能更好地为孩子做些什么？”这样的问题幸福地追击。他说，说到底，真教育其实就是对感恩之心的唤起，因为领受过，所以愿施与，因为愿施与，才会让更多人领受。如果一个教师对自己的职业心怀厌恨，却奢谈培养学生的感恩之心，那无疑是荒唐可笑的。

这个老师的故事让我想起了一个叫安妮的美国女孩。安妮是不幸的。这个几乎全盲的女孩被送进“地牢”般的波士顿精神病院后，孤独，自闭，甚至会袭击“地牢”以外的人。但是，一个即将退休的老护士却不愿意放弃安妮。她一点点地接近她，每周都为她送来巧克力饼。在爱的感召下，小安妮的心智慢慢苏醒，不久就被“提升”到了轻度病房，后来，这个曾被判定是“没有希望康复”的小女孩终于被告知可以回家了。然而，她却拒绝回家，她执意留下来，决心再把那个老护士所给予她的爱经由她的手传递下去。在安妮20岁那年，她走进了一个比她更为不幸的6岁的小姑娘的生活，从而使这一天成为那个小姑娘“生命中最重要的一天”，从这一天开始，这两个不幸而又幸运的女子携手50载，帮助上帝创造了奇迹。她们的名字是安妮•沙利文和海伦•凯勒。

我想，如果我们善于追溯，我们一定会发现在我们生命的上游流淌着一条多情的河流。那发源于石缝的涓滴，给了澎湃一个有力的昭示。一截老根被滋润，于是蔓延出了春天。爱能促爱，爱能生爱。发源于“沙袋”的爱梦想着惠及整个沙漠，发源于“地牢”的爱梦想着施恩最悲惨的人生。这个世界上确乎失踪了很多东西，但是，爱一旦从我们的胸腔出发，就踏上了孕育爱、激发爱的旅程。爱的回响是这样真切，爱的回馈是这样丰赡！智者说，“爱出者爱返，福往者福来”，别让你的爱停驻、观望，让它出发，让它在自己不期然蔓延出的春天里获得永生吧。

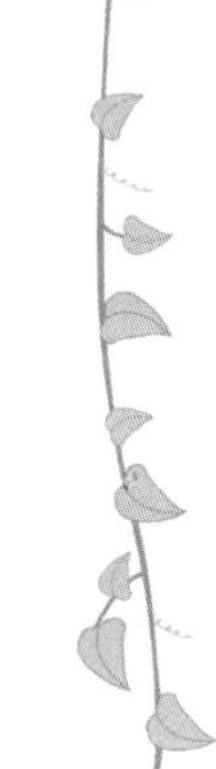

馨香心语

当慈心善念打从我们的心底发源，连我们自己都看不出它和某个必然的重大结果究竟能发生怎样的关联。但是，它的支撑力是那样的巨大，巨大到足以在土石劈头盖脸坍下来时撑出一个可以让人活命的可贵空间。

一念慈心

一个农民工深入到很深的井底去挖沙，发现井壁突出的一块大石头十分碍事，便奋力去掀那石头，不想引起了土石的大面积滑塌。他被活活埋在了井里。

救援的方案一个接一个出台。实施或放弃，几乎就在同一个时间里进行着。谁都没碰到过这样的事，大家全都乱了阵脚。有人找来了挖掘机，有人喊来了120，有人叫来了媒体，左近的乡亲们也都闻讯赶到，出主意的出主意，瞧热闹的瞧热闹。

挖掘机将井边的土挖到了一定的深度，民间指挥家就喊停了。——是该停了，否则下一铲或许就铲着了脑袋。

大家纷纷跳进挖掘机刚刚制造出的大坑里，用双手刨挖土石。很快，大家的手就被磨烂了，就算是淌着血，也不能停歇啊，因为手底下有一个刚才还和他们一起谈笑的弟兄。

时间过得飞快。转眼间5个钟头过去了。

终于挖到了黄色的安全帽，接着，那人的脸露出来了，颈露出来了。土石堆里凭空插着个脑袋，居然，那眼珠还会骨碌碌转！

那个农民工得救了。

所有的医护人员都觉得这事太不可思议。想想看，一个大活人，生生给埋了5个多钟头，怎么能够生还呢？莫非说，他是得了神助？

记者拿着这个问题去问那个命大的人。他靠在病床上，神情淡定。他说，安全帽起到了一定的保护作用；另外，被埋之后，他便强迫自己不再用鼻呼吸，而完全用嘴呼吸，免得尘土被吸进肺里。他沉吟了一下，然后说:“还有一点，挺重要——我听见上面有动静，我就想，我得活着！不能死！我不能叫弟兄们挖出个死人。我不能叫他们觉得不值。”

——原来，让他忍死的，竟是对那辛苦的营救者的答谢之心。这么朴素，又这么动人。到了那样命悬一丝的时刻，他想的不是为自己生还而生还，而是希望用自己一条活蹦乱跳的生命，去证实人们这大半天的忙活很“值”。

单纯而清晰的目的，不会让落难的心灵超载。惟其如此，这个被死神卡住了咽喉的人才能够安静地等待，不挣扎，不悲鸣，只在安全帽下不倦地眨动着眼睛，等待着目光与天光交融时刻的到来……

说到底，这世界上哪有什么“神助”？如果有，也只能是打从我们凡俗的心中生出的慈心善念。当这慈心善念打从我们的心底发源，连我们自己都看不出它和某个必然的重大结果究竟能发生怎样的关联，但是，它的支撑力是那样的巨大，巨大到足以在土石劈头盖脸坍下来时撑出一个可以让人活命的可贵空间。

馨香心语

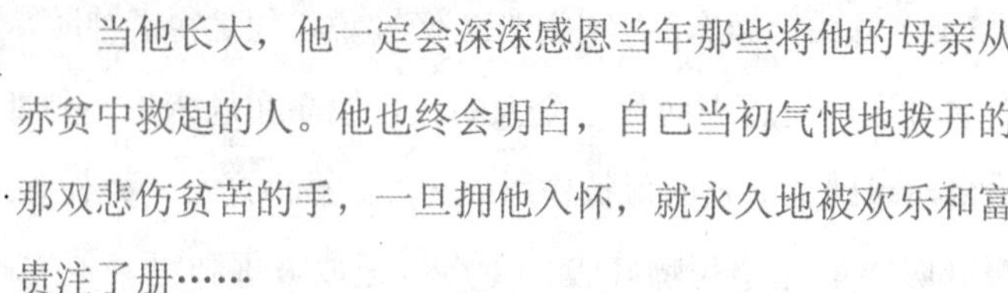

当他长大，他一定会深深感恩当年那些将他的母亲从赤贫中救起的人。他也终会明白，自己当初气恨地拨开的那双悲伤贫苦的手，一旦拥他入怀，就永久地被欢乐和富贵注了册……

世界上最贫穷的母亲

我是在电视上认识那个叫李二荣的女人的。她蓬头垢面，贫苦狼狈。一年半前，她4岁的儿子楠楠被决意抛弃她的丈夫偷偷卖掉了。她疯狂地寻，但孩子却杳无音信。她报了案，在警方的协助下，她终于在汕头的一户人家见到了楠楠。

楠楠的养父养母家境很好，他们当初是花了18800元买下楠楠的。当他们看到楠楠的生母找上门来，十分惊骇。楠楠紧紧地趴在养父身上，用带有敌意的眼光看着他已不认识的李二荣。李二荣试图将儿子夺过来，但楠楠气恨地拨开了她的手。李二荣呆呆地站在那里，像个恶意拆散别人美好家庭的歹人。孩子的养父无比心疼地说:“不要吓着了孩子！不要吓着了孩子！”面对此景，李二荣欲哭无泪。楠楠的养父养母看到李二荣十足的寒酸相，便知道她定然生活在社会的最底层，于是他们建议将孩子留在汕头，让他接受良好的教育，同时答应李二荣可以随时来探望孩子。但是，李二荣坚决不同意。她声泪俱下地向记者讲述了自己生楠楠时难产的情形。她说:“我是孩子的亲生母亲，我知道我所能给他的爱最多，这一点世上无人能比。”就这样，李二荣将哭死哭活的孩子带回到了自己破败的家中。

孩子的生父被逮捕了，这意味着他将不再享有一直享有着的父爱；孩子听不懂母亲的湖南话，而母亲也听不懂孩子的潮汕话，他们之间顺畅的沟通一时还难以实现；孩子不能去熟悉的幼儿园跟熟悉的小朋友们玩耍了，他的心里必然充满了难言的孤苦……可怜的孩子一直一直地哭。

怎么跟孩子解释呢？对他说“你其实是从一个虚假的天堂回归了一个真正的天堂”？

天底下的母亲，无一不认为自己身怀爱的绝技。如果她能冷静地权衡利弊，分析出孩子留在别人的怀里将有利于孩子今天的成长、明天的发展，那她就不再是母亲了。当那个小生命从她的腹中游离，她的一颗心就被剖成了两半，一半留在自己的胸腔，一半附在孩子的身上。丢了孩子的母亲，是这个世界上最贫穷的母亲。

我相信李二荣所说的话：母亲所能给予孩子的爱最多，这一点世上无人能比。不谙世事的孩子，也许会留恋他人一个温热的怀抱，但是，当他长大，他一定会深深感恩当年那些将他的母亲从赤贫中救起的人。他也终会明白，自己当初气恨地拨开的那双悲伤贫苦的手，一旦拥他入怀，就永久地被欢乐和富贵注了册……

馨香心语

有些人生课业，错过了就永远错过了，我们终其一生都休想寻到弥补的机会；而有些人生课业，错过后几乎每天都有弥补的机会，我们为什么一定要愚蠢地用“无机会”去给“有机会”殉葬呢？

每朵花都有盛开的理由

电视上看“十佳教师”的事迹报告，看着看着，眼泪就蜇疼了眼睛。他们当中有一位姓方的女教师，讲述了发生在她身上的真实故事。

方老师的丈夫在外地工作，他们有一个4岁的女儿；方老师教初三数学，同时担任一个班级的班主任。那年夏初，复习进入了白热化阶段。方老师每天早晨6点以前赶到学校，晚上10点以后才能回家。上幼儿园的孩子每天先随她到学校，等她安顿好工作后再送到幼儿园；晚上7点钟，她将孩子从幼儿园接回家，拔掉所有的电器插头，再将玩具堆放在女儿面前，然后反锁上家门到学校去辅导学生晚自习。

有一天，学校要进行模拟考试，一大早，女儿说自己“特别冷”，方老师摸摸她的额头，感觉有一点发热，但她没在意。晚上她把女儿接回家，女儿又说“特别困”，方老师便让女儿睡觉，自己急匆匆赶到学校去看学生晚自习。第二天，孩子说没力气起床，要求不上幼儿园了，在家里玩一天，她也就答应了。第三天，孩子说眼睛看不见东西，方老师便带女儿去医院检查。结果，医生说，孩子因为高烧，角膜已经穿孔，彻底失明了……方老师讲到这里不由得呜咽起来。但她平静了一下情绪，马上接着说:“那一届学生十分争气，有一半学生考上了省重点高中。虽说为了他们的成功我付出了高昂代价，但我觉得值！他们的成功是我一生的安慰与自豪！”

我的心，在那一刻碎了！这个伟大的方老师，竟可笑地认为送走几个成绩优秀的学生就可以抵消她对一个无辜女孩所犯下的罪过！她把那个可怜的女童看成了自己的私有财产，以为牺牲掉孩子正显示了母亲无比的高尚的情操！最可怕、最可恨的是把这件事视为“卖点”的评委们，他们究竟想通过方老师这个让人椎心泣血的故事标榜什么？

有些人生课业，错过了就永远错过了，我们终其一生都休想寻到弥补的机会；而有些人生课业，错过后几乎每天都有弥补的机会，我们为什么一定要愚蠢地用“无机会”去给“有机会”殉葬呢？我们的教育应该摒弃那些非人性的东西。不要总去夸耀一个老师身患重疾置生死于度外毫不吝惜地抛洒生命；不要总去夸耀一个校长因为考季来临工作紧张便不去为老父亲送葬；不要总去夸耀一个母亲为了不耽误孩子的学习，在自己的婆母临终前都不满足她看一眼孙子的愿望……

我们在寂寞的人生旅途中一路走来，应珍视眼中的每一朵花。在花枝下自觉地低头，不要莽撞地碰落了她。给她浇水，对她微笑，鼓励她努力延续美丽的花期——不是吗？

馨香心语

人在世上遥迢的途程中，最沉重的其实并不是某种外物，而是自己那颗无法安定的心啊。一个巢，心安下来就是家；一个穴，心安下来就是福。

心安是福

在北戴河海滨，有行走的小贩起劲地兜售贝壳。那是刚刚从大海里打捞出来的各种漂亮彩贝，用塑料袋装着，一袋里面有20多枚。小贩跟定了我，不停地说:“买一袋吧！才30块钱，比零买合算多了！”我禁不住诱惑，俯下身，认真地挑选起来。50块钱，我买了两袋，觉得占了很大的便宜。

但是，不久我就懊悔了。那可心的“宝贝”渐渐成了压手的累赘。一手一袋，越走越重，累得人连伞都撑不动了。同行的朋友同样手提两袋贝壳，苦笑着对我说:“嗨，你还要不要？你要是要，我把这两袋给你。”

在老虎石附近，我看到一个和我们一样手提贝壳的老妇人，她一定也和我们一样为那压手的“宝贝”所累。只见她蹲下来，双手在沙地上挖了个坑，然后就将那几袋贝壳放进了坑里。我和朋友会意地笑起来。朋友忍不住逗她:“阿姨，您当着这么多人的面埋藏宝物，不怕别人偷走吗？”老妇人一边往坑里填土一边快活地说:“呆会儿我走了你就来偷吧！”离开了老妇人，朋友对我说:“要不，咱也先把这东西埋上，等回来的时候再刨出来。你看咋样？”我坚决不同意，说:“跟那个坑比起来，我更愿意相信自己的手。”接下来，我们租垫子戏水，又打水滑梯。玩这些游戏的时候，我们轮流看护着那几袋沉甸甸的“宝贝”。说实在的，获得宝贝的欣悦渐渐被守卫宝贝的辛苦消磨殆尽。

太阳偏西了，我们疲惫不堪地往聚合地点走。路过老虎石的时候，我们不约而同地靠近了老妇人埋宝的地方。朋友笑着说：“有三种可能——东西被老妇人拿走了；东西被别人拿走了；东西还在。”我环顾了一下四周，确信没人注意自己，将手中的长柄伞猛地往下一戳，“嚓”的一声，是金属碰到贝壳的声音。“还在！”我和朋友异口同声地喊出声来！

突然间，我心里很黯然很怅然，我在为自己愚蠢地错失了仿效老妇人卸掉重负的机缘而沮丧。想想看，人在世上遥迢的途程中，最沉重的其实并不是某种外物，而是自己那颗无法安定的心啊。一个巢，心安下来就是家；一个穴，心安下来就是福。想那个老妇人，天真地挖了一个坑，然后心安地把一份天真寄存在里面。这一日，她一定玩得比我们好，她轻松地行走，轻松地戏水。待到她归来刨出她的彩贝，她就可以微笑着为自己的心安加冕；而我呢，我在不心安地奔波劳顿之后，又为自己选择了不心安而难以安心。我的累，源于手，更源于心啊。

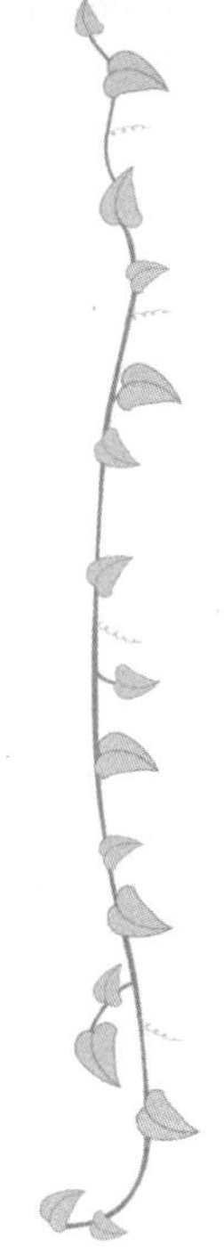

馨香心语

当你看见云时，云中有我；当你看到花时，花中有我。你欢笑了，甜蜜最先滋润我；你淌泪了，苦涩最先浸泡我……

只想让你看见我

这是一个令人嗟叹的故事：沙特阿拉伯首都利雅得的一个男人患眼疾双目失明，坠入无边黑暗的他万念俱灰痛不欲生。他温良的妻子在悲恸啼泣之余作出了一个让世人无比惊骇的决定——为深爱的夫君捐出一只眼睛。这个伟大的计划顺利地付诸实施了，而那个为爱献出明眸的女人一时间成为利雅得媒体争相追踪的热点人物。但是，时间不长，这美丽的故事引发了另一次举世哗然——她因为独眼的丑陋而被重见光明的夫君无情地遗弃！

我的心在一张刊载了这故事的华文报纸上抖了又抖。我不想指责那男人的阴冷和刻毒，我只想对那位为爱者施与光明的姐妹奉献我由衷的敬慕。

如果她不是天使，她完全可以坦然地独享朝花秋月；如果她不是女神，她完全可以泰然地领赏阳春白雪。但是她偏偏选定了万箭钻心的苦难。分一只美目给爱人，分一半世界给佳侣。这惊心动魄的馈赠让多少爱情故事顷刻间枯败凋萎。

只想让你看见我。这一定是她心灵深处无悔的声音。看呵，看我这为你美丽过的容颜，看我这为你丑陋着的容颜。你心里生出了怨嫌么？那就请你转动着我的眸子去捕捉你新的生活吧。

只是啊，当你看见云时，云中有我；当你看到花时，花中有我。你欢笑了，甜蜜最先滋润我；你淌泪了，苦涩最先浸泡我……

噢，我多么可怜你这不懂感激的人啊——你失明的，何止一双眼睛？

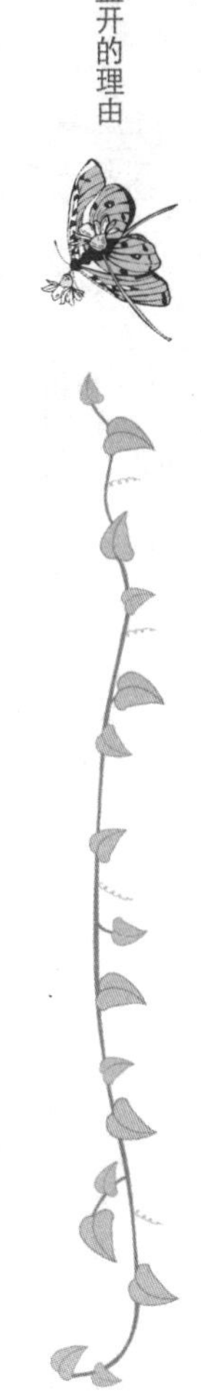

馨香心语

有人说，优质的婚姻，可以全方位提升一个人——提升一个人的品位、涵养、心智、情愫、尊严，甚至容貌！每个婚姻人，都应该对自己的婚姻现状负责，对自己配偶的精神状态负责。

爱情给了你几朵花

我有一个朋友，在一家杂志社做编辑。春天的时候，传言他正在闹离婚，我不禁感叹那么好的一个家庭就要解体了。

盛夏，我在一个聚会上遇到了他。寒暄之后，我小心翼翼地问起他的婚姻状况。他笑了，说:“是不是以为我已经离婚了？告诉你吧，没那福气，还是跟孩子他妈搭伙过日子。”我赶忙遮掩地说制造谣言的人太可恶，他说那不是谣言，他的确曾生出和妻子离婚的念头，而且已开始付诸行动。

“那时候，”他说，“我都搬到编辑部住了，我是铁了心要和她离婚了，因为我实在不能容忍她与日俱增的庸俗和狭隘，不能容忍她没完没了‘你到底还爱不爱我’的无聊拷问。但是，这期间我接触了一个人，她使我转了念想。

“那天，主任派我到北京采访一个著名女诗人，我自然欣然领命。——知道吗？我在大学里还买过她的爱情诗集呢！见到昔日的偶像，我心中分外激动，采访进行得也十分顺利。在谈完了关于她在境外获奖的一组讴歌人类和平的诗歌之后，我抛出了这样一个问题：‘我知道你是凭着写爱情诗起家的，有人说过，你是当代爱情诗第一家，可是，为什

么你近几年不再写爱情了？是爱情在你心里不再有花开了吗？'

“那个女诗人是这样回答这个问题的：'你说得不错。我确实是凭着写爱情起家的，也确实有评论家说过我是当代爱情诗第一家。你问我近几年为什么不再写爱情，我以为你提出了一个很值得回答的问题。坦白地讲，写爱情的时候我还没有真正拥有爱情。因为生活没有给予我某种东西，我便努力到纸上去寻。后来，我找到了自己的另一半，爱情就开始从我的笔端沉淀到了我的心底。我能踏实地感觉出我的爱情日渐成熟，因此，我以为自己没必要再喋喋不休。就像一个有了长期订户的商人无须再拼命吆喝他的商品一样，我缄了口，只在心里掂量着那个深情的订购者绵绵不绝的爱意。如果不是你问起，我差点忽略了我的爱其实每天都有新的花开，只是，它和我遥想爱情的时候开出的是不一样的花朵。它们的最大区别在于，冥想中的花，缩小了我的世界，让我的世界小得仅剩下了一朵花；现实中的花，扩大了我的世界，让我的世界大得可以容纳下千万朵花。我可以自豪地告诉自己也告诉他人，今天被我捏在手中的这支笔，是十分善于采撷的，它不愿意在一朵曾盘桓过久的花前再过久地盘桓，所以，它越过了那朵花，它要在姹紫嫣红中更欢畅地跳舞……'

“听着女诗人的话，我一直在替一个人感到骄傲，那就是女诗人的丈夫。我想，毫无疑问，是他重塑了她。其实，每一个婚后的女人都是再生的女人。女人的婚前好比她的前世，女人的婚后好比她的今生。想想我的妻子，她的‘前世’是那么纯真可爱，可是，自打她沦落到我手里开始了‘今生’之后，她就变了，变成了一个终日里怨气冲天的毫无自信的小妇人。是这个女诗人的话提醒了我，生活没有给予诗人的，诗人到纸上寻了；而我没有充分给予妻子的，她只好一遍遍向我讨要。我开始自省：是不是我没有让我的妻子感觉到我是她爱情的‘长期订户’？是不是我没有给她缄口的理由？心中曾有群芳摇曳的她，结婚之后，是不是被我折磨得只剩下了一朵可怜的花？有人说，优质的婚姻，可以全

方位提升一个人——提升一个人的品位、涵养、心智、情愫、尊严，甚至容貌！每个婚姻人，都应该对自己的婚姻现状负责，对自己配偶的精神状态负责。”

——诗人总写一朵花，难免把这朵花写滥了；爱人心里有千万朵花，她才不至于说这世界苍白。让爱人每天都能感到爱情的花开，并且，让爱人收敛起炫耀那花的虚荣，这样，我们就可以说——我给了心爱的人最踏实的幸福。

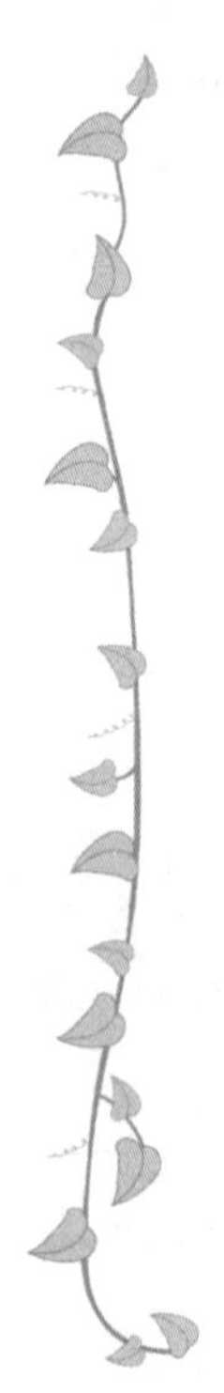

第四辑　不经意的美好

我希望生活中遇到的每一个人都能像那位先生一样拥有一颗“琴心”，哪怕不懂乐谱，也有熟记指法的慧心和为他人演奏的热心，温雅，脱俗，有很好的分寸感，像优质的葡萄酒，在液态的火焰中握着一份自信的从容，让你在微笑中轻轻颔首——美好发现，永远不晚。

馨香心语

“最分散的团圆”，它是用来安抚世界上所有不幸的“哥哥”的，也是用来安抚世界上所有不幸的“妹妹”的。只是在那一刻，“不幸值”被会爱的人降到了最低，低到可以进入“幸运”的疆界。

美丽的心

一

我们一行人去欧洲访问。团里有一位王先生给我留下了极其深刻的印象。为了显得精神，出国前，他特意染了发。由于染膏质量不好，他抱怨说头发脱色厉害，但他想得很周到，随身带了一块大枕巾，睡觉的时候拿别针把枕巾别好，一点也不会染污异国的枕头。有人跟他开玩笑说：王兄，你可真注意国际影响啊！他说：我怕给人家弄脏了枕头，怕人家说，瞧，这就是中国人枕过的枕头。

为我们驾车的是一个德国人，名叫“海瑞”。海瑞表情严肃，做事刻板，我们都不太喜欢他，连导游都跟他处得不甚愉快。海瑞显然察觉出了自己的不受欢迎，途中休息的时候，便总是一个人躲得远远的，独自抽烟。相处了整整一周，就要分手了，大家礼节性地跟海瑞拉拉手，说声“拜拜”就算告别了，惟有王先生，郑重地握住海瑞的手，咕噜了一串我们谁也没听懂的话。海瑞听了，居然咧开嘴傻乎乎笑个没完。事后我们问王先生：你跟那个海瑞说了什么，让他那么乐？导游抢着说：王兄两天前就跟我学这两句德语，现在终于用上了，这两句德语翻译成中文就是——你的驾驶技术十分高超，愿平安永远与你相伴！

二

一位同事的婆母去世了，我们前去吊唁。

我们约略知道小区的所在，以为这就可以了。因为根据以往的经验，想要找到办“白事”的地方并不难，因为一来要放哀乐，二来要打纸幡的。但是，我们的车在小区里转了半天，硬是没有找到那个同事婆母的家。后来，我们只得打电话询问门牌号。

我们问那个同事，为什么把“白事”办得这么悄无声息？她流着眼泪告诉我们说：我婆婆是个处处都为别人打算的人，临终前，她特意把两个儿子叫到床前，嘱咐他们说，记着，我死后千万不要放哀乐，也不要打纸幡，因为楼下的孩子刚刚满月，不该听到那样的音乐；隔壁的小夫妻结婚还不到半年，不能在门口打白幡给人家添晦气……

下楼的时候，我们看到许多人站在楼道里，默默垂泪，给这位好人送行。

三

“最分散的团圆”——你会觉得这个句子奇怪吗？

一个姑娘，就要做新娘了，她想邀请她亲爱的哥哥来参加自己的婚礼，但是，哥哥早已在一场车祸中丧命了，但是(又一个但是！)，哥哥还是来参加了她的婚礼！

你可能觉得这样的故事太离奇，可它就发生在太阳底下。原来，哥哥丧命之后，他的家人把他的器官分别捐献给了5个人，那5个人在获得了这份珍贵的捐献之后，得以继续存活，哥哥的生命也得以在那5个人身上延续。所以，在妹妹的婚礼上，“哥哥”便以这样一种特殊的方式前来祝福。

有的人，在“死”了之后本还可以继续“活”下去，可我们常常以这样或那样的理由剥夺了他活下去的权利。上帝仁慈地留下的那完好的器官，令人惋惜地充当了陪葬品。

“最分散的团圆”，它是用来安抚世界上所有不幸的“哥哥”的，也是用来安抚世界上所有不幸的“妹妹”的。只是在那一刻，“不幸值”被会爱的人降到了最低，低到可以进入“幸运”的疆界。

四

在一个访谈类的节目中，我看到了敬一丹，这一次，她是作为采访对象出现的。

在节目中，敬一丹说她女儿曾经疑惑不解地问过她这样一个问题：妈妈，你怎么总是对那些让人郁闷的事感兴趣呢？电视机前的我都被这个问题问笑了，但我笑得不轻松。

敬一丹不是个逗人开怀的形象，她的眉头锁着太多的忧戚。那天被采访的人很多，都是些“上镜率”很高的面孔。当问到大家的愿望时，他们回答得都很妥帖，甚至很精彩。但是，只有敬一丹所说的“愿望”深深触动了我的心。她说，她希望大家在遇到农民工的时候，能给他们一个“友善的眼神”；她还表示自己愿意充当这样一个志愿者——走近那些没有母亲照看的进城务工人员的孩子，去“抱一抱他们”，“亲一亲他们”。敬一丹说得很动情。我相信那是从一个母亲的心底流出的声音。

正因为有人对“让人郁闷的事”感兴趣，所以，我们才可以期待这个世界上那“让人郁闷的事”会越来越少。

五

一位小学特级教师应邀到外地讲课。大礼堂里坐着上千名听课者。

学生是临时从附近学校里“借”来的，孩子们既兴奋又紧张。要读课文了，孩子们齐刷刷地举起了小手。

老师随意点了一个胖胖的男孩，这个孩子一开口就把句子念错了。老师柔声提醒他看清楚再念，他居然结巴起来。邻座的一个男生忍不住笑了，举手想替这个同学读，但老师没有应允。老师耐心地鼓励胖男孩重新再来，胖男孩的额头渗出了汗水，总算把那个句子念顺当了。老师示意他坐下，然后，走到那个发笑的孩子身边，问他：你想评价一下他的阅读吗？那个男孩站起来，伶牙俐齿地说：他急得出了满头大汗，才把一个句子念好了。老师说：应该说，他为了念好一个句子，急得出了满头大汗——请你带个头，我们一起用掌声鼓励他一下，好吗？

在我看来，这位非凡的老师给了弱者尊严，给了强者仁爱，更给了所有孩子看世界的眼睛。

馨香心语

仅仅懂得被动地领受爱，证明你还远未长大；能够被这爱深深感动，证明你已摆脱了那个幼稚的自我；而把这爱理解为一种伟大的赐予，并努力去回报这爱，证明你已走向了真正的成熟。

感恩是门必修课

第一次听欧阳菲菲唱那首《感恩的心》，是在热闹的大街上。在那动人的歌词和旋律面前，我不由得停下了脚步——我来自偶然，像一颗尘土，有谁看出我的脆弱？我来自何方？我情归何处？谁在下一刻呼唤我？天地虽宽，这条路却难走，我看遍这人间坎坷辛苦。我还有多少爱？我还有多少泪？要苍天知道我不认输！感恩的心，感谢有你，伴我一生，让我有勇气做我自己。感恩的心，感谢命运，花开花落，我一样会珍惜。不知为什么，就特别喜欢这首歌，仿佛那是从我心窝里掏出来的句子和调子。在这不期然的相遇面前，我感慨良久。

后来，我所在的学校和本市聋哑学校结成了友好学校。我们的学生和那些聋哑学生一起学会了《感恩的心》的手语表达。当我看到那些听不见旋律、唱不出歌词的孩子动情地和我的学生们一起用手语演唱《感恩的心》的时候，我和台下的观众都禁不住泪流满面。在我们这些健全的人看来，那些孩子最应该诅咒命运的不公，因为瞎了眼的命运女神残忍地把他们打入了一个死寂的世界。但是，他们非但没有诅咒，还怀了一颗可贵的感恩之心。看到他们面带微笑地打出“感恩的心”这句手语，我为自己心底隐藏着的怨尤与懊恼感到羞耻。

懂得感恩的人是幸福的人。

感恩，应该成为我们的一门必修功课。

让人遗憾的是，太多的人没有修好这门功课。幸福的生活，把我们娇宠成了“豌豆上的公主”！——爱是那一层又一层的柔软褥垫，但是，仅仅是最下层那一颗小小的豌豆粒，就惹得睡在上面的“公主”抱怨不已、叫苦不迭。被生活亏待的人，莫过于那些身体有残障的人，可就连他们都可以带着灿烂的笑用手语演唱《感恩的心》，我们这些健全的人，还有什么理由不由衷地向生活致谢呢？

“天恩浩荡”，我喜欢把这个“天”字理解成造就了我们、滋养了我们的一切爱与美。乳香与麦香，花香与茶香，墨香与书香……这些香殷勤地熏香了我们的生命，使我们越来越健壮也越来越温文，越来越丰富也越来越美丽，难道，我们不应该向着这慷慨的赐予深深感恩吗？

集盲聋哑于一身的海伦•凯勒曾经问一个从森林里归来的人：你在森林里看到了什么？那个人沮丧地耸耸肩说：森林里有什么好看的？海伦为他的这个回答感到非常意外和遗憾，因为在她看来，那人白白地拥有了一双明亮的眼睛和一双聪敏的耳朵。森林里有那么斑斓的色彩，他却视而不见；森林里有那么动听的鸟语虫鸣，他却充耳不闻。他可怜的心灵失明了、失聪了，所以他才作出了那样令人遗憾的回答。有时候，我们也会犯类似的错误啊！面对自然的秀色，面对亲友的温情，我们常会患上一种叫做“麻木”的疾病，因为可以日日坐享，便不再将珍奇视为珍奇。每天，我们住在爱里却浑然不觉，把一切幸福的拥有理解成了理所应得。对爱麻木的心，最容易被怨恨蛀蚀，而充满了怨恨的人生往往是与成功无缘的。

想想看，我们赤身来到这个世界上，是什么让我们成为了现在的自己？巴金说过这样一句话：我们不是单靠吃米活着。他说得多好！我想说，我们其实是啄饮着“爱”长大的啊！仅仅懂得被动地领受爱，证明你还远未长大；能够被这爱深深感动，证明你已摆脱了那个幼稚的自

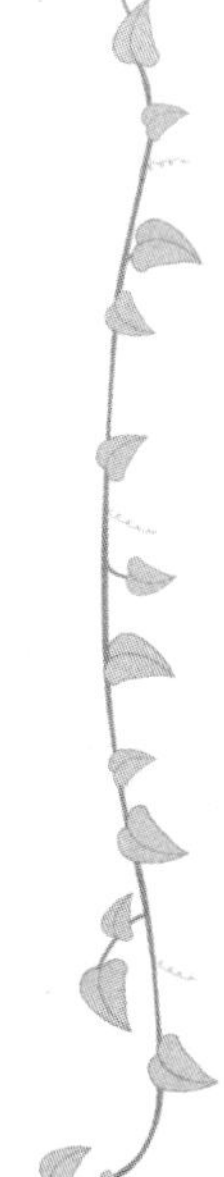

我；而把这爱理解为一种伟大的赐予，并努力去回报这爱，证明你已走向了真正的成熟。

所以，我愿意给我深爱的人们一个提醒：请认真学好“感恩”这门必修课，因为感恩的过程就是心灵提纯的过程。懂得感恩，你就能拥有幸福，并让爱你的人感到幸福；懂得感恩，你就能成为一个受欢迎的人，“机会”就愿意与你牵手；懂得感恩，你就能“有勇气做我自己”，你的生命之树就容易结出成功的果实。

愿你和我一样爱上那首《感恩的心》，不管心空是阴是晴，让我们一起轻轻地唱：……感恩的心，感谢命运，花开花落，我一样会珍惜。

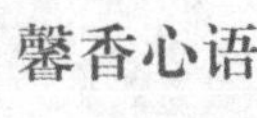

馨香心语

降低自己人生“快乐”的门槛，给“快乐”一个低廉的定价，是大智慧的表现。

快 乐 开 花

不知为什么，我越来越看重“快乐”这个词了。

记得小儿刚接触这个词时，曾扳过我的脸问我：妈妈，你快乐吗？我说：我快乐。他居然认真地说：那你怎么不乐？你快点儿乐呀！——呵呵，他把“快乐”理解成了“快点儿乐”。后来，这句话成了我们家的常用语。小儿也在我们一遍遍地重复着他发明的“快点儿乐”中渐渐长大。当他懂得想心事的时候，自然学会了皱眉。一看见他皱眉，我就跟他说：嘿，儿子，你快点儿乐呀！

——快点儿乐，真是一句妙语呢。

当不如意袭来，我们不啻挨了一闷棍。不懂得解脱的心，往往不自觉地一遍遍咀嚼回味那不如意，而每咀嚼回味一次，我们的心就挨一次闷棍。现实的闷棍早不再击打我们了，我们自造的闷棍却还在不依不饶地追打着自己，不将自己打得遍体鳞伤就舍不得罢手。

相比之下，快乐的人活得多么赚！快乐还没有到来，他已经开始预习那快乐了；快乐来了，他悉心地领受，不忽略掉一丝快乐的尘屑；快乐走远了，他还可以复习那快乐，让好心情照耀自己久一些，更久一些。

快乐真的是一种能力。

降低自己人生“快乐”的门槛，给“快乐”一个低廉的定价，是大智慧的表现。

有位作家，90岁高龄了，还具备超卓的领受快乐、传布快乐的能力。他喜欢砚台。当他得到一块心爱的砚台，他会长久地抚摩它，神情快乐得仿佛进入了天堂。当朋友来探望他，他会慷慨地将爱物示人，拿起人家的手，放到那砚台上，和人家一道抚摩。——你好好摸摸，手感多么滋润啊！他这样说。于是，那和他一道抚摩的人便无比幸福地和他一起充当了快乐的俘虏。

——这个人，就是世纪文化老人张中行先生。

我想，如果让“痛苦”和“快乐”赛跑，痛苦一定不是快乐的对手。痛苦跑得太慢了，你越是厌见它、厌烦它、厌恨它，它越是在那里慢悠悠地磨蹭；而快乐跑得太快了，你一不留神儿，就不见了它的踪影。

不妨问问自己：我快乐的“燃点”究竟有多高呢？我快乐的蓓蕾在得到几多阳光与水时才会开花呢？当生活辜负了我，我有没有能力用一个快乐的念头来自我拯救，在最短时间内调整好自己，再次带着微笑上路呢？我愿不愿意拿起朋友的手，永葆和他(她)一道触摸快乐的热情与赤诚呢？让自己的心卸掉尘世的重负，走在盛开着感动和感恩花朵的原野上，你就一定能找到这些问题的最佳答案。

——记着，快乐脚力非凡，你若不想被他甩掉，就快点儿乐！

馨香心语

原来，我的心是可以转换的频道，凄恻晦涩的台词并不是非听不可的，只要有一个慈悲的手指轻轻点触，我就可以倾听阳光亮丽明艳的歌吟。

点触心灵

那天是周日。我从一个无趣又无奈的事件中抽身，怨责着他人，怜惜着自己。走在熙熙攘攘的大街，却感觉置身荒岛般孤单，满心的烦恼忧悒不知该如何排解。

被一个莽撞的男孩撞了一下。我不快地看他。他的目光中有深深的歉疚。我想他应该说声“对不起”的，便把一个敷衍的“没关系”预备在了唇边。没有想到他突然冲着我笑起来——很惊喜地，像意外认出了老朋友一样。我慌忙在大脑的“内存”中查找这个男孩的脸像，但是，没有。我惶惑地问:“认错人了吧……你?”他不说话，居然开始对我打手语！过往行人有的索性站住了，看这场戏究竟要怎样演下去。情急中的男孩掏出了手机，飞速地按键。拼写完毕，他把手机递到我面前，只见上面写着:“老师，你不认识我了吗？我是聋哑学校高三(2)班的学生。9月25日国际聋人节那天，你和你班的学生们到我们学校来联欢，我就是用身体摆字母‘B’的那个男生。”我恍然大悟！马上学了他的样子，掏出手机，在上面拼写道:“咱俩真有缘啊！请原谅我没有认出你，因为那天时间实在是太短了。不过，你胳膊腿并用摆出的字母‘B’给我留下了非常深刻的印象！你好吗？同学们好吗？欢迎来我们班做客！”那个男生欢快地笑着，在手机上拼写道:“我很好，同学们也很好。我们常常回忆起和你班同学联欢的情景。我盼望着再次和你班同学做‘两人三足竞走’，盼望着再次教他们用手语演唱《感恩的心》……”看热闹的人只看见了我和男孩频繁地交换着手机，表情愉悦，春风满面，但他们猜不到我们之间到底发生了什么。

握别了那个男孩，我的心被温柔攻陷了。

我想，上帝一定是在天上看到了愁眉不展埋头赶路的我，便派这个带着故事的男孩来撞了我一下。这一撞，撞跑了我的烦恼忧悒。我想起了在那个特殊的日子里，那些在我看来最应该愁眉不展的人在我面前放飞的快乐，想起了《感恩的心》中“感恩的心，感谢命运，花开花落，我一样会珍惜”的手语表达。哦，这个被命运亏待的男孩，这个不会用语言说出“对不起”的男孩，这个因认出了我而万分惊喜的男孩，这个为了曾在我面前成功地摆出了字母“B”而得意非凡的男孩，他在撞了我之后就救赎了我一颗烦乱不堪的心啊！

终于明白，原来，我的心是可以转换的频道，凄恻晦涩的台词并不是非听不可的，只要有一个慈悲的手指轻轻点触，我就可以倾听阳光亮丽明艳的歌吟。

馨香心语

把所有对生活的祈愿都凝进这一声轻唤当中，让苦难凋零，让穷困走远——我的大西北，愿你守着一朵富丽的牡丹，吉祥平安，岁岁年年。

牡丹花水

坐在从兰州开往敦煌的旅游车上，一路不停地喝水。问自己怎么会这么渴，回答竟是，焦渴的大戈壁传染给了我难耐的焦渴。

导游王小姐是个锦心绣口的人儿。在讲当地的风土人情的时候，她说：你随便到一户人家做客，人家就会把你奉为上宾，用“牡丹花水”沏了八宝茶来款待你……我问邻座的燕子，什么叫“牡丹花水”？燕子说她也不清楚。我只好凭空猜测——仿佛就是，妙玉给宝玉、黛玉沏茶用的“梅花雪水”吧？从梅花的蕊上小心翼翼地收集点点细雪，融成一掬冰莹蚀骨的柔水。这“牡丹花水”，说不定就是采的牡丹花瓣上的露水雨水呢。这样想着，禁不住对那“牡丹花水”神往起来。

到了嘉峪关市，我们要用午餐。坐在餐桌边等着上菜的当儿，服务员来上茶了。导游王小姐笑着说：虽说不是八宝茶，却是“牡丹花水”，大家一路辛苦，请用茶吧！我万分惊讶地站了起来，瞪大了眼睛看着就要亲口品尝到的“牡丹花水”。但是，不对呀！服务员居然拎了个寻常的铝壶，咕嘟嘟给大家倒着最寻常的茶水。我跟燕子嘀咕道：开玩笑，这哪里会是“牡丹花水”嘛！燕子皱着眉头，一百个想不通的样子。终于，我忍无可忍地唤来了王小姐，问她，难道，这真的就是你所说的“牡丹花水”吗？王小姐听罢噗地笑了。她盯着我问：你以为“牡丹花水”是什么神水仙水呀？“牡丹花水”是咱西北的老百姓对开水的一种形象叫法——你仔细观察过沸腾的水吗？在中心的位置，那翻滚着的部分，特别像一朵盛开的牡丹花。

我“哦”了一声，双手捧住一只注满了“牡丹花水”的茶杯，眼与耳，顿时屏蔽了饭店中一切的嘈杂。

究竟是谁，在什么时候，怀着怎样的一种心情，给一壶滚沸的水起了这样一个俏丽无比的名字？世世代代，老天总忘了给这里捎来雨水。在茫茫的戈壁滩上，草活得那么苦，树活得那么苦，人活得那么苦。有一点浊水就很知足了，有一点冷水就很知足了，但，一个幸运的容器，竟有幸装了沸腾的清水！幸福的人盯着那水贪婪地看，他(她)想，总得给这水一个昵称吧？叫什么好呢？抬头看一眼窗外，院里的牡丹花开得正好，那欣然释放着的繁丽生命，多像这壶中滚沸的水啊！——好了，就叫她“牡丹花水”吧。

我的心，在那一刻变得多么焦灼，竟恨不得立刻跑到饭店的操作间去看一眼从沸腾着的水的心中开出的那一朵世间最美丽、最独特的牡丹。这么久了，粗心的我一直忽略着身边最神奇的花开。我从一朵朵盛开的牡丹花旁走过，没有驻足，没有流连。是缺水的大西北给了我一个关乎水的珍贵提示，让我在此生一次平凡的啜饮中感受到了震撼生命的不平凡。

“牡丹花水”。“牡丹花水”。我反反复复默念着你的名字——一个让人心疼的名字，一个让人心暖的名字。人间烟火味里铺展着无尽的梦幻织锦，美好的感恩，由衷的赞颂，既素朴又华丽，既“农民”又“小资”。把所有对生活的祈愿都凝进这一声轻唤当中，让苦难凋零，让穷困走远——我的大西北，愿你守着一朵富丽的牡丹，吉祥平安，岁岁年年。

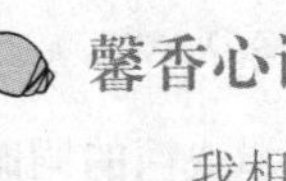

馨香心语

我相信，那发源于某个清晨的玲珑故事，将涓涓地流过岁月，多情地把敏手中的每一块果仁巧克力都阐释成诗和画，敏就在这诗画中行走，走成最耐看的风景……

信箱里的果仁巧克力

我有一个朋友叫敏，在一所中学做校长。她曾告诉过我这样一件事——她在教学楼里挂了一个“校长信箱”，是专门用来盛放学生们的心事的。每天早晨，她一到学校，要做的第一件事就是开启那个信箱，小心翼翼地去捧接那一颗颗善于放大快乐也善于夸张痛苦的少男少女的心。那天她打开信箱，居然发现里面躺着一颗果仁巧克力！“你可别吃！”我忍不住插嘴，好像那个已然发生的事件是可以轻易改写的。敏笑了，说:“咋和我老公是一个腔调啊！我为什么就不能吃呢？我吃了，我毫不犹豫地吃了。结果你猜咋样？——好吃死了！我摊开那张包装纸，用心记下了那种商标——我要去买这种巧克力！自己吃，也送给别人吃。你想，这么好吃的东西，想不被它迷住，难呐！”

我是个不容易卸掉心事的人，从敏那里听来的这个故事，菟丝般一直一直缠绕着我。不可思议地，我遣虚幻的自己走到了那个虚幻的信箱前。当我看到那粒糖，我的心也激动地加快了跳动。我拈起它，仔细端详它，幸福地揣想那该是怎样一只天使的手，被怎样一个芬芳的心思驱动，毅然决定将自己喜好的口味送给校长分享。我几乎就要剥开它，看到那被包裹得很妥帖的香甜了。但是，我突然停下来。——不，不，我不能否认那漂亮的玻璃纸下可能藏着一颗同样漂亮的心，不过，有一个理由，让我拒绝掉了那份美意。我担心那里面藏着一个令人猝不及防的顽皮或是一个令人啼笑皆非的滑黠。我也怕，怕在丢弃那块糖的同时连同一颗圣洁的心也一同丢弃，但我宁愿犯一百个“防卫过当”的错误也不愿意冒半分被捉弄的危险。就这样，我捏着那块糖的翼翅，神不知鬼不觉地将它送进了垃圾箱。我轻松地拍拍手，拍掉那块糖留在我掌心那看不见的遗痕，然后，我走进校长室，开始一天忙碌的工作，就像什么事情都未曾发生过一样。

但是，我扪心自问，我连同那块糖扔掉了自己曾拥有的什么？

从哪一天开始，我变得这么“成熟”、这么稳妥、这么有城府？曾几何时，我不也是个能够萌生出偷偷往校长信箱里放糖的美丽心思的中学生吗？如果我果真做出那个天真的举动，我是多么害怕那份单纯会遭到心机复杂者的粗暴怀疑啊！我愿意碰到一个像敏那样的校长，连思索的环节都省略掉了，让一块急于奉献香甜的糖一下子找到了实现价值的捷径。我忍不住让那个中学生模样的自己鄙夷起那个校长模样的自己来。成长让我们付出高额代价，而检点的机会又是这样这样地少。我们标榜着成熟，自诩着聪慧。本能地，我们避开危险和不测，我们奉行三缄其口、三思而行，我们的“复杂度”越来越高，我们的“纯真度”越来越低。

直到今天，我都喜欢回味敏说那块糖“好吃死了”时无限陶醉的神情。我痴痴地想，那块糖未必就好吃到了她所形容的那种程度，可她的话却确乎是不容怀疑的，那是因为，她吃到了世间罕有的“糖外的糖”。那“糖外的糖”所殷勤赐予她的香浓是旁人不可能体味到的；作为一种对真诚者的特别赏赉，她居然还寻到了延续那香浓的途径。真的好羡慕她，每一番人间寻常的享用都伴随着对一段青葱往事的悠悠回想，而当她把那迷人的芳香当作礼物送给他人，她又将获得向他人发布幸福的美好机缘。

敏把她的心忘在了孩子堆里，惟其如此，她才能稳稳接住孩子老远抛过来的一粒糖。我相信，那发源于某个清晨的玲珑故事，将涓涓地流过岁月，多情地把敏手中的每一块果仁巧克力都阐释成诗和画，敏就在这诗画中行走，走成最耐看的风景……

馨香心语

我知道这世上有人会借助酒精恣意地暴露他们的丑恶和欲望，也知道了这世上有人会借助酒精不经意地流露他们连自己都始料不及的美好。

不经意的美好

一群人在一起畅饮，很不合时宜地，我突然就说起了工作中遇到的苦。大家打着哈哈，说着诸如“把难为你的家伙揪出来，我们暴打他一顿！”之类廉价的安慰话，然后，很快就将话题转移到了另外一个愉快的频道。我恍然惊觉在座的其实并没有人能真正体味我内心的苦。彼时的我，恰像失了阿毛的祥林嫂，辛酸的诉说不幸遇到冷漠的耳朵，我只有讪讪地缄了口。

让我没想到的是，走在回家的路上，竟然接到一位先生发来的短信，在一番真诚的劝慰之后，他居然写道:“没关系，有我呢！”

我在这个句子面前笑出声来。因为在那群人里面，我和他最生疏，还有，我和他的职业距离也是最远的，可这并没有妨碍他侠义地扮演可爱的救世主的角色！

不可阻遏地，心中生出了深深的感动。

那之后工作中依然遇到诸多不顺。最阴郁的日子，倏然想起一直储在手机里的那句救世的豪言，内心顿时洒落万道阳光。真的，实在迈不过某道沟坎，我决计就去找他了。既然他勇于夸这样的海口，必有救人于水火的真本领。有了这样的精神依赖，便不觉得眼前的苦为苦了，居然，我闯过了一道道原以为闯不过的难关。

后来一个偶然的机缘，我又晤见了那位先生。我说我十分感谢他能发给我一条那样的短信。他听后十分懵懂，继而面带羞赧地对我说："那天酒后我可能发了不该发的短信，你不会计较吧？"我说："哪里！你说得特别妥帖，尤其是你说'没关系，有我呢'，这句话让我一直感动到了现在！"他听后兀自笑起来，一迭声地追问："我真发过那样的短信给你？我真发过那样的短信给你？"

手机躺在我的手心里，那段话躺在我的手机里，但我却没有打开给他看，只是暖暖地笑。他可以怀疑自己的真诚，我却以为自己牢牢攥住了那份真诚。我知道这世上有人会借助酒精恣意地暴露他们的丑恶和欲望，也知道了这世上有人会借助酒精不经意地流露他们连自己都始料不及的美好。作为一个意外地捕获并珍存了这美好的人，我为自己庆幸，并愿意继续从那段天成的语言里汲取力量，走好那甩不掉沟坎的路……

馨香心语

我喜欢沉溺在这样的芳菲情节里，我喜欢看世界上的花朵在必然的坠落过程中被怜惜的手轻触一下的温情，那花不认识那手，那手也未必认识那花，可这并不妨碍它们诗意的相逢和相逢后诗意的回味。

打动我的心

她钢琴弹得不错，在这家酒吧做着兼职，一来是为稻粱谋，二来也是受朋友托。每晚，她应客人之邀演奏流行的曲目，在大家稀稀落落的掌声中打发时间。

打烊的时刻临近了，客人们纷纷退去，服务生开始打着呵欠收拾杯碟。大厅里一片玻璃器皿轻撞的声音。她扫视一眼大厅，发现整个大厅仅剩了坐得距离她最近的一位先生。他举着半杯红酒，饮得从容，似乎忘了离开，服务生也没有撵他的意思。

她梳理一下情绪，开始在玻璃器皿撞击的轻响中为自己弹奏深爱的萧邦夜曲。没有客人点这样的曲子。只有在人潮退去之后，她独自把这支曲子送进自己的耳鼓，让耳朵在整晚的辛劳之后被这仙乐轻轻爱抚。

当她弹奏完毕，起身欲要离开时，那位先生朝服务生打了个手势，结了账。

几乎每天都要上演同样的节目——那位先生一定要听她演奏完肖邦夜曲后离开。

终于有一天，在她演奏完深爱的曲子之后，那位先生走到她面前，说：“我可以为你弹一曲吗——女士？”她无比惊讶地望向他，却无法拒绝这突兀又动人的要求。“当然，”她说，“请吧。”这样说着，她离开了琴凳。

大厅里玻璃器皿的轻撞声并没有因此停下。

那位先生坐在钢琴前，开始弹奏她深爱的那支曲子。虽说他的弹奏技艺远非炉火纯青，但他弹得十分投入，十分倾情。一曲终了，她由衷地鼓掌，并盛情地将乐谱递给他，邀他再弹一曲。但是，他推辞了，说:“我不识乐谱，只是，我每天看你弹奏，熟记了指法。”

——是不是，你和我一样，被这个美好的故事打动？这是一则国产葡萄酒的广告。它有一句深情的提示语:“美好发现，永远不晚。”自打这则广告进驻了我的心田，只要一有机会，我就喜欢点这种葡萄酒，独饮，或与人饮。

我愿意在微醺中品味这让人心动的故事。我想，生活中的每个人，可能都有着“她”的清高与孤独，因了这样或那样的原因，驱遣自己去做并不十分情愿做的事情，但内心深处，却藏匿着一个期待理解、期待抚慰的柔弱自我。片刻的宣泄，瞬间的告白，不期然被人窥破，却又温暖地领受了他人将那悄然的情愫苦心编织而成的美艳花环。我喜欢沉溺在这样的芳菲情节里，我喜欢看世界上的花朵在必然的坠落过程中被怜惜的手轻触一下的温情，那花不认识那手，那手也未必认识那花，可这并不妨碍它们诗意的相逢和相逢后诗意的回味。

同时，我也愿意擎着一杯葡萄酒耐心地等。我走在平淡无奇的故事中，但却盼望那故事有一个无比精彩的结局。我希望生活中遇到的每一个人都能像那位先生一样拥有一颗“琴心”，哪怕不懂乐谱，也有熟记指法的慧心和为他人演奏的热心，温雅，脱俗，有很好的分寸感，像优质的葡萄酒，在液态的火焰中握着一份自信的从容，让你在微笑中轻轻颔首——美好发现，永远不晚。

馨香心语

你愿不愿意学着刘老师的样子，针尖挑土般地每日存贮下一丝丝可供日后忆念的美妙光阴？你愿不愿意用精心的盘绕把一个无可避免的缺憾掩蔽得滴水不漏，再遣自己的心儿幸福地居住在那距离青春最近的地方？

青丝绕

应邀参加昔日芳邻的金婚庆典，心情灿烂得如同这早春阳光。

依然是那一支欢快激越的《婚礼进行曲》，依然是相爱的人儿轻挽着，在从天而降的玫瑰花瓣中款款踏上红毯。美酒染醉了笑靥，我相信所有的人都开始在那深情的啜饮中幸福地遥想自己的金婚殿堂。

我和身边的一个姐妹几乎同时注意到了今天的“女一号”刘老师别致的发式。那是巧手梳成的美丽云髻，蓬松却不显凌乱，高耸却不觉夸饰。我身边的姐妹悄声对我说：“啧啧，你看人家刘老师哪像70岁的人哪！知道吗？我们在背地里都管她叫‘资深美女’呢！她可会打扮了！你看她弄的这假发，一点都不像是假的！”我说：“是啊。我认识一个人用的也是假发，顶上不分缝，还一根根支棱着，跟棕毛似的，要多难看有多难看。”我们将欣赏的目光重又投向鲜花簇拥的刘老师，感觉她的假发简直让人不忍心指出那是假发。

刘老师来给我们敬酒了。我举着酒杯，目不转睛地盯着刘老师的头发看，直到身边的姐妹捅了我一下，我才恍然意识到了自己的失态。待到刘老师到别的桌上去敬酒了，我一把揪住身边的姐妹说：“我敢打赌，刘老师那不是假发！是真的！我看清楚了，绝对是真的！”

同桌的一个老阿姨“嗤”地笑出声来，说:“啥真的？你们刘老师的头发比我这头发还稀呢！”

——哼，我才不信！

金婚庆典即将结束的时候，刘老师又特意来到我们桌前跟那个老阿姨寒暄。那个老阿姨拉着刘老师的手让她坐在了自己身边，然后笑笑地说:“你知道吗？她们在这儿悄悄议论你的头发呢！你告诉她们，你这头发到底是真的还是假的？”

刘老师轻轻抚弄了一下自己的头发，微笑着说:“不全是真的，也不全是假的。说起我这头发，还有一段故事哩。我年轻的时候，不爱梳辫子，我母亲就告诉我说:‘你应该好生梳你的辫子，趁着头发还密实，梳几年辫子好好美美，等你一过40岁，头发就会大把大把脱落——你外婆是我的榜样，我就是你的榜样啊。’真是这样的，我们家族的女人，几乎都是一过40岁就开始大片脱发。我母亲50岁的时候，顶上的头发就已经特别稀疏了。我便听了我母亲的劝告，好生梳我的辫子。一想到40岁以后我的头发将不可阻挡地大把脱落，我就琢磨着该为那必然到来的一天提早做些什么。我于是把每天梳头掉下来的头发都理好了，存放在一个布袋子里。日久天长，竟存了满满一大袋子头发。后来，我的头发果真像我母亲所说的那样开始大片脱落了，我就托人给找了块黑色的海绵，又把这海绵裁成两个不同的圆环，一个大一些，一个小一些，然后，开始一根根地往那圆环上面绕头发，里层的绕得紧一些，外层的绕得松一些，每根头发再甩出一截稍儿，好用这毛茸茸的蓬松边儿遮盖头顶。就这样，我绕成了两个不同风格的发圈。一个朴素些，一个华丽些，两个轮换着戴，脏了还可以洗，最重要的是，因为都是自己的头发，戴在头上，不嫌恶，感觉特别美！——你们猜我老头子怎么说？他说呀，一看见我戴上这发圈，就想起了我年轻时候的样子！”

刘老师说完，特意转过身子，向我们展示她漂亮的、足以乱真的发圈。看着那凝结着她的智与爱的美丽云髻，我似乎一下子参透了她不肯老去的秘密。是啊，生命的过程，说到底是一个不断丧失的过程。那曾经拥有的，又将不可遏抑地一一沦落。空洞的手，抓不住流逝的岁月，一如抓不住飘零的青丝。但是，你愿不愿意学着刘老师的样子，针尖挑土般地每日存贮下一丝丝可供日后忆念的美妙光阴？你愿不愿意用精心的盘绕把一个无可避免的缺憾掩蔽得滴水不漏，再遣自己的心儿幸福地居住在那距离青春最近的地方？

馨香心语

几乎总是这样，生活中不如意的事一件件扑过来，叫人躲闪不及。但在这些恼人的事件之上，我愿意逃遁般地潜入一个暖人的故事情节，一遍遍揣想——

柿子在树上等你

“柿子在树上等你。”这是我的一个同事收到的一条手机短信。

那是她老家的弟弟发给她的。她说，她弟弟知道她爱吃柿子，更爱亲手摘下树上的柿子，就悉心为她看护着院子里的一棵柿子树，直到柿子树的叶子全都掉光，仅剩下满树红灯笼般的柿子。同事说，她的弟媳妇曾向她抱怨，说丈夫不准自己和孩子摘树上的柿子吃，只许吃那落到地上摔成了一摊泥的柿子。就这样，那树上的柿子安然走进了冬天，披着雪，挂着霜，专心等她回去……

我听得都呆了。

一连好几天，我都在悄悄分享着那个被柿子在树上等待的同事的快乐。仿佛那柿子也在等我，或者仿佛我就是那满树红灯笼中的一个。

昨日上街，路过一个水果店，惊奇地发现里面的柿子又红又大，忍不住一手抓了一个，认真地掂了又掂。卖水果的大姐以为我相中了她的商品，拿着秤盘子快步朝我走来，我却撂下柿子，转身离去了——我没有想买柿子的意思，我只是想感受一下一个柿子压在枝头的分量。我暗自替那承载着沉甸甸的幸福使命的枝桠们用力，祝愿它们顺利地将一枚枚漂亮果实带进小寒、大寒。

几乎总是这样，生活中不如意的事一件件扑过来，叫人躲闪不及。

但在这些恼人的事件之上，我愿意逃遁般地潜入一个暖人的故事情节，一遍遍揣想——在一个雪霁之日，穿红色羽绒服的同事在弟弟温煦的目光里，矫健地攀上一株树，哈着一团团白气，双手幸福地捧起一个个被爱注过册的、饱尝了等待滋味的柿子……

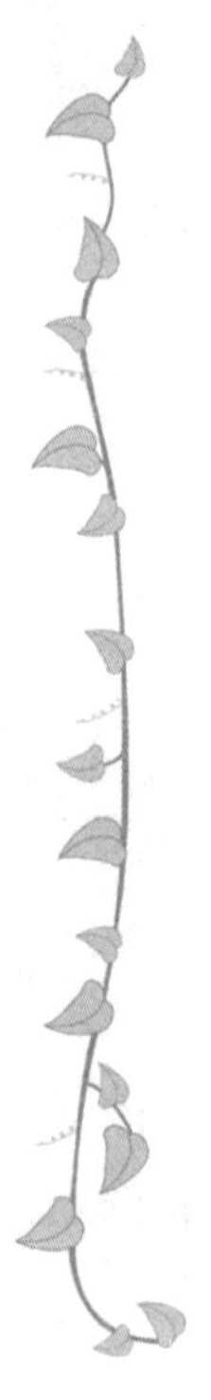

馨香心语

“终日怕君辜负我，奈何今日已负君”，说这话的女子被一个暗许踏碎，断魂的香缭绕着断肠的梦，什么样的手，能够搭救起那一滴坠落于无边汪洋中的血色相思？

暗 许

一个寻常的秋夜，先生却有不寻常的好兴致。他抱起手提电脑躲进了书房，声称要写一首抒情长诗。我慌忙沏了香茶，捧给我的诗人。

很快，我就被枕边一本无聊的书哄进了无聊的梦乡。恍惚中，听得先生唤我。一百个不情愿地揽衣推枕，听任他将我拉到他的工作室，看他完稿的诗。

他高声朗读，迫着我喝彩。我敷衍塞责地听着，附和着他的自吹自擂。后来，我听到了这样一个清新无比的句子:“走过新浴的草丛，滚落的水珠溅起绿色的雷霆……”我一下子就被震醒了。我说:“翻页，往前翻页。我要重新看一遍。”

那果然是一首好诗。我贪婪地赏读着，突然间就明白了这么多年来先生痴恋诗歌而不屑经营其他文体的缘由。诗歌，是语言的黄金。诗歌给予人心的巨大审美快感是其他文体所难以企及的。

问他打算把这么好看的“姑娘”许配给哪家。他说要给H杂志。我说:“别给H杂志社了，太可惜。一本省级纯文学刊物充其量也就几千个读者。不如给了S诗刊吧！绝对没有问题的。”先生听了我的话，很认真地说:“不行。我必须给H杂志，因为，我已经在心里暗许它了。不瞒你说，我一边写，一边揣想着H杂志刊登了它的情形，每一个细胞都为那个时刻欢跃过了，我怎么能让这些细胞空欢喜一场，把内心暗许的事颠覆了，欺辱自己的感觉呢？”

——暗许。他居然用了这么个词。

这是个远离我的词，或者说，我早就学会了对她的拒斥。在我看来，她有些老土了。仿佛一个旧时的女子，在心中装着一个心仪的男人，把一些只在生命深处开放的花朵朝向了他，隐秘地，对他传达芬芳的眷念。这样的暗许，往往伴随着幽怨，一个人的眉头与心头紧锁了惆怅与寂寥，愁苦与怨怼，在一个一开始就注定了的无言的结局中一点点枯黄了心头的青色。“终日怕君辜负我，奈何今日已负君”，说这话的女子被一个暗许踏碎，断魂的香缭绕着断肠的梦，什么样的手，能够搭救起那一滴坠落于无边汪洋中的血色相思？

在异国，相中了一方披肩。掏钱的时候，我相信我看见了万里之遥的妹妹披上它时的俏丽模样。但披肩一到手，我的肩背就开始殷勤地邀约它。于是，我劫持了自己的心意，背叛了自己的应允。我跟自己说，我那瞬间的将披肩许诺给妹妹的念头或许也可以叫作“暗许”吧？但这样的想法一冒出来，心就被愧怍弄疼了。一个不成型的美意，很快被多欲而又好奇的手团捏烂了，算得上什么暗许呢？心，不是没有预设过方向，但是，风吹得它放弃了坚守。

记起一个凄美的暗许的故事。春秋时名公子吴季札受吴王之命出使北方上国，路经徐国，便去拜会徐国国君。徐君隆重接待远道而来的吴国使者。在会见过程中，徐君见季札身边所佩的青铜宝剑煞是威武，请求季札解下来鉴赏。宝剑出鞘后寒光闪闪，锋利无比，惹得徐君艳羡异常。聪明的季札看出了徐君的心思，但因考虑到还要继续北上去出使上国，当时列国间战事连绵，手中之剑还须用以防身，故尔便不曾将这把宝剑赠予徐君。待到访问了北方上国，在萧瑟的秋风中再经徐国，徐君已撒手人寰。季札悲恸已极，便带了侍官到徐君墓冢去凭吊。祭扫完毕，季札随手解下佩剑，悬挂在墓前的松树上。侍官不解地问：徐君已死，大人把这么贵重的宝剑送给谁呢？季札坦然答道：从会见徐君时起，我已暗许将此宝剑相赠，怎可因徐君辞世而背离我的初衷呢！吴季札以“挂剑冢树”的方式，兑现了心头那份沉甸甸的暗许。

馨香心语

生活是粗糙的，它磨砺着岁月，也磨砺着情感，把日子打出毛边和孔洞才是它的所愿；但是，如果你是善于把握和掌控的，你也完全可以借着它的粗糙，磨亮了爱，磨细了情，磨出一面晶莹剔透的明镜，映照不凋的朱颜……

常爱常新

一日上街，被一个灰头土脸的男人喊住，看过去，却是旧时同事。他指着身边一个牵孩子的女人对我说:“你嫂子!”我忙往脸上堆笑，亲亲地唤了声“嫂子”。趁着那女人俯身给孩子提鞋子的当儿，我问那个昔日同事:“嗨，哪冒出来的嫂子？原来不是这一个呀!”他得意地笑了，用炫耀一辆新车的口吻对我说:“4年前换的，比我小一轮呢!”我不由自主地“啊”了一声，认真朝那女人望去，平庸的身材，毫无生气的脸，有些邋遢的衣着，染得不甚均匀的头发，最刺眼的是那双因穿得不精心而磕掉了几处皮子的米色皮鞋。我在心里叹了一口气，很想对那个男人说:“上帝，才4年的工夫，你就把这个年轻女人用得这么旧了!”

我喜欢看那样的夫妇——多少个岁月过去，两个人依然愿意为了对方而注重仪容。双双比肩走在街上，为对方光鲜的存在而感到体面与荣耀。我认识一对夫妇，女的在“文革”中失去了双腿，终日与轮椅为伴，男的患有严重的眼疾。那年重阳节到来的时候，我们去探望这对老人。两人开心地和我们谈天说地，时不时发出爽朗的笑声。问他们生活有什么不便，老爷子跟我们“诉苦”说:“你们阿姨可会折腾人了，每天我推她出去遛弯，她都要为在腿上盖什么颜色的毯子挑上老半天，哎呀，比挑裙子还仔细呐！有时候，还要讲究跟我穿的衣服颜色搭配呢！我眼神儿不好，跟她说，啥颜色不颜色的，反正我也看不清，别人呀，更懒得看咱们，你瞎折腾个啥嘛！你们阿姨根本不听我的，人家那心思，停在十八九岁，愣不往前走！”听得我们哈哈大笑起来。

我常将这两对夫妇比照着想。在我看来，日子如果不用心去过，是很容易过“旧”的，就像脱了色、打了皱的真丝，让你再也找不到一丝丝爱它的缘由；男人和女人，如果彼此之间不用眼神过电，不用温情保鲜，不用体贴护理，不用爱语缠绵，那么，他们的爱就容易脱水，他们的情就容易委顿，尘埃就会来覆盖他们的脸，石头也会趁机来咬烂他们的鞋。

常过常新的日子多么好！常爱常新的爱人多么妙！如果你不懂得珍惜，如果你不善于维护，就算你的妻子换得再勤，她的“折旧”速度也将是惊人的。相比之下，我多么爱那个错把毯子当成裙子来爱的阿姨，我喜欢在她欢笑的眉眼中追溯她年轻时的美丽时光，我喜欢听爱她的人“控诉”她心思停在十八九岁时那甜蜜的怨言。生活是粗糙的，它磨砺着岁月，也磨砺着情感，把日子打出毛边和孔洞才是它的所愿；但是，如果你是善于把握和掌控的，你也完全可以借着它的粗糙，磨亮了爱，磨细了情，磨出一面晶莹剔透的明镜，映照不凋的朱颜……

馨香心语

让情敌娇艳着吧，让她以她的存在为你的青春延期、为你的容颜添彩、为你的事业增辉、为你的成功提速——情敌不老，你就不老。

情敌不老

在一个名叫“她说吧”的网页上，看到了一组披露姐妹们心愿的帖子。有人说:“我希望能做一次无痛整容，不瞒姐妹们说，我是个又怕疼又爱美的人。”有人说:“让我一夜之间减掉15公斤，一觉醒来，变成了个排骨美人！走在街上回头率105%——连孕妇肚子里的孩子都回头看俺耶！”有人说:“让他和他合成一个人，结束我提心吊胆的日子吧！”最有意思的是有个姐妹写道:“让那个女人脸上长满皱纹！让她的头发全部脱落，用一吨‘101毛发再生精’也长不出一根头发！让她跌个大跟头，摔掉门牙！让她浑身长疥，成为癞蛤蟆……”显然，这是咒骂“情敌”的。我在这歹毒的诅咒面前笑出了声，我想，这些文字后面，该躲藏着一颗多么狭隘、贫弱的心啊！

想起了我的一个姐妹，婚后不久，她就发现丈夫身边多出了一个“她”。“她”的气息氤氲蔓延着，她感觉到了，却不敢说出，她怕一旦说出，丈夫索性就一无顾忌地扑进“她”布下的“芬芳阵”里，再也不回头。她开始和“她”进行暗中拉锯。她原来不注重修饰自己，总以为“素面朝天”的女子才是可爱的，“她”促使她改变了这样的想法，她开始精心地打扮自己，每天神采奕奕地出门，神采奕奕地回家；她更加努力地工作，做事追求细节的完美，在单位赢得了领导的肯定和同事们的钦佩；她重新拾起丢弃了五六年的画笔，把美丽的四季消息聚敛到细腻的笔端……就这样，她活得有滋有味，两年后，她不但成了单位一位出色的中层干部，而且成了全城有名的“美女画家”。她举办个人画展的那天，“她”来了，夹在人流里，偷眼打量着女神般尊贵美丽的她。她的丈夫殷勤地忙前忙后，和前来参观的人们热情地打着招呼。当他瞥到黯淡的“她”的时候，他快步走过去，悄声地责备“她”，说“她”不该来这里。明眼的她在一旁看到了这一切，迎上前去，紧紧握住了“她”的手，真诚地说:“欢迎你！我知道你是我丈夫的朋友，并且，我还知道你曾带给过他许多快乐！请允许我和我丈夫共享他珍贵的友情资源——让我们成为好朋友吧！”后来她告诉我说:“其实，我没有说出我最想说的话，我的一切，都是她间接给予的，我应该感谢她。在我活得特别懈怠、慵懒的时候，她就像一针特效针剂，注射到我的体内，瞬间激活了我。说真的，我愿意她永远都这么年轻、漂亮，楚楚动人，那样的话，我就一点不敢松懈，我会拼尽自己的智力和魅力，和她角逐，和她争夺一个我俩都很在乎的男人。”

情敌美艳无敌，那是有灰败的你甘做陪衬！诅咒情敌朱颜凋萎、发秃齿脱、癣疥遍身，那只能说明她的美色具有令你无法抵御的“杀伤力”，便只好用这般无力的咒骂聊解心头之恨。让情敌娇艳着吧，让她以她的存在为你的青春延期、为你的容颜添彩、为你的事业增辉、为你的成功提速！

——情敌不老，你就不老。

馨香心语

爱住在平凡的每一天，盛开着，同时凋零着，善于挽留的手，有能耐偷得片片光阴，用它滋润单调的岁月，滋养寂寞的心怀。

每一天的爱

静谧的夜，和南国文友小夏客居于京郊一家酒店。闭了灯，却难入睡，便东一句西一句闲聊起来。

小夏说：有件事，在心里千回百转，挥不去，抹不掉，也说给你听听呵——我同办公室有个李姐，她的女儿名叫小仙，在法国读博，嫁了个德国籍的老公。总听李姐说那个已获得博士学位的德国男人对小仙这么好那么好，但我心里却很排斥他，我想，不就是个“德国鬼子”吗，有什么了不起的！前不久，小仙带那个德国男人回国探亲，有一件事，深深震动了我。

那天，李姐拿来了一个数码相机伴侣，说是让我们看看她女儿在法国拍的照片。我在心里笑了一下，觉得这样的炫耀未免浅薄。但是，当我们围过去看其中一个“每一天的小仙”的文件夹时，我们不由得惊呼起来。原来，那个德国男人从娶了小仙那天起，坚持每天为她拍一张照片，他们结婚551天了，那个文件夹里就存了551张小仙的照片。我留神看那些照片，发现前面的照片小仙似乎在刻意摆姿势，越到后面就越自然了，并且，越到后面也越漂亮了。照片中的小仙，有的在工作，有的在下厨，有的在逛街，有的在游玩，有微笑的、撒娇的、发怒的、流泪的、睡觉的、刷牙的、吃饭的，甚至有换衣服的、涂指甲油的，最后一张，是小仙在回国的飞机上开心地对着镜头扮鬼脸。在这些照片当中，最让我动心的是小仙睡觉时的那些镜头。小仙蜷缩着，睡得像一只小猫。看得出，她是在真睡，而在她真睡的时候，那个深深爱着她的男人悄悄用相机记录了她可爱的睡态。

看完了“每一天的小仙”，姐妹们长一声短一声地叹起气来。有人说:“啧啧，瞧人家小仙，这才叫拥有爱情！”有人说:“跟人家小仙比，咱真是白活了！”

知道我当时是什么感受吗？不瞒你说，我特黯然，黯然到直想哭。我无意跟那个小仙比什么，也早过了跟小仙比的年龄。我只是觉得，在这个世界上，竟有人爱得这么闲雅、这么精心！相比之下，我终日慌手忙脚地打发日子，“俩眼一睁，忙到熄灯”，我几乎患了“忙病”，我总觉得有太多太多的事情比挽留爱、表达爱更为重要，我活得多么粗糙、多么乏味！我也有数码相机和数码相机伴侣，可我的“伴侣”里没有“每一天的爱人”。要不是亲眼看到小仙他们那个不同寻常的文件夹，我根本就想像不出这种日复一日的记录多么珍贵、多么富有诗意！我整天惟恐辜负了这个、辜负了那个，我怎么就从来没有想过有没有辜负一去不复返的日子？有没有辜负一去不复返的爱？爱住在平凡的每一天，盛开着，同时凋零着，善于挽留的手，有能耐偷得片片光阴，用它滋润单调的岁月，滋养寂寞的心怀，就像小仙的男人，把用相机赞美爱人当成了每日必修的功课。这样的人，才是真正的生活的高手啊！——你说，我说得对不对？

我嘴上应答着小夏，心却没有从她的故事中走回来。我在想，我不也是一个“忙病”患者吗？我忙在忙里，也忙在闲里。我的“忙”，更像是“盲”啊！今天，就让我借小仙的故事洗洗耳，洗洗眼，也洗洗心，让我知道明天该怎样去听、去看、去爱、去生活……

馨香心语

她没有像女孩的男友那样气恼地抱怨，也没有像我这样黯然地神伤，而是毅然和那做着痴梦的女孩站到了一起，愿意为这对迷途的唇吻等待一个几乎不可能的归宿！

迷途的唇吻

妹妹相中了闹市区的一爿小店，想要把它租过来。那天，她让我陪她去那小店看看。

我们赶到那小店的时候，原租户正在搬家。房间一片狼藉。得知我们的来意后，气质不俗的女店主热情地和我们聊了起来。她说她就要结婚了，男朋友开着一家公司，效益不错，所以执意让她关了这个店。她说其实她很舍不得走，但又不好拂了他的好意。“这里的客流量每天都蛮大的，我的生意一向做得很好。你们真是有眼光啊！”她笑笑地说。听她这样讲，我才留意到这爿小店的名字叫“你的模样”，是个制作“人体局部克隆”艺术挂件的小作坊。

我和妹妹又考察了一下店铺所处的环境，感觉确实不错。我们正说着关于店铺门脸改装的问题，看见那个女孩举着个精致的画框从房间走出来。她开口对她的男朋友说：“喂，要不再给他们打个电话吧——最后一个！好不好？”男子抹一把脸上的汗，有些不解地看着她，说：“你这人怎么这么死心眼啊？人家说不要了就算了呗，还总追着人家问个没完！”

我看见女孩手里的画框中镶了两个漂亮的红唇，便问女孩：“你们是在甩货吗？”女孩说：“不是。这是一对恋人在我们这里做的唇模。预付款全都交齐了，可他们突然说不要这东西了。我打了好几回电话，让他们过来一趟，那个女的说，她和那个男的吹了，这唇模不要了，让我扔了它。可我怎么也想不通——从他们手拉着手来这里做唇模到今天，统共才2周的时间啊！”

我仔细端详那两个被精心“克隆”的唇吻，猜想2周前它们是让怎样一个炽热的愿望幸福地驱遣着，毅然来到这里把瞬间的唇吻翕动铸造成了永恒。他和她，原本是企图用这个精美的框子框住至死不渝的爱情的吧？谁料想，月亮刚刚在它圆缺的路途上行走了一半，他们的爱就匆匆凋萎了。

女孩的男朋友终于没有拗过女孩，从车子里取来了一个账簿样的本子，女孩欢呼着打开那本子，开始拨电话。我和妹妹交换了一下眼色，我分明看见妹妹的眼睛在说：这个女孩好可爱哦！

很快，女孩沮丧地走过来了，对她的男朋友说：“通了，但是她不肯接——怎么办呢？”说着，她又拿起了那个画框，像是陶醉于自己的作品，又像是欣赏那一双红唇的美丽，眼睛里浮动着爱怜的柔光。

“这下死心了吧？”她的男朋友边往车上装一个凳子边说，“那个女孩一定觉得这事儿特可笑！人家一个劲儿说不要了不要了，可你非神经病似的追着硬塞给人家。你说说看，人家已经跟男朋友吹掉了，要这么个破玩意儿干吗？挂着？摆着？给自己添堵玩？最好的办法可不就是不要了呗！——喂，是不是，你担心人家会骂你不诚信啊？”

女孩说：“不是。反正我今天就撤摊了，他们根本找不到我了，骂我也听不见。可我想，万一就在今天他俩又和好了呢？我猜，只要他俩一和好，准在第一时间来取他们的唇模！可当他们来了，看见店门关了，‘你的模样’也没有了，他们该多失望啊！”

美丽的唇吻，迷途的唇吻，它们听不懂人们在议论着什么，只管忘情地鲜润着，美艳着，沉迷在一段芳菲的爱情故事中，不愿醒来。

我不由得叹息起来——是呢，一对无人认领的唇吻，一对连等待主人回心转意的机会都即将丧失掉的唇吻，怎能不令人叹息？

“要是你信得过，就把这个唇模交给我吧！”半晌没做声的妹妹突然开口对那个女孩说道，“我已决定租下这个店铺。如果那对恋人重归于好，来取这个唇模，我保证把它完好无损地交到他们手里——放心吧！”

我呆住了。

想不到妹妹居然充当起了女孩的“同道”！她没有像女孩的男友那样气恼地抱怨，也没有像我这样黯然地神伤，而是毅然和那做着痴梦的女孩站到了一起，愿意为这对迷途的唇吻等待一个几乎不可能的归宿！“每一刻孤独的承受，只因我曾许下承诺，你我之间熟悉的感动，爱就要苏醒……”不远处的音像店正起劲地播放着《美丽的神话》。看着那两双轻柔地交接画框的美丽的手，我的心花在微微的疼痛中霎时绽放如霞……

馨香心语

我真的是越来越喜欢这样一种状态，不张扬，不夸饰，以沉静的力量对抗着凡俗的扰攘。

美丽调侃

春意萌动的日子里，世纪文化老人张中行先生溘然长逝。《悼文》上称他是“在北京无疾而终，安详地停止了呼吸，享年98岁”。我铭记着他丰赡的著述，更不能忘怀他在几年前回答一个记者提问时的美丽调侃。当记者说到生死观的问题时，问老人如果辞世可有何留恋？老人回答说：当然有，帝王会留恋天下，我等凡人，留恋的无非男女之情。记者又问：那您有没有情人？张中行先生坦然答曰：有！他曾写过一篇叫《情网》的文章，文中说道：在我弥留之际，如果“情网”中人能来到我身边，“执手相看泪眼”，我就满足了。

我是在一张报纸上读到先生这段逸事的。不知怎么，就为先生的美丽调侃生出许多感慨来。在我看来，老人所说的“留恋”，一定不是企图死死攥在手心不忍放开的欲望，但也一定不是信口蒙骗记者的诳语妄言。我相信那是一个动了真心的美丽调侃，明明知道愿望不可能实现，明明知道说出口来也只是个笑谈，但还是说了，毫不羞赧地说了，毫不造作地说了。隔着时间与空间堆叠起来的山水，我在一个舞蹈着阳光也舞蹈着尘埃的房间里默读着先生的故事，心头，涌动酸酸的暖意。

虽说我无从知晓，先生临终前，“情网”中的可人儿可曾飘然来到病榻前，执先生之手，低低切切，嘱先生去到另一个风月无边的世界里安心等她，但我猜想，这等浪漫情境，一旦被先生说破，大概就永难兑

现了吧？

数年前，我曾有缘和张中行先生的一位故交晤面。我好奇地抛给他一个问题：在您看来，张先生究竟是不是《青春之歌》里的余永泽呢？回答说：我以为不是！因为“行公”（对张中行先生的敬称）远比余永泽可爱一万倍！那个书上的林道静绝对配不上生活中的行公！听他这样讲，我舒心地笑了。在我还不具备很好的判断力的年纪里，我结识了那个喜欢穿一身白的林道静，同时和她一起爱上了“熟悉国家的事情”的大学生卢嘉川，当然也和她一起厌恨着那个只懂得袖着手“欣赏”游行队伍的余永泽。

后来，我读了中文系，渐渐地喜欢上了张中行先生的文章，心儿沉入他行云流水的文字当中，难以自拔。

我害怕有人说他就是“余永泽”，或者说，我不能允许他就是“余永泽”。因为，我的灵魂不能承受这样的撕裂……

今天，一生“艳遇无多”的行公愈行愈远了。我在这一页纸上落寞地回味着他的真性情。他曾说：说句掏心窝子的话，是到了桑榆之年也未能不动心。这话率真得像个孩子。但我以为，真性情的行公不能够爱上那个一刻也不肯安静的林道静。先生所追求的，应该是那种销魂蚀骨的温柔缠绵。那女子应该正如他晚年的文字，含蓄蕴藉，风流内敛，简约清峻，令人回味无穷。大概惟有这样的情怀，才可能滋养出一枝“敢以赤心剖人看”的健笔吧？尘世的喧嚣，一旦沉入他的笔端，就如同浪花投入大海，变得恬淡了，安宁了。我真的是越来越喜欢这样一种状态，不张扬，不夸饰，以沉静的力量对抗着凡俗的扰攘。即便是暮年对“玉楼香泽之思”的表达，也要在美丽的调侃中，叫人更爱了这不完满的人间，也更爱了这人间不完满的爱。

真想知道，在另一个世界里，行公还会不会饶有兴味地继续编织他美丽幽怨的情网……

馨香心语

在“早熟”成为全球性流行疾病的今天，让我们悉心守护那弥足珍贵的童真与童趣，并让自己知道，这童真与童趣是上帝送给人类的最后的礼物，是上帝通过孩子施舍给我们的美丽天堂。

孩子施舍的天堂

看过一幅儿童画：一个鱼缸，里面流动着六条漂亮的大尾巴金鱼，在鱼缸的四周，围着六只眼睛发亮的小猫。我心里一笑，想：六比六，还省得争抢打架。但是等等，看看那幅儿童画下面歪歪扭扭的题字，居然是:“太美了，舍不得吃！”我的心禁不住温柔地一动，为自己精神的庸俗而愧怍起来。

一日，走在熙熙攘攘的大街上，一个坐在妈妈自行车后座上小椅子里的孩子突然指着一幅巨大的广告牌高声喊道:“谁，找，你！”我和那位妈妈一同看那广告牌，广告牌上那位目光深沉的先生，正对着我们凝望。我无声地笑了。那个孩子得不到妈妈的回应，拉了一下妈妈的衣服，继续不依不饶地指着广告牌说:“妈妈，你看呀，谁，找，你！”那位妈妈似乎明白了什么，猛回头捂住了孩子的嘴。我再次抬头看时，也终于明白了孩子所谓的“谁找你”，原是“雅戈尔”的误读。我很为那小气地捂住孩子嘴的妈妈遗憾，真的大可不必，孩子并不是在存心丢你的脸，虽说他没有读对一个字，但他那大声读出三个半边字的热情与勇气不是很可贵吗？

一个小学老师讲过这样一个故事：下雪了，人们都穿上了棉衣。一个孩子跑到老师跟前很认真地问:“老师，天气这么冷，院子里的雕像也应该穿上棉衣。”老师只是一笑，并没有在意。过了一会儿，又有一个孩子提出了同样的建议。于是，老师决定带着孩子们举行一场为雕像穿棉衣的仪式。我想，随着时光的推移，孩子会长成大人，孩子自己穿过的棉衣会被遗忘；但是，雕像穿过的棉衣将永远存留在他们的记忆中，冬天里一块石头所获得的刻骨的温暖，将使那日后在有形与无形的风雪中穿行的心感到美好与安慰。

在这个物质的世界里，我们的精神有时会觉得恍惚无依。“成熟”折磨着我们。我们眼看着纯真与热忱、敏感与同情一点点被剥蚀、被风化。法国伟大的人道主义者阿尔贝特•史怀泽先生说:“我本能地防止自己成为人们通常所理解的成熟的人。因为，与成熟相伴的往往是如不和谐的词：贫乏、屈服、迟钝、顺从命运的理性化……”在“早熟”成为全球性流行疾病的今天，让我们悉心守护那弥足珍贵的童真与童趣，并让自己知道，这童真与童趣是上帝送给人类的最后的礼物，是上帝通过孩子施舍给我们的美丽天堂。

馨香心语

我爱那个在艰难的生活夹缝中渴求知识的农民工，我爱那个在沉默了3秒钟之后就做出了正确决定的管理员，我爱所有爱上这个暖心故事的多情人……

暖心的故事

上一个最喜欢的BBS论坛，读到名叫“真心小骗子”的网友的一个帖子，感动莫名。回到家，我居然从父亲那里讨要了一杯白酒，一饮而尽。父亲说:“心情不赖呀？”我说:“是啊，因为我看了一个好看的帖子。”

那帖子是这样的：

那天我在阅览室随意翻看杂志，见一个人径直走进来，被管理员叫住:“登记名字和卡号!”那人停住，有点不知所措:“我没有卡号。”“是这学校的吗?”管理员没有抬头，只是继续着手上的活。“不是。”“哪的?”“工地上的。”管理员顿了一下，抬起头，看着这个陌生的来客，问道:“哪儿的工地?”“就是……学校操场后面的那个。”低沉的声音有些不自信。沉默了3秒钟……等待中，听到管理员缓缓地，却是很肯定地说:“进去看吧。”

首先，我将自己想成了那个唐突地闯进学校阅览室的农民工——“我”每天拼死干活，臭汗是我永难改变的名片。我走在知识的圣殿里，却没有足够的勇气与那些“天之骄子”们对视。我渴望坐在阅览室里与那些同龄人为伍，畅饮知识的乳汁，但是，我难以迈出这至关重要的一步。我没有学生证，也没有“卡号”，我所有的，是一颗渴求知识的心。

我来了，却长久地在阅览室门口徘徊。带着被拒绝的惶恐，我终于走进了那道门……“进去看吧！”多么简单的四个字啊，却让我感动得几欲落泪……

然后，我将自己想成了那个打破了规则的阅览室管理员——每天，“我”只认卡号不认人，多少没有卡号的男生女生被我无情地拒之门外。我尽职地看守着我的那些书和杂志，只让应该享用它们的人来享用。但是，当我看到一个衣衫褴褛的农民工出现在阅览室门口，当他嗫嚅地说自己没有卡号时，我的心登时就被揪紧了。我看到他们每天辛苦的劳作，开饭的时候，就蹲在工地上，用筷子串起三四个馒头，吃着缺油少盐的素菜，不用说，他们的身体是缺乏营养的，那么，他们的心灵呢？当这个农民工畏畏缩缩地来到阅览室，想给自己贫乏的心灵补给一点营养时，我又怎能忍心拒绝？

接着，我将自己想成了这个暖心故事的原创者，继而又将自己想成了这个暖心故事的转贴者。我感动在自己的感动中，不能自拔。我知道，其实，我只是这个故事一个多情的阅读者。还是那个“真心小骗子”说得好，他说:“人呢，只有三样东西是真正属于自己的：自己的死亡，自己的痛苦，自己的瞬间——瞬间的感动，瞬间的快感……”是啊，瞬间的感动与阅读的快感是这样真切地包围着我，让我比饮酒更沉醉。

所以，请允许我说——我爱那个在艰难的生活夹缝中渴求知识的农民工，我爱那个在沉默了3秒钟之后就做出了正确决定的管理员，我爱所有爱上这个暖心故事的多情人……

馨香心语

佛，把一颗大慈大悲的心安在了一个小小的胸腔里面，让它带动起原本冷漠麻木的心生动地飞翔。

佛　心

初秋时节，我与几个新结识的朋友一道从成都乘车去游览峨眉山。

我们乘坐的是一辆小面包车，一路上大家尽情欢笑。有一个叫叶子的小女孩，很快就成了车上的中心人物。5岁的叶子居然可以声情并茂地背诵李清照的《声声慢》。背诵完毕，掌声雷动，妈妈便又让她背诵苏轼的《赤壁怀古》，但叶子说："我没情绪背这首词。"大家哄笑起来。妈妈再强求，叶子便斜睨着妈妈说："唉，你真不懂得孩子的心！"妈妈和整车的人都笑翻了，但叶子不笑，很忧郁地看着车窗外面。

过了一会儿，叶子蹭到司机跟前，小声问他："叔叔，后面那个小猴是你的吗？"大家见她这样问，便都回头去看——在后窗的一边，悬着一只小布猴，两条长长的手臂淘气地勾在窗框边上，身体随着车身的晃动来回摆个不停。司机说："喜欢吗？喜欢就送给你啦！"叶子听了，连忙摆手说："叔叔，我没有想要你的小猴子，我只是想动动它。"司机笑笑说："动吧，我批准了。"叶子走到后窗边，爬上座位，摘下小猴，让它"坐"在了后排的椅背上，然后，舒了口气跟旁边的人说："好了，换个姿势，它就不累了。"

安顿好了小布猴，叶子又蹭到了司机跟前，疑惑地指着汽车挡风玻璃上的一片片斑迹问司机："叔叔，你的汽车玻璃是不是该擦了？"司机说："你等着，叔叔这就擦给你看。"说着，司机打开了喷水装置和雨刮，很快就把玻璃上的污物清理干净了。但是，刚开了一小段路，玻璃上面就又污迹斑斑了。叶子问司机怎么这么快就脏了，司机说那不是脏，是车开得太快，一些飞行的小昆虫撞死在了玻璃上面。叶子“啊”了一声，伸长了脖子去看昆虫究竟是怎样“殉难”的。这时候，一个小蚂蚱样的东西，“咚”地一下撞在了玻璃上面，飞行的生命，登时变成了一摊红红黄黄的污迹。叶子看呆了。她带着哭腔央求司机说：“叔叔，你慢点开好吗？别撞死这么多的虫子！我们晚一点到峨眉山没有关系的。”

临近中午的时候，我们到了峨眉山报国寺下面的停车场。大家徒步往寺院的方向走。初秋的天气，依然酷热难当，知了在树上声嘶力竭地叫个不停。这时候，我们当中有一位老先生不解地问导游：“这地上怎么这么多一截截的电线呀？”导游笑着说：“您真富有想像力呀！您再仔细看看那是电线吗？那是晒死的蚯蚓！峨眉山的蚯蚓特别多，也特别粗。蚯蚓爬到水泥路面上来，这么毒的太阳，还不很快就给晒成“电线”啦！”大家听罢笑起来。过了一会儿，突然听到落在队伍后面的叶子尖声哭叫，大家纷纷跑过去，惊问原委。叶子妈妈说：“叶子在路上看到一条蚯蚓，怕它晒死，就勇敢地捏起了它，把它扔进了草地里。但不知怎么的，扔完了就吓哭了——哭成这样！”

到了报国寺，我没去礼佛，而一颗虔敬的心，不由朝向了小小的叶子。一路上，她让我通过她明亮的眼睛，看到了尘世间最真的温情和最美的怜爱：让一只布猴坐得更舒服一些，让布制的心脏也感觉到人寰的温暖；给小虫子一个放心飞行的空间，让它们无忧无虑地做完一个纯真的梦；把迷路的蚯蚓送回家，就算害怕了，也要在害怕来临之前完成自己必然的壮举……

佛，把一颗大慈大悲的心安在了一个小小的胸腔里面，让它带动起原本冷漠麻木的心生动地飞翔。愚钝的人终于明了，在这个物质的世界上，并非只有“到达”才算得上真正的到达，途程遥迢，但到达的意义无处不在。终极的眼神，将神韵赋予了沿途的每一汪清泉每一方湖泊。

馨香心语

有时候，我一个人走路，我就跟自己说：喂，闭上眼睛，你也试着走一回盲道吧。尽管我的脚不认得那八道杠，但是，那硌脚的感觉那样真切地瞬间从足底传到了心间。我明白，有一种挂念深深地嵌入了我的生命。

盲道上的爱

上班的时候，看见同事夏老师正搬走学校门口一辆辆停放在人行道上的自行车。我走过去，和她一道搬。我说：车子放得这么乱，的确有碍观瞻。她冲我笑了笑，说：那是次要的，主要是侵占了盲道。我不好意思地红了脸，说：您瞧我，多无知。

夏老师说：其实，我也是从无知过来的。两年前，我女儿视力急剧下降，到医院一检查，医生说视网膜出了问题，告诉我说要有充足的心理准备。我没听懂，问有啥充足的心理准备。医生说，当然是失明了。我听了差点死过去。我央求医生说，我女儿才二十多岁呀，没了眼睛怎么行？医生啊，求求你，把我的眼睛抠出来给了我女儿吧！那一段时间，我真的是做好了把双眼捐给女儿的充足心理准备。为了让自己适应失明以后的生活，我开始闭着眼睛拖地抹桌、洗衣做饭。每当辅导完了晚自习，我就闭上眼睛沿着盲道往家走。那盲道，也就两砖宽，砖上有八道杠。一开始，我走得磕磕绊绊的，脚说什么也踩不准那两块砖。在回家的路上，石头绊倒过我，车子碰破过我，我多想睁开眼睛瞅瞅呀，可一想到有一天我将生活在彻底的黑暗里，我就硬是不叫自己睁眼。到后来，我在盲道上走熟了，脚竟认得了那八道杠！我真高兴，自己终于可以做个百分之百的盲人了！也就在这个时候，我女儿的眼病居然奇迹般地好了！有天晚上，我们一家人在街上散步，我让女儿解下她的围巾蒙住我的眼睛，我要给她和她爸表演一回走盲道。结果，我一直顺利地走到了家门前。解开围巾，看见走在后面的女儿和她爸都哭成了泪人儿……你说，在这一条条盲道上，该发生过多少叫人流泪动心的故事啊。要是这条人间最苦的道连起码的畅通都不能保证，那不是咱明眼人的耻辱吗！

带着夏老师讲述的故事，我开始深情地关注那条“人间最苦的道”，国内的，国外的，江南的，塞北的……

我向每一条畅通的盲道问好，我弯腰捡起盲道上硌脚的石子。有时候，我一个人走路，我就跟自己说：喂，闭上眼睛，你也试着走一回盲道吧。尽管我的脚不认得那八道杠，但是，那硌脚的感觉那样真切地瞬间从足底传到了心间。我明白，有一种挂念深深地嵌入了我的生命。痛与爱纠结着，压迫我的心房。

让那条窄路宽心地延伸，我替他们谢谢你。

第五辑　给我一个声音

在生命的途程中，我们也会有身陷坑底的时候。在那一时刻，天昏了，地暗了，星斗也隐匿了光芒，最可怕的是，我们被告知一切努力都将是徒劳的，我们所面临的只有死路一条。这时候，你肯不肯让自己心灵的耳朵明智地失聪，坚决屏蔽掉所有劝你安心等死的声音，自己为自己鼓劲加油、呐喊助威，奋力一跃，瞬间获得天高地广？

馨香心语

我久久凝视着书法家挥毫写下的那个圆润遒劲、老道酣畅的“修”字，知道他不仅仅是在用笔书写，那墨彩后面的深意，需要我们用一生的时间去体悟、去玩索。

“修”来好人生

朋友介绍我认识了一个书法家，那天，我们几个人相约去参观他的工作室。

啜着香茗，听着音乐，看着满眼赏心悦目的书画，我向那个书法家发问道：您练了这么多年书法，有没有写得最拿手的一个字？

书法家回答说：有。是那个“修”字。

我好奇地问：为什么是这个字呢？您信仰宗教？

他说：这和宗教信仰无关。我喜欢这个字，是因为我喜欢它所道出的那种守石成玉、吹沙到金的境界。还有，我喜欢它那意味深长的三撇。

书法家舒了一口气，幽幽地说道：那是不容易写好的三撇。可能是因为跟这三撇较劲时间长了的缘故吧，慢慢地，我竟迷上了它们，还在心里给那三撇找到了不同的象征意义。

在我看来，第一撇，象征着人生的战略定位，也就是我们通常所说的人生规划。父母把我生到这个世界上，我该成为一个怎样的人？这是每个人都必须面对的问题。要知道，盲目的人生是可怕的，假如一个人连自己想要什么都不甚了了，又怎么能指望世界给予你想要的东西呢？哲人说，你喜欢什么你就是什么。人，就是要学会在自己的“喜欢”里

描绘人生的蓝图，这样，你就可以把自己的如愿和世界的如愿合成一个幸福的整体。

第二撇，象征着人生中正确的取舍。在这个物质的世界上，就算你再善于获取，你一生所获得的东西也会远远少于你所舍弃的东西。你只有两只手，不可能把整个世界抓起来。人生一世，总要遇到这样或那样的诱惑。当诱惑的魔笛响起，你可不要乱了阵脚。惨败的人生，往往是企图过多占有的人生。所以，不管你所面对的诱惑有多大，你都要设法守住自己，别让自己迷失。

第三撇，象征着人生中强固的根本。这强固的根本就是好心和高艺。只有好心是不够的，只有高艺当然更不够。在我看来，好心和高艺好比倒置的“T”字，下面的一横代表好心，这一横越宽越好；上面的一竖代表高艺，这一竖越长越好。如果你的人生有了这又宽又长的两笔，你就可以期待自己把人生的蓝图描摹得更美好，把人生的道路走得更顺畅。

书法家的话说完了，我这才意识到他所说的这三重象征意义其实也是他自己的人生总结。他痴爱书法艺术；他推掉了惹人艳羡的正处级饭碗；他无私支持教育事业，在许多学校定期举办书法讲座，还拿出稿酬资助贫困生完成学业……

我久久凝视着书法家挥毫写下的那个圆润遒劲、老道酣畅的“修”字，知道他不仅仅是在用笔书写，那墨彩后面的深意，需要我们用一生的时间去体悟、去玩索。

馨香心语

只有具备了圣心圣德的人，才能真心地怜悯一个错误，慈悲地为负重的心灵减压。当错误已然铸成，痛心疾首的指斥和劈头盖脸的责骂都比不上一句感同身受的温情提醒来得有力、有效。

忠言顺耳利于行

我们都知道这样一句俗语——忠言逆耳利于行。殊不知，顺耳的忠言比逆耳的忠言更可取、更可贵、也更“利于行”。

曾经看过小学特级教师孙建锋的一个课堂实录，我发现他是一位特别善于用顺耳的忠言训诲学生的老师。例如，当学生误读字音的时候，他不是像别的老师那样，抢白学生说：“错了！重读！”而是俯身轻轻对那个孩子说:“我没听清楚。请你再读一遍好吗？”于是孩子用心地重读了那个句子。这一次，孩子读对了。孙老师欣赏地看着那个孩子，真诚地自责道:“哟，瞧我这耳朵！”——仿佛那个孩子压根就没犯错误，犯了错误的，仅仅是老师不聪敏的耳朵。想想看，那被最大限度地保护了尊严的孩子，在以后读课文的时候，怎能再忍心让老师的耳朵代人受过呢？

顺耳的忠言比逆耳的忠言技术要求高，人格要求更高。当我们发现了别人身上的错误（当然不是违法乱纪），我们不该摆出一副圣贤的面孔，指手画脚地对着那个错误说长道短，相反，我们应当在心里与犯错者来个角色互换，设身处地地为他人着想，耐心地给予机会，温婉地给予提示，不让犯错者在无地自容的尴尬中失尽纠错的勇气，不让旁观者在目击他人颜面受损的过程中滋生幸灾乐祸的心态。

在我看来，只有具备了圣心圣德的人，才能真心地怜悯一个错误，慈悲地为负重的心灵减压。当错误已然铸成，痛心疾首的指斥和劈头盖脸的责骂都比不上一句感同身受的温情提醒来得有力、有效。我们不妨学着孙老师的样子，柔和一些，耐心一些，友善一些，担当一些，用爱造句，让忠言以花的颜色、蜜的滋味去征服人心。

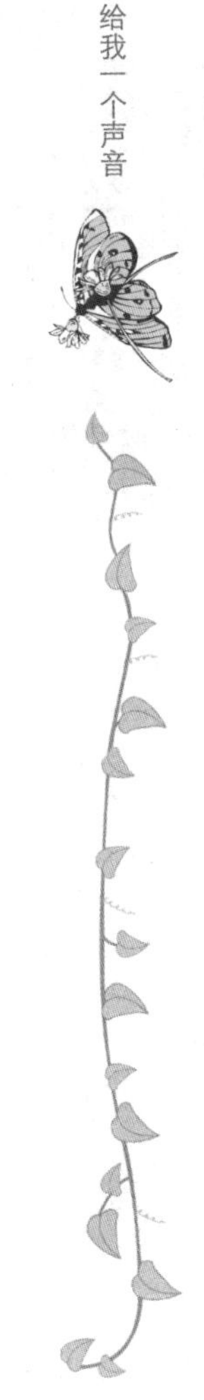

馨香心语

你真的不必急于摆脱那痛苦，你要做的，是努力辨认出它的真实面貌，爱上它，并耐心看着它在岁月的蚌里，一层层完满自己的愿望，最终筑成一座人间最惹人羡妒的华美殿宇。

值得恭贺的痛苦

我过去教过的一个女弟子，如今也步我的后尘做了教师。一天，她来找我，诉说起她内心的苦恼。

——老师，在您眼里，我一直是个“阳光女生”，对吧？可现在我天天被痛苦包围着，我的痛苦主要来自工作。我担任两个班的语文课，满负荷了，还担任着一个班的班主任。我感觉自己像个陀螺，一天到晚转个不停。累身是次要的，累心是主要的。在大学学习心理学的时候，老师讲，你只要假装快乐，你就能快乐起来。我假装快乐，可我却快乐不起来。最可怕的是，我发现我的痛苦除了来自于值得痛苦的事情之外，有的甚至来自于不值得痛苦的事情。也就是说，我好像习惯痛苦了。老师，说真的，我特想摆脱这痛苦。我觉得我的心理一定是有了某种疾患，我为我的痛苦感到羞耻。

我说：我理解你的痛苦，也理解处在痛苦中央的你有多么无助。你仔细想过没有，实际上，这世界上的痛苦主要分为两大类，一类是“真性痛苦”，另一类是“假性痛苦”。真性痛苦是一种“丧失性痛苦”，假性痛苦则是一种“建设性痛苦”。丧失性痛苦源于人生的灾祸与不幸，

失怙、失欢、失恋、失意、失业、失败、失去强健的体魄、失去敏锐的智慧……仿佛有一把刀子，强行从你的体内剜走了好端端的一块肉，你疼，却只有承受的份。这种痛苦，是我们避之惟恐不及的一种痛苦。而“建设性痛苦”却不是这样的，它是一种对人生成长有帮助的痛苦，好比小孩子易发的“生长性疼痛”，是“蹿个儿”的明证。一个人，尤其的青年人，如果是因为“被需要”而生出痛苦，那是一件可喜可贺的事。你想，那么多的人等着你来，那么多的事等着你做，你不妨把它解读为，那么多的手一起把你往更深刻的人生意义上推。你知道吗？人一降生到这个世界上，就带着一包叫做“懒惰”的砒霜，它随时都想置你于死地。你苦，你累，你辛酸，你没时间搓麻、啜茶、逗鸟、弄花，这就对了，这就说明你的生命状态不是腐烂，而是燃烧！初入职场的忙乱，让你把自己比做了陀螺，我想，就算你真是一只陀螺吧，你也要做一只敢于一级级上台阶的陀螺！自己成为自己的鞭子，自己给自己助着威往上走。不诅咒痛苦，不怨恨痛苦，不惧怕痛苦，反把它当成契友，感谢它赶来成全你，感谢它不由分说地剥夺了你做庸人的权利。

所以，你真的不必急于摆脱那痛苦，你要做的，是努力辨认出它的真实面貌，爱上它，并耐心看着它在岁月的蚌里，一层层完满自己的愿望，最终筑成一座人间最惹人羡妒的华美殿宇。

馨香心语

良机降临的时候，周围往往没有提醒的声音，没有人告诉你说这个时刻里潜藏着无尽的财富，相反，它有时甚至会面目狰狞地朝你走来，让你在无可措手的惊惶中和它失之交臂。

天赐良机

总听到有人抱怨自己时运不济，良机无多。在他们眼里，“机会”这东西甚至是可恶的，它的可恶之处就在于它只会死心塌地做别人的情人，自己纵然铁鞋踏破，两眼望穿，“机会”也不肯怜惜地施与自己一丝恩泽、一点青睐。每当听到这样的抱怨，我总会想起现在已是著名华商的杨先生的故事，想起“机会”化装成一副不讨人喜欢的面孔光顾他时被他巧妙认出的瞬间——

那时，杨先生在一家小型保健品公司担任推销员。一次他乘飞机出差，不料遇到了意想不到的劫机。度过了惊心动魄的10个小时之后，在各界的积极努力下，问题终于得到了解决。就在要走出机舱的一瞬间，杨先生突然想到在影视作品中经常看到的情景——当被劫机的人从机舱中走出来的时候，总会有不少记者前来采访。

为什么不利用这个机会宣传一下自己公司的形象呢？

想到这儿，他立即做了一个在那种情况下谁都难以料到的举动——从箱子里找出一张大纸，在上面浓墨重彩地写了一行大字:“我是××公司的推销员，我和公司的××牌保健品安然无恙！非常感谢营救我们的人！”

他打着这样的牌子一出机舱，立即就被电视台的镜头捕捉住了。他顿时成了这次劫机事件的明星！很多家新闻媒体都对他进行了采访报道。

待他回到公司的时候，公司董事长和总经理带着所有的中层主管，在公司门口夹道欢迎他。原来，他在机场别出心裁的举动，使得公司和产品的名字在一瞬间家喻户晓了。公司的电话都快打爆了，客户的订单更是一个接一个。董事长动情地说："没想到你在那样的情况下首先想到的竟然是公司和产品。毫无疑问，你是最优秀的推销主管！"董事长当场宣读了对他的任命书：主管营销和公关的副总经理……

一桩众人眼中倒霉至极的"事件"，就这样轻易被杨先生改写成了"传奇"！

——良机降临的时候，周围往往没有提醒的声音，没有人告诉你说这个时刻里潜藏着无尽的财富，相反，它有时甚至会面目狰狞地朝你走来，让你在无可措手的惊惶中和它失之交臂。什么样的人才能够很好地把握住它呢？聪慧，果敢，这些当然都是不可或缺的因素，但是，在我看来，最重要的一点应该是"成就动机"。"成就动机"是一个人最可宝贵的资财。拥有了它，我们就生出了非凡的"第三只眼睛"，在没有路的地方发现路，在没有光的地方看到光。千百年来，"成就动机"成就了多少渴盼成功的人！如果这个世界上真有所谓"天赐良机"，那么，我以为，发现这良机的，只能是那被我们强烈的"成就动机"镀亮了的"第三只眼睛"。

馨香心语

给自我一个声音，让生命攀缘着这个声音走到高处。

给他人一个声音，让寂寞怯懦的心因为一种深情美好的抚慰而欣悦起来，勇毅起来。

给我一个声音

有个故事，说有两只青蛙同时掉到了一个深坑里，烈日当头，坑底干净得连一棵草都没有，两只青蛙都明白，如果不设法跳出去，这个深坑必定会成为它们的葬身之地，所以，它们拼命地往上跳，试图为自己跳出一条生路来；在深坑的上面，围着一群青蛙，它们看到两个可怜的同类身陷坑底，万分焦灼，但是，它们目测了一下坑的深度，觉得下面的两个同类无论如何也不可能跃出，于是，它们对着坑底大喊起来：别跳了！千万别跳了！就算累死，你们也跳不出来！一个青蛙听到了同伴的劝告，很快就停止了跳跃，无奈地趴在那里，不久就被焦灼和酷热折磨死了；另一个青蛙仍然固执地往上跳，同伴们越制止它，它跳得越欢，终于，它一跃跳出了深坑！众青蛙围拢过来，纷纷问它究竟是凭着怎样的力量跳跃出来的，这个青蛙回答说：我在下面，看到你们激动地冲我叫喊，虽说我耳朵有些背，但我也能猜到你们在为我鼓劲加油、呐喊助威，我获得了巨大的精神力量，猛一使劲儿，就跳出来了！

原来，灵敏的耳朵使一只青蛙惨遭厄运，而听力不佳反成了另一只青蛙的生命福音！

我们的老祖先夸赞一个人智力水平高，创造出了这样一个词——“聪明”。耳力好，那是“聪”；目力好，那是“明”。自打来到这个世界上，我们就一直在钟爱着“聪明”，追索着“聪明”。但是，想没想过，有些时候，心灵的耳朵太过灵异真的不是一件好事情，就像那个死在坑底的青蛙，它的耳朵传递给了它一种极其清晰的声音，使它惊恐地意识到了自己已是身处绝境，再做任何奋争都将是徒劳，所以，它的心先于身体死去；而那个耳力差的青蛙，却凭着一个积极的猜想，将自己从死地中成功地拯救了出来。

在生命的途程中，我们也会有身陷坑底的时候。在那一时刻，天昏了，地暗了，星斗也隐匿了光芒，最可怕的是，我们被告知一切努力都将是徒劳的，我们所面临的只有死路一条。这时候，你肯不肯让自己心灵的耳朵明智地失聪，坚决屏蔽掉所有劝你安心等死的声音，自己为自己鼓劲加油、呐喊助威，奋力一跃，瞬间获得天高地广？

在生命的途程中，我们也会遇到同伴落难的时候。我们的经验使我们明白，彼时彼刻，同伴的处境异常险恶，所有的挣扎都将是无济于事的，所有的努力都将是于事无补的，这时候，我们可不可以不唱悲歌，更不唱挽歌，而是用热诚的呐喊和呼号鼓舞他、鞭策他、激励他，使他获得奋力跃出绝境的信心与勇气？

给自我一个声音，让生命攀缘着这个声音走到高处。

给他人一个声音，让寂寞怯懦的心因为一种深情美好的抚慰而欣悦起来，勇毅起来。

馨香心语

我们习惯以自我为中心画圆，我们没有去想，当世界布满了这样的不同心的圆圈时，我们自己那个可怜的圆圈会不会沦落得比沙砾还要卑贱。

痴愚的坚守

那是一个“桑拿天”，我到吴叔家去串门。坐在客厅里，感觉他家的立式空调噪音特别大，留意了一下牌子，居然和我家空调的牌子是一样的！不由得在心里慨叹：同一个牌子的产品，差异咋就这么大呢？

过了一会儿，吴婶从阳台端出一个脸盆，叨咕着：“你说这天儿有多‘卤’吧！这么一会儿的工夫，就接了这么多的水。”我十分奇怪，搞不清吴婶接的究竟是什么水。吴叔见我满脸的困惑不解，便呵呵一笑，带我到阳台去观瞧。我一下就明白了，原来，吴叔家的空调外机居然就挂在自家的阳台上！

吴叔说：“装这台空调的时候，孩子们非要把外机挂到外面，说家家都是这么挂的。我坚决不同意。孩子们就说了，你是担心咱住一楼会有人祸害咱的外机吧？那咱就做个网罩，把机子罩起来。我说，我根本不担心有人祸害我的外机，我只是担心我这外机祸害了别人呀！你想，咱在家里凉快了，那从咱家楼下经过的人就得吃热风；咱嫌有噪音，外面的人就不嫌啦？另外，那排水管子排出的水流得到处都是，多招人烦；还有，挺好看的楼房，挂上个扣着网罩的机子，多难看！孩子们听我这么说，都笑我死脑筋，不开窍，连商场来安空调的小师傅都说我的想法太逗笑，我说，那你们就笑吧，可不管你们怎么笑，最后你得把那个机子给我挂在阳台上！——瞧，我胜利啦！哈哈。”

我却笑不出来。我想到我家的空调外机，我想到无数家的空调外机。我们似乎连想都没想，就把那个机子挂出去了。

“好东西让我来享受，坏东西让别人去忍受。”我们的内心深处一直有这么一个霸道的声音。很近的路，我也要开车上班，不管道路有多拥挤；买一点点东西，我也要用一个大大的塑料袋，不管它降解起来有多困难；吃螃蟹的时候，我专门挑满籽满黄的吃，不管儿孙是否需要借助标本认识螃蟹……我们习惯以自我为中心画圆，我们没有去想，当世界布满了这样的不同心的圆圈时，我们自己那个可怜的圆圈会不会沦落得比沙砾还要卑贱。我们不知道，凌人的娇纵，欺天的跋扈，到头来只会将一个自恃尊贵的灵魂践踏得粪土不如。

在吴叔的坚守里，有一份可贵的痴愚，就算我们难以效仿，也该呈上我们由衷的敬意。

馨香心语

说到饶恕，我以为，一个人必得先饶恕了自我，才能够真正地饶恕别人。

非洲的甘霖

我的学校有两个女生闹矛盾，惊动了学校的德育处和双方家长。说起来好笑，矛盾的源头只是一句玩笑话，但脆弱的心不堪承载，于是引发了怨怼。在为这两个女孩解决矛盾的过程中，我发现她们都不算刁蛮，且都因失去了对方的友谊而暗自伤怀，我便分别告诉她们说:“退让一步天地宽，你应该主动跟好朋友去认个错，求得她的谅解。世界这么大，人和人碰个面都叫缘，你们要在一起厮守1000多天呢，这是多么深的缘分！你应该惜缘才对呀！”听了我这番话，两个女孩都点头称是，都表示会与对方言归于好。就这样，她们的事了结了。时隔一个学期，有一天，我在走廊里遇到了其中一个女生，她向我问好，我便随口跟她聊了几句天。末了，我问起那个曾与她闹矛盾的女生的情况，她脸一红，低下了头。我吃惊地问:“难道，你们俩到现在都没有和好？”她惭愧地点了点头，支支吾吾地说:“我……我也想主动和她说话，可是……我……我一直没有找到合适的机会。”我又好气又好笑，对她说:“你想要机会是吧？那好，现在，你就去教室，告诉那个女生说，我找她有事！”她愣了一下，看我不像是在开玩笑，便转身去了教室。一会，两个人小声嘀咕着畏畏缩缩走到我面前。我说:“瞧，这不就说话了吗！给你们讲一个故事：在非洲一个部落里有这样一种风俗，每年旱季，如果老天大发慈悲降下甘霖，村人们就捐弃前嫌，与仇敌和好。这种风俗叫

‘饶恕周’。——这么久了，你俩还僵着，你们在等待‘非洲的甘霖’吗？记着，善于结怨的人，其实是在设法囚禁自己的心。学习是多么苦的差事啊，你们还嫌自己苦得不够，还要设法囚禁了自己的心，让它每天都要多吃一重苦，多受一重罪——你们看看，自己有多傻！”那之后，我欣喜地看到了她们两人一起在食堂餐桌上同吃一份单炒的亲热情景，她们羞涩地朝我摆了摆手，我冲她们眨了眨眼，三个人会意地笑起来。

现在，那两个女生已经上大学了，但是，她们的“案例”却经常被我忆起或提起。我曾经说过，“因为挚爱光明，我与黑暗结了怨”。不幸的是，生活当中介乎“光明”与“黑暗”的事物却比比皆是，而我倨傲的眼光有时还免不了传递给我错误的消息。所以，我不再敢高声吟哦那壮美的诗句。我不得不承认，我也曾与不该结怨的人结了怨。我的心，在一千遍的自我拷问中碎裂。我也在悄悄等待“非洲的甘霖”哦！可是，因为骄傲，因为虚荣，因为想捍卫那或许根本就不值得捍卫的尊严，我粗暴地驱逐着那殷勤降临的机会，固执地囚禁着自己千般愁苦的心。我的虚伪还在于，当一个高贵的灵魂率先赶来解救我无辜的心的时候，我让自己平淡地说:“过去的事，我全都忘记了，彻底忘记了。”——我当然知道自己在说谎。我何曾忘记！我是这样善于铭记不愉快，这样善于把早该变旧的不愉快一遍遍刷新！说到饶恕，我以为，一个人必得先饶恕了自我，才能够真正地饶恕别人。我却似乎从不懂得宽待自己，不懂得凭自己的手就完全可以赦免自己的心。我给那两个女孩提供了和好的机缘，她们是可爱的，因为她们把这个机缘的种子侍弄得开出了千娇百媚的花。我有这样的本领吗？或者说，我愿意拥有这样的本领吗？

生活煞费苦心地安排了一幕幕耐人寻味的场景——它让老师训诫学生，再让学生按照老师的训诫行事，然后，又让老师在这样的训诫成果面前自羞自惭，自省自励。

在我敲这篇文章的时候，那两个女生的笑靥一直在我的眼前晃啊晃。在我人生的“旱季”里，她们何尝不是“非洲的甘霖”，滋润我，启迪我，给我面对的勇气，给我改变的决心。我相信，摆脱了桎梏的心是可以高飞的心，我愿意自己的心在湛湛蓝天中幸福地邂逅那两个女孩的心，我愿意与她们结伴同行，微笑着，阅尽人间春色……

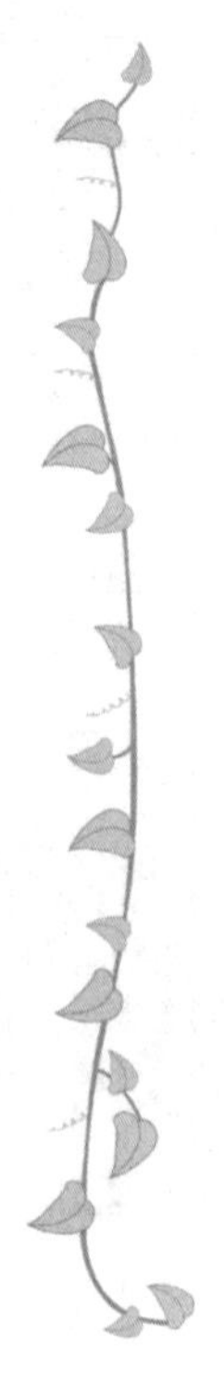

馨香心语

我不要一个鱼儿太稠的鱼池，不要生活过于慷慨的赐予；我也害怕在一条无鱼的河里无望地垂钓黄昏；我只想拜托一条河，给我一些机缘，给我一些考验，让我在必要的等待之后，钓到那条必然的鱼。

钓之悟

周日，先生被朋友喊去钓鱼，时候不长，就折回来了，问他怎么回来得这么快，是不是钓不到鱼，回答说，恰恰相反，是因为鱼太好钓了，连鱼饵都不必用，直接把鱼钩甩出去，立马就有鱼咬钩！池子里的鱼太稠了，稠得像在炖鱼，在那样的地方钓鱼，要多没劲有多没劲，心里有一种受辱的感觉，拉倒吧，不钓了！

我笑了。想，人心是多么奇怪，明明是奔着鱼去的，钓不到未免沮丧，而过于好钓，又大失了兴味。看我家先生因鱼过稠而生出的痛苦表情，你就知道了不停咬钩的鱼比永不咬钩的鱼更能激怒一个人的心。

我也曾钓过鱼，鱼钩上挂点饵料，远远地甩出去，眼睛死盯着鱼漂，心里唱着哄鱼儿上当的美妙歌谣，盼望着鱼儿咬钩那激动人心时刻的到来。在一段必要的等待之后，钓到了那条必然的鱼，心里登时充满难以言状的成就感。

世间有许多事和钓鱼的情形相似。我也曾像那个垂着直钩站立岸上的钓者，心不在焉地数着水中的落花，一朵，两朵，一瓣，两瓣……意外地，鱼咬钩了！直到这时，我才恍然明了我居然正履行着垂钓的使命。仓促中，我不知道是该起杆还是该逃走。真的，这不是我非要不可的鱼，我是个无心的钓者，钓不到鱼才是我最想要的状态。但另外的时刻，我简直是祈祷着无比虔诚地站立水边，我的鱼钩上挂着贪心的鱼饵，梦想着把这条河里最狡黠的鱼钓到手。鱼漂一动不动，嘲笑着我的热望。我冥想着水中的鱼，一定是互相咬着耳朵，传递着绕开我所设置的危险区域的消息，它们谨慎地游到了安全地带，再回过头，远远地望着我绝望的鱼钩发笑。当然也有这样的时刻，善心的鱼照顾我的苦心，用牺牲自己来安抚我快要燃尽的期盼。它的出现，为我长久的等待赋予了全新的内涵。

就这样，我站在岁月的岸上，怀揣着不同的心事垂钓。我担心被辜负，也担心被误解，更担心被冷落。我不要一个鱼儿太稠的鱼池，不要生活过于慷慨的赐予；我也害怕在一条无鱼的河里无望地垂钓黄昏；我只想拜托一条河，给我一些机缘，给我一些考验，让我在必要的等待之后，钓到那条必然的鱼。

馨香心语

不管出于怎样的理由，我都不愿意看到上帝惩罚一个人独自去默默承受那病痛来袭时的悲苦。我永远都不怀疑，真正的分担、理解、爱与同情从来都是这世间的镇痛良药。

镇痛良药

一个早年同事的丈夫患了恶性肿瘤，我听说后便打电话给她，表示要去探视。她听后十分紧张地问我道:“你是怎么知道的？是谁告诉你的？还有谁知道了这件事？你千万别来！我们家只有我一个人知道我丈夫的病情。他的父母，我们的儿子，谁都不知道他得的是那个病。从最早怀疑，到确诊，到手术，都是我一个人在忙前忙后。我不敢告诉我丈夫，他心眼特别小，我怕他知道了撑不住；我也不敢告诉我儿子，他正上高三，要是知道他爸得了那个病，他学习肯定会受影响；我更不敢告诉我公公婆婆，两个人都七十多岁了，浑身都是病，要是知道他们儿子得了……那个病，那还不要了老两口的命？……我也不让任何朋友来探视，我担心会有人一不留神说走了嘴——请你理解。”

我问她:“那你就这么苦着自己了？你不想让任何人分担是吗？你不怕落埋怨？不怕一旦家人明白了真相，说你剥夺了他们尽力的机会？你怎么面对他们日后想弥补却已永远错过的那份痛苦？你真的不想知道你丈夫在得知他大限将到时最想抓紧做些什么？还有，你不觉得有人是真心想为你分忧、想和你共同面对吗？”

她在电话那头哀哀地哭起来。末了她说:“我想不了那么多！我只是想豁出我一个人去算了！”

我不知道接下去该怎样劝她了。她那么好，把那么沉重的担子不由分说就扛起来了，真叫人钦佩。但是，我为她把家人想的那么脆弱感到遗憾，也为她把朋友想得那么糟糕感到遗憾。

想起了已去世的美国总统罗纳德•里根。在被确诊罹患“早期老年痴呆症”之后，这位曾在银幕上、公众中有着良好形象的总统大人居然急切地将自己不体面的病张扬了出去。他撰写了《致全国同胞的公开信》，告诉全国人民，他成了数百万美国早期老年痴呆症患者之一。在这封信中，里根总统提到了她的夫人南希患乳腺癌、他本人做了肿瘤切除手术之后，他们都及时公开宣布自己了的病情，结果是大大提高了公众的警惕性，许多人都去做了检查，不少患者得到了早期发现、早期治疗。里根总统在公开信的末尾这样写道：“当上帝不论什么时候召唤我归去之时，我将怀着对我们祖国的无限热爱和对未来的永远乐观而离开人世。现在我开始走上了生命日衰的途程。但美国的前途是无限光明的。谢谢，我的朋友们，愿上帝赐福于你们。”

“人有病，天知否？”这话是毛主席他老人家说的。天不知人厌恶疾病，把病痛强加给了无辜的人。这份推不掉的礼物，检测着世态的炎凉、人心的冷暖，也将人对爱与责任的理解以及对他人的信任抑或防范来了个大曝光。

我想，我那个同事心里一定装了很多的爱。从她的语气中，我听出了她对丈夫“那个病”的极度恐惧，但是，爱让她战胜了恐惧，爱让她毅然决定要将隐瞒进行到底。她的爱，是抛却他人惟信自我的爱。她有一种致命的隐忧，她几乎认定了丈夫的病多一个人知道就会多裂变出一种不幸。很显然，她的爱里有一种极浓重的悲剧色彩。

里根心里也装满了爱，所不同的是，他的爱是基于对别人的信任，他相信他和南希的病多一个人知道他们就能够多卸掉一份痛苦。甚至，他们还指望着发挥自己疾病的潜在价值——唤醒更多的人对疾病提高警惕，努力去亲近健康。“我打算多享受些野外生活的乐趣并与我的朋友和支持者们保持联系”，这，就是这位政坛强人在得知自己大限将至时的最大心愿。面对这坦陈的心愿，没有人会不乐于成全。

——不管出于怎样的理由，我都不愿意看到上帝惩罚一个人独自去默默承受那病痛来袭时的悲苦。我永远都不怀疑，真正的分担、理解、爱与同情从来都是这世间的镇痛良药。

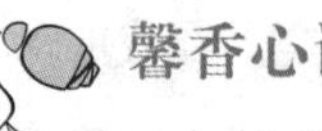

馨香心语

排除某些官员想要借着“拆呢”的机会捞一把的因素，我们之所以培不出、守不住自己城市的那缕如兰的气息，主要是源于我们的短视和草率，源于我们的政绩欲望和攀比心态，源于我们价值判断的失误和审美能力的不逮。

守不住她那缕如兰的气息

走在上班的路上，猛一抬头，发现前路被蓝色金属板挡住了。又搞什么施工项目？这样想着，好奇地朝金属板后面观瞧——哦，原来又要重铺人行道。

大致回想一下，四年间，这条路就折腾了三回。先是揭掉灰色的方砖，改铺彩色的广场砖，后又揭掉彩色的广场砖，改铺立体花纹砖，这会子又因为立体花纹砖质劣易碎，又不得不揭掉，不知又要改铺什么劳什子砖了。

晕！

往往是这样的，我们的马路昨天刚刚修好，今天就开玩笑般地给拦腰刨开了。细问原委，原来是要下暖气管子。面对此情此景，才思敏捷者就随口溜达出了两句经典评判语:“我市人们缺心眼，先修马路后下管！”

刚竣工不久的房屋，突然有一天房顶上聚了许多人。问他们要干什么，回答说:“这都不懂？拆呢！——你想想看，中国不就是‘拆呢’(CHINA)吗！”真的，只要你留神，你就会发现，我们有不少建筑，是

“糊里糊涂建起，慌里慌张拆掉”。唉，伟大的决策者呀，你早干吗去了！

你再看看那些楼房的外装修，先是整成卫生间一样的白瓷砖的，很快就看着不顺眼了，铲喽！整成文化石的；没过几天，又看着别扭了，铲喽！整成大理石的。那些商店的门脸就更不用说了，简直像四川的“变脸”一样，一会儿就一变。还有路边的垃圾筒，从水泥到塑料到铝合金到不锈钢，从方形到圆形到动物状到蘑菇状，它真堪称是“变形金刚随时变形”了。

——我们这究竟是中了什么邪？

想起了跟我们绝不一样的巴黎。

走在巴黎老城的大街上，我低头细看那呈放射花纹样的石砌路面，发现那比成人拳头稍大的铺路石并不十分匀整，且石块与石块之间咬合得也并不十分紧密，石缝间没有灌注水泥，有个别的石块甚至被轧翻，从所在的位置上跳脱出来。我弯腰端详那跳脱出来的石头，发现它的厚度应该在12公分以上，无疑，这样的厚度是禁得住岁月磨砺的。导游告诉我们说，这样的路面很容易养护，即便是轧翻一块两块石头也无妨，放回去不是一件困难的事情。所以，这些路面就保留了几百年前的样子，他开玩笑说：“各位要注意了，你一不留神就可能踏进了雨果或毕加索的足迹里。”

在凯旋门前，在埃菲尔铁塔下，我看见那地面全都是白沙铺就的，街边的坐椅也全是原木的，旧了就旧了，也不去理它，旧在沙地里，反显得挺和谐。

巴黎建筑物的外墙多是浅黄的石头，没有花花绿绿的广告牌，没有迎风招展的小彩旗。未到巴黎之前，我以为巴黎的夜晚一定是霓虹闪烁，狂歌劲舞，衣光鬓影，浪漫异常，但事实却完全不是那样的。巴黎的夜晚是安静的，巴黎的夜色甚至是黯淡的。我们惊奇地发现巴黎的大街上一律是昏黄的路灯，连日光灯都看不见。我们问导游这究竟是怎么回事，导游说："巴黎的夜晚不允许有强光照射，它要在方方面面刻意保留自己传承多年的生活格调，不让它轻易改变。"

我的心，在由衷感谢人间有一个巴黎之余，也在冷静地反观我们自己。我想，排除某些官员想要借着"拆呢"的机会捞一把的因素，我们之所以培不出、守不住自己城市的那缕如兰的气息，主要是源于我们的短视和草率，源于我们的政绩欲望和攀比心态，源于我们价值判断的失误和审美能力的不逮。人家在饶有兴味地跟昨天谈恋爱，我们却发誓把昨天杀个片甲不留；人家大玩"喜旧厌新"的游戏，我们却"喜新厌旧"，没病找病把自己折腾得死去活来！

——我们的城市什么时候才能找着北？

馨香心语

可悲的“抽条”，抽坍了大厦，抽垮了桥梁，抽黄了企业，抽凉了人心。谁愿意和我一起向“抽条”宣战？

可悲的“抽条”

有个学生问我:“老师，什么叫‘抽条’？我查过好几本词典，也查出了‘抽条’这个词，但是，词条解释中却不包含我看到的那句话中的那个义项。老师，这是怎么回事啊？”我问他是在怎样一个语言环境中见到的这个词，看看能否结合上下文推断一下它的含义。他说:“那句话说：许多城市供热存在‘抽条’的现象。”我说:“好像是说供热达不到规定的标准，‘抽条’是‘打折扣’的意思吧？——这样吧，我上网查一下，然后再告诉你。”

我在“百度”搜索中键入“抽条”这个词，一下子显示出了四万多个检索结果。我仔细阅读那些例句，发现“抽条”大致有三个义项：1.树木抽芽。2.织物抽丝。3.以降低标准之手段达到降低成本之目的。第三个义项是从第二个义项引申而来的，所不同的是，“织物抽丝”是一个织物加工的过程，而“以降低标准之手段达到降低成本之目的”则与织物加工毫无关联，而与“质量问题”关系甚密。

我把以上的解释告诉了那个同学，并对他说，随着社会的发展，人们会造出许多新词，同时也会赋予旧词一些新义，“抽条”就属于后者；因为新词或新义产生的速度快于辞书更新的速度，辞书的编纂者们来不及把它编进词典，所以你就不可能在词典中查到它的义项。

这件事就这样了结了。

但是，在以后的日子里，我发现我简直天天都会在心里复习“抽条”这个词，不是因为我对它情有独钟，实在是因为在我们的生活中它存在的广度、深度和密度。

出行驶上一条高速公路，路面坑坑洼洼，车走在上面，像在波峰浪谷中颠簸。知情者告诉我说：这条路刚刚投入使用一年，去年的这个时候，好多报纸都刊登文章，夸赞这条路比预定时间早完工21天，夸赞施工人员“地球转一天，我转一天半”的感人事迹。

参加了一个电脑培训班，课程设置摆在那里，培训方却偏偏不按照写的去做，有些重要内容索性压根就没涉及。我们气愤已极，相约去跟老总理论，要求退回一部分学费，但老总以“反正是公家给你们出钱”为由，拒绝退款。

去购物，遭遇“分量抽条”；去旅游，遭遇“景点抽条”；买件衣服，所钉纽扣均被“抽条”；买份快餐，洗菜环节明显被“抽条”。随之而来的是，我们的生活质量被“抽条”，我们的人生价值被“抽条”，我们的快乐感被“抽条”，我们的美满度被“抽条”……

我们就是这样被“抽条”层层包围着！

我们怎能不生发出“人生何处不抽条”的感慨！

汪中求说：“中国人的智慧并不差，问题是我们非常不严谨，每个人都搞小聪明，每个人都去改规则。如果每个人对自己的岗位负责任，就不需要考虑别人对不对。如果每个人都这么死板，这个社会发展会很快。”

真的，我们怎么就没有学会“死板”地做事呢？

看看那些“死板”做事的人究竟是怎么做的吧——在“麦当劳”，仅仅是烤一个牛肉饼的工序有20多页的文字表述，操作者必须严格按照书上所写的去做，决不能“抽条”；在英国“POLO”皮具公司，皮包缝制有一个硬性规定——“1英寸之内必须缝满8针”，决不能“抽条”；在日本，每条河豚的加工去毒需要经过30道工序，决不能抽条……

我不知道第一个巧妙地借用“抽条”这个词语的人是谁，我佩服他(她)用这样一种生动的表达说尽了要着小聪明、小伎俩、小把戏搬起石头砸自己脚玩的国人的丑陋行径；但是，如果让我转换一个角度来审视“抽条”这个词，我想我会说：我宁愿汉语中没有这个词！我宁愿我的学生不向我请教这个词！我宁愿我在搜索引擎中查不到这个词！

可悲的“抽条”，抽塌了大厦，抽垮了桥梁，抽黄了企业，抽凉了人心。谁愿意和我一起向“抽条”宣战？谁愿意和我共同期待，期待着我们的后人能够说:“抽条”一词，现已废止……

馨香心语

世界抛给我们的问题本已让我们很不轻松，而淤积在我们心头的个人恩怨又往往降低了我们的判断能力和思维品质。

投向德雷思顿的炸弹

外出考察，和一个姓樊的女子同住一室。很快，我们成了朋友。

小樊精明干练，在一所中学担任校长助理，颇得校长器重。一天晚上，她接到校长打来的电话，校长似乎向她问了个什么问题，小樊犹疑着，半晌没有做出回答，末了她说:“这样吧，您让我考虑考虑，过一会儿我给您打过去。”

挂断电话之后，我发现小樊有些魂不守舍。终于，她忍不住了，对我说出了那让她难以做出决断的问题:“张老师，我一直是您忠实的读者，您早就是我神交已久的朋友了。现在我遇到了一个难题，很想听听您真实的想法。我的学校正在搞职称聘任，今天，学校召开了教代会，为那些待聘的教师打票。刚才我们校长告诉我说，我校有个姓李的老师是上是下就取决于我这一票了。应该说，那个李老师业务还不错，但人际关系一般。他的父亲曾经在我们学校担任过党委书记，调走前和我们校长发生过十分尖锐的矛盾。另外，在我的提拔问题上，李书记也没有起什么好作用。张老师，我现在真是左右为难，投李老师赞成票吧，担心校长不乐意，当然，我本人也不可能轻易忘掉他父亲曾对我做出的消极评价；投李老师反对票吧，又有些良心难安，毕竟，他所带的两届毕业班都曾考出过理想的成绩。——您说，我该怎么办呢？”

我说："先给你讲个小故事吧。二次世界大战的时候，盟军轰炸德国的德雷思顿，那个地方已经夷为平地了，但是，指挥轰炸的军官还在不停地命令轰炸机的投手投弹。投手十分费解，但又不便多问，便只好在德雷思顿上空盘旋、投弹，直到把那个地方炸出了许多深坑。后来，轰炸机的投手得到了向指挥部的另外一个军官发问的机会，那个军官告诉他说：你有所不知，指挥你轰炸的那个人曾经爱上了德雷思顿的一个女孩，后来那个女孩和他分手了，因此他就特别憎恨德雷思顿这个地方，不把它炸出深坑是不肯罢手的！——你看，一个人的决策一旦受到了个人恩怨的影响，他就会表现得极端不可理喻。你说你想听听我真实的想法，那我就告诉你吧，在我看来，虽说那个变态的军官早已作古了，可是，在这个世界上，仍然会有丧失理智的炸弹连续不断地投向德雷思顿。不管我们是大权在握还是手无寸柄，我们都应该慎重行使自己的权力，努力不让一己的恩怨左右我们的判断与决策，不要让无辜的德雷思顿无休止地遭到疯狂的轰炸。——小樊，我看出来了，你是一个德行不错的人，否则，你不可能被刚才的问题痛苦地撕扯。如果你没有自己的道德尺度，你就会毫不犹豫地就向你们校长投出李老师的反对票，但你没有那么做，你的犹疑证明了你的磊落和善良。另外，如果你们的校长是个值得尊重的人，他也一定会为你给李老师投出赞成票而感到欣慰的……"

——世界抛给我们的问题本已让我们很不轻松，而淤积在我们心头的个人恩怨又往往降低了我们的判断能力和思维品质。人啊，你可要警惕那投向德雷思顿的炸弹，不要让它在轰炸他人的同时把自己的灵魂炸得面目全非。

馨香心语

“……几百年之后，我们当然是化为魂灵，或上天堂，或落了地狱，但我们的子孙是在的，所以还应该给他们留下一点礼品”。

让“行为”醒来

朋友们围坐在一起吃饭，有位先生的手机响了。“是公益短信，”他说，“哦，给你们念念啊——‘知道中国一年要消耗多少一次性筷子吗？450亿双！相当于170万立方米的木材，大约需要砍伐2500万棵大树！’太可怕了！这么巨大的数字！”

大家慨叹着。有人说:“我看过一篇报道，说湖南农业大学的学生们造过一棵‘筷子树’，是用人们扔掉的几万双筷子造成的。”有人说:“我在承德医学院就亲眼见过这样一棵‘筷子树’，好几米高，相当壮观！”有人叹气说:“那都是森林的另一副面孔啊！怎么我们作践起自家的东西来就一点都不知道心疼？真是败家不等天亮啊！”

大家的眉头紧锁起来。

但是，具有讽刺意味的是，此时次刻，大家每人手中都拿着一双一次性筷子！

——瞧，我们的意识觉醒的时候，行为却在无耻地酣睡。在意识和行为之间，出现了一个让人沮丧的断裂。造成这个断裂的，是无知无觉，是麻木不仁，是徘徊观望，是惯性惰性，是自宥自谅，是明知故犯……

我们叹惋着自己的森林，却不愿意从自身做起，拒绝使用一次性筷子；我们埋怨着中国人素质太差，却自觉不自觉地用实际行动往这

“差”的上不懈地增添着新的差。

曾在报纸上看过一副照片：一位帅气的男子恬然地骑坐在“大水法”已出现明显裂痕的石柱上，让朋友拍照留念；那位朋友煞有介事地举着一只手，朝那人示意，嘴里在认真地提醒着什么。看看照片的题目，居然是《“表情再悲愤些！”》。——知道来这里原是为了接受“勿忘国耻”教育的，知道表情应该“悲愤些”，这些意识都没有死去，但是，行为呢？行为怎会是如此令人不齿！

无独有偶，长春溥仪昔日办公的场所勤民楼的一楼常年进行着勿忘“九•一八”展览，老一辈革命家题写的“不忘过去悲痛史，激励后人报国心”赫然在目，而二楼的照相部里就有人身穿日本“皇军”军服，腰间挎一把大军刀，摆个pose来照相！我想，如果我们热衷于把耻辱当成好玩，把沉重当成戏谑，那么，我们精神的圆明园将更残破，我们生命的“九•一八”将更悲怆！

——“荒芜”。我越来越惧怕这个词，也越来越憎恶这个词。当我在万米高空上看到衣不蔽体的祖国，我有一种心悸的感觉。我不愿意看到有那么多的“筷子树”凄然诞生，我不愿意面对据说是“连房顶上都该种满了树”的虚假植树统计数字，我不愿意看到那些带着忧国忧民表情的人一边糟践着森林一边为死去的森林唱着动人的挽歌；我更不愿意看到自然的荒芜蔓延到人的心域，人心那么可怜，不生长铭记的草，不开放血性的花，不挺起尊严的树。

当饭店的服务员递给你一次性筷子时，你能不能说：请你收起！

当看到有人恬然坐到“大水法”的石柱上时，作为一个不相干的人你能不能说：请你下来！

当遇到有人穿上侵略者的军服手持侵略者的军刀拍照时，作为一个旁观者你能不能说：请你自重！

我听得到你内心的声音，因为我是你的同胞，我们有着一样的发色肤色，我们有着一样的心态心理。我们不会那么多嘴多舌，我们不会那么义正词严，我们顶多是在心里表达一下不快不满，然后，就平静地做自己该做的事情去了。

鲁迅说“……几百年之后，我们当然是化为魂灵，或上天堂，或落了地狱，但我们的子孙是在的，所以还应该给他们留下一点礼品”。一想到我们的子孙将每日“享用”我们遗给他们的“荒芜”，我们的魂灵，怎能够得到片刻的安宁？

不要仅仅让“意识”痛苦地醒着，让“行为”奋起助“意识”一臂之力吧！克服一些麻木冷漠，让后死的树和后来的人能够感恩地说：有一个人，曾奋力救起过自然与心灵的一丝绿色……

馨香心语

我们的身体，习惯沉默着，即便说话，也是说得那么敷衍，那么潦草，那么贫乏无力，那么苍白病态！

你的身体在说什么

我家北面是个大操场。最近一段时间，M学院的新生在那里搞军训，终日里喊着不太整齐的口号，挨着毫不留情的训斥。那日好奇，站在凉台上看学生们军训——稍息，立正，向左转，向右转，齐步走，正步走……看着看着，心里就不舒服起来。那些身着草绿色服装的新生们斜腰拉胯，精神涣散，齐步走走不齐，正步走走不正。教官发火了，穿便服的男子（大概是学院负责人吧）索性对着话筒叫骂起来。一连几天，这个声音惹得我厌恨，心说你咋就不能人性化些呢？但此刻，我觉得他沙哑的嗓子简直是在叫喊着我的心声，不用这样榨干了温柔的语调又怎能将壅塞了满胸的不快不爽宣泄出去？

想起了一件让我感到屈辱的事。2001年，我作为带队老师参加了一个“中韩学生友好交流夏令营”。在韩国，我们一行人去参观清州的跆拳道学院。年过半百的韩方领队满怀激情地告诉我们，跆拳道是韩国的“国技”。跆拳道的“跆”，指的是踢和踏；“拳”，指的是刺和破；但跆拳道的宗旨却是“道”——培养高尚的人格和强烈的正义感，也就是说，跆拳道注重的是身体和心灵的双重修炼。到了训练馆，先由几个精壮的汉子为大家做表演，表演结束之后，一个大概是班长的小伙子开始教大家做几个基本动作。我们的学生笑做一团，谁都不肯出拳抬腿。班长着急地说着韩语，翻译告诉我们，他的意思是说“大家是不是觉得我的动作好笑”，我们的学生回答说“不是”。我知道，他们确实没笑那个班长，他们是因为难为情才互相推搡着笑的。班长是个聪明人，他拿出了一枚精美的跆拳道学院纪念徽章，说，谁要是跟他做，并做得好，他就把徽章发给谁。我们的学生依然红着脸不肯做。年过半百的韩方领队终于忍不住了，跑上去跟着小伙子做起来，一招一式，一丝不苟。理所当然地，他得到了那枚徽章。由于时间关系，我们很快就告别了跆拳道学院。回到下榻的酒店，我们的学生“技痒”起来，居然在房间里练起了跆拳道！

不知为什么，我们从小就不习惯在人前用身体的语言好好说话。每天做课间操的时候，我都看见许多学生软塌塌地举臂，懒洋洋地踢腿，仿佛只有这样做才能给自己挣些面子。看过一篇“酷评”，谈中国芭蕾舞演员为何技术那么棒却没能在国际大赛中捧杯，评论者以为,“那是因为她们的鞋尖上没有跳动着心脏的缘故”。我们的身体，习惯沉默着，即便说话，也是说得那么敷衍，那么潦草，那么贫乏无力，那么苍白病态！

我想说，挺胸抬头走在路上的人是美的，踢正步踢出风声的人是美的，用力做操的人是美的，鞋尖上跳动着心脏的芭蕾舞演员是美的。既然没有残疾，为什么不让身体好好说话？

馨香心语

一个人活在是世上，可能会有很多类似“绕磅”的机缘，如果我们不警醒，如果我们被一个美妙的期许冲昏了头，我们怎能获得幸运？又怎能从一个偶然的幸运走向一种必然的强大与成功？

电子眼

一位成功的私企老板来向我的学校捐助。我想利用一下他这个不错的教育资源，让他为学生们举办一次励志教育。当我向他说出这个请求时，他却连连摆手，说:“不怕你笑话，我的发家史很不光彩，不能跟孩子们讲。”

接着，这位私企老板讲述了关于他的故事。

10年前，他中专毕业，开始搞煤炭运输。他给一家大型的发电厂送煤，每天跑一趟。和他一起跑运输的几个哥们都说这家电厂的钱好赚，说话间诡秘地冲他笑。见他不睬，就启发他说:“嘿，书生，想不想知道生财之道？想的话，就请我们吃一顿。”他当然想，就请了他们。在餐桌上，他们告诉他说，每逢周六都是发财的日子，因为看磅的是一个铁哥们，你只要给他上点贡，就可以把一车煤变成两车煤来卖。他笑笑说:“别逗了。你再能耐，也不能把一车煤变成两车煤呀！”他们就齐声骂他呆。一个哥们俯在他耳边说:“你怎么那么不开窍啊！真是个书生！你给看磅的哥们上了贡，他就睁一只眼闭一只眼。这时候，你就可以‘绕磅’了。——‘绕磅’就是你开着车过了第一次磅，再把车从后门开出去，回头再来过第二次磅。这样，你的30吨煤可就变60吨啦！”

他知道了“绕磅”的秘密，也给那个看磅的上了贡，却一直没敢“绕磅”。他胆子太小，并且，他有一个不便言说的顾虑。

后来，这家电厂换了老板。新老板很快就发现了煤量中存在虚数，但是，过了很长时间他也没搞清这虚数究竟从何而来。

他悄悄在厂子里几个关键部位安装了电子眼。

很快，他就看清楚了事情的真相。他采取了断然措施，换掉了那个黑心的看磅人，驱逐了那些“绕磅”的蛀虫。而这个被他在电子眼中看得清清楚楚的不与那些蛀虫同流合污的年轻人被他定为长期合作伙伴。

他的运输业越做越大。5年后，他拥有了自己的一家运输公司。

故事讲到这里，他叹口气说:“你一定觉得我是沾了好人品的光。其实不是。我那时也是一个见利忘义的小人。我收买了那个看磅人，说明我也曾生出捞取不义之财的歹心。但是，我得益于自己的一个错误判断。那天，我正想去绕磅，猛一抬头，发现厂子的办公大楼上有一个明晃晃的东西，我认定了那是一个电子眼。我被自己的发现吓出了一身冷汗。我警告自己说：绝不能冒这样的险……多年以后，我和电厂的老板成了无话不谈的好朋友。说到往事，他奚落我说：‘你这小子，居然把我们厂的一盏照明灯看成了电子眼，要不，你也早跟他们绕磅去了对不对？早知如此，当年才不会留你呢！’我跟他说：‘虽说我的自律来自自己的一个错误判断，但是，自打你由此高抬了我的人品，我就开始有意识地在自己的脑袋里高挂起了一个虚拟的电子眼，每当我遇到难以决断的事情，不知何去何从的时候，这个电子眼就会及时提醒我——按照良心的指引去做事。’这些年，我就是这样一路走过来的。”

我被眼前这个坦荡的年轻企业家震慑住了。我想，他是幸运的，他的幸运来自一只无意监控他的眼；他也是强大的，他的强大来自一只有意自我监控的眼。一个人活在是世上，可能会有很多类似“绕磅”的机缘，如果我们不警醒，如果我们被一个美妙的期许冲昏了头，我们怎能获得幸运？又怎能从一个偶然的幸运走向一种必然的强大与成功？

馨香心语

测谎仪还没有学会说谎。它不理睬我们的嘴在说着些什么，它只关心究竟是什么使我们的皮肤瞬间带了电。

带电的皮肤

我的学生小曹在公安系统工作，最近一次见面，她告诉我说她正在进修，进修的内容是学习如何使用测谎仪。

我听了很好奇，问她：那玩意儿准吗？她笑了笑说：这样的问题我差不多是第一万次听到了。给您讲讲我亲身经历的事吧——

面对那台长不过20厘米、宽不过10厘米的仪器，每个人都会生出一种极其微妙的感觉，既高看它，又轻视它。高看它，是因为它具有抓住你内心秘密的能耐；轻视它，是出于人的一种本能的骄傲，谁都会以为自己是与众不同的，以为自己在测谎仪面前一定是个例外。包括我本人，在第一次接触这东西时也怀揣了这样两种不同的心思。我拿您问我的那个问题问我的指导老师——一名测谎专家，老师说：确切地讲，这台仪器应该叫“测真仪”，因为它只记录你真实的心理痕迹。下面，咱们就来领教一下它说真话的威力吧——请你分别写出7个地名，注意，这里面要包括你真正的出生地，另外6个是与你的出生地相仿的地名——听明白了？写吧。我的出生地是曹家口，我一口气写出了一大堆带“曹”的地名——曹家庄，曹家寨，曹家岭，曹家口，曹家堡，曹家屯，曹家铺。写完了，老师便给我戴上传感器进行测试。他逐个问我那带“曹”的地名是不是我的出生地，我逐个否定。他问了7次，我否定了7次。末了，他十分肯定地说：你的出生地是曹家口。我惊愕不已，便向老师讨教。老师说：这台仪器主要通过脉搏、呼吸、皮电来测试你所说的话的真实度，脉搏和呼吸是可以调节的，而皮电，也就是皮肤电阻，是任何人也调节不了的。我们通常爱说“一股暖流传遍全身”，这不是假的，你的皮电会说出你所有的秘密。当听到“曹家口”三个字时，图谱上代表你皮电的红线便有了异常表现，因为这个地名对你有着不同寻常的意义，它上面附着了你不一般的感情。

有一天，我们的进修班里来了一个身份不明的神秘女人。她让我们老师给她做了两项测试。首先，她写出了一串男人的名字，让老师为她测测哪一个是她的最爱。测试结果很快就出来了。老师向她宣布结果，不想她却摇着头，不以为然地笑。接下去是第二项测试，她写出了一串职业，让老师帮她测测哪一种是她的最爱。结果出来之后，老师向她宣布，她又摇着头笑……我和我的同学们都认为老师的测试失败了，老师也觉得他的这次测试失了手。但是，你猜不到后面发生了什么样的事，那个神秘女人居然在半年后打电话给我们老师，对他千恩万谢，她说，那台测谎仪认定的那个名字其实是她丈夫的名字，她当时正卷进一场婚外情中，离不离婚成了她最大的心病，是那台仪器帮她否认了“自己最爱的人是那个情人”，使得她冷静地重新选择了自己的丈夫；另外，那台仪器认定的那份职业其实是她正从事着的职业，那时，她想跟着情人远走高飞，到一个新的城市找一份自己更喜爱的职业，谁想，测谎仪却告诉她说，她最钟爱的职业就在自己的手上！那个女人说，如今的她和丈夫琴瑟和谐，自己的事业也是蒸蒸日上，她感谢那台比她自己更了解她的心思的仪器，感谢那台仪器让她看清了自己隐匿得很深的爱。

——测谎仪还没有学会说谎。它不理睬我们的嘴在说着些什么，它只关心究竟是什么使我们的皮肤瞬间带了电。

第六辑　世界给我们的问题

父母，是孩子永不卸任的老师。你想让孩子长成怎样的人，你就努力先成为那样的人，从外到内，彻头彻尾。不要指望在孩子的脑袋里放置个筛子，让他修得这样的本领——筛掉你的糟粕，仅存你的精华。孩子酷似你的地方不仅仅是相貌，还有品质、德行、性格、旨趣及其他。

馨香心语

若想提升一个人的尊严，就该设法保护好他现有的尊严，因为尊严能催生尊严；你若想促使一个人更好地实现生命价值，请不要忽略了对其精神层面的入微关照，因为精神能派生精神。

抬爱生命

邻居的大姐养了一只漂亮的白猫，她和我说起有关这只猫的故事——这只猫十分有趣，当它脏了，浑身的白毛呈现出灰黑颜色的时候，它就表现得十分不自爱，哪里不干净就专往哪里钻，要么钻到床底下，披一身尘土出来；要么钻到厨房的洗菜池下，弄一身油水出来。主人看它那副埋汰相，难免冲着它训斥责骂，它呢，无耻地看着你，抗议般地龇牙叫两声，似乎在说：反正也这么脏了，再脏一点又怎样呢！但是，当它洗过澡，浑身的皮毛美丽光亮，它就会变得特别自爱起来，绝不往床下、洗菜池下钻，自赏地舔着漂亮的皮毛，连看人的眼神都显得十分自尊。

在一本书上读到一只狗的故事——这是一只勇猛而又忠诚的狗。一天夜里，狼来袭击主人家的羊，主人不顾一切地冲了出去，和狼展开了殊死搏斗。在万分危急的时刻，狗扑了上去，一下咬住了狼的喉咙，使恶狼瞬间毙了命。主人带着他的爱犬一道返回了蒙古包，为了表达感激赏爱之情，主人赐给了狗一条羊腿。狗欣然地接受了主人的赏赐，得意地享用起来。这时候，主人走过去，爱怜地抚摩爱犬毛茸茸的脑袋，狗顿时舍弃了美味的羊腿，乖巧地仰起头，撒娇般地低声呜呜着，专心享

受这被主人爱抚的幸福时刻。

我的心，在这两个故事面前久久驻留，我试图在这“阿猫阿狗”身上思忖人心，体悟人性。

我想，当一个人生活在一种失却尊严的环境中，一贯地被轻慢，被鄙视，反复地经受屈辱的心理体验，他就很容易滋生出一种“再脏一点又怎样”的无赖心理，不再自尊，不再自爱，在自暴自弃的泥潭里越陷越深；相反，如果他被爱护，被尊重，他就会不自觉地向着更值得爱护和尊重的方向努力，竭力收敛自己，克制自己，将最美好的那一面展示出来，以期收获更多的肯定，也使自我得到更大的心理满足和心理愉悦。

几乎没有人讨厌物质的奖赏，因为那是一种眼睛能看得到的、实实在在的赞颂。但是，你又不得不承认，越是卓然的心灵越是看重精神的奖励。自我价值被认定的那一刻，美味的“羊腿”顿然显得无足轻重，这是因为，那一颗灵慧的心，那一腔赤诚的血，都未曾将获取“羊腿”作为自己的终极目标，那巨大的内驱力，源自一个生命渴盼被赏识、被抬爱的原始冲动。

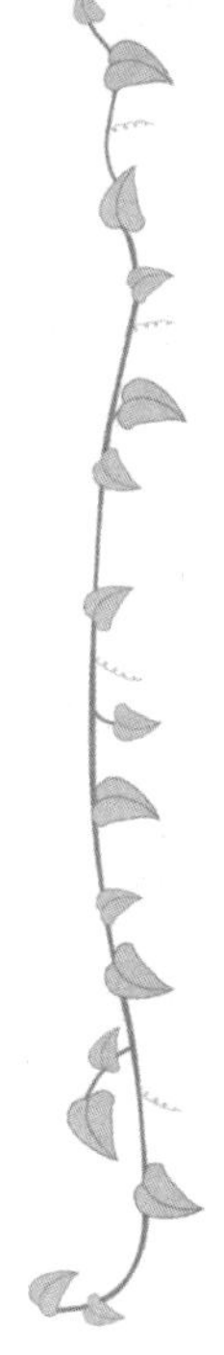

不论你是家长、教师还是管理人员，都应该明白这样一个道理——你若想提升一个人的尊严，就该设法保护好他现有的尊严，因为尊严能催生尊严；你若想促使一个人更好地实现生命价值，请不要忽略了对其精神层面的入微关照，因为精神能派生精神。

馨香心语

我们与其一味地指责孩子，不如先从自身做起，给孩子一个清明而不是污浊的成长环境，为能让他们成功地舀出一瓢珍贵的淡水做一些该做的事情……

从大海里舀出一瓢淡水

参加一个有关“素质教育”的校长论坛，会间，一位姓丁的年轻女校长的发言给与会的校长们留下了深刻印象。

丁校长为大家提供了几个很有价值的教育案例。其中，在阐明“儿童的负面行为具有较强的可逆转性”这一论题时，她为大家提供了这样一个教育案例——

我在学校负责外事工作。去年春节前，我带领一个学生演出团到德国去举办文艺展演。我们住的是一家四星级酒店，早餐是免费的自助餐。第一次去吃早餐前，我嘱咐同学们：“吃多少，拿多少，别贪多，宁可多跑几趟，也不要在餐盘里剩东西。这可是体现一个人素质修养的大事——记住了吗？”他们都答应得挺好。

面对花样繁多又不常见的食品种类，他们开始有节制地往自己的餐盘里夹。我招呼他们集中到两个餐桌来用餐，我自己却坐在一边什么都不吃。有学生问我：“老师，您怎么不吃啊？”我说：“别管我，你们吃吧。”他们便埋头吃起来。

吃了一会儿，他们就品尝出了什么东西是特别合自己口味的。再去拿的时候，往往就错误地估计了自己的胃口，一不留神儿就拿多了；或者是好不容易等到了自己爱吃的东西新鲜出炉，便忍不住多拿了一些。

眼看着他们吃得很吃力了，餐盘里，却仍有不少剩余食物。我就问他们:“还能吃吗?”他们歉疚地说:“对不起，老师，我们实在吃不下了。怎么办啊?”我说:“你们帮我把剩下的东西都拿过来，看着我吃。”他们十分惊讶地望着我，一下子明白了刚才我不和他们一起吃饭的真正原因。

——我已经具有了相当丰富的经验。因为每次带团出去，差不多都要碰上恼人的“剩饭问题”。为这事，我生过气，发过火，但效果总是不太明显，所以，这一回，我决定用“身教”的办法刺激他们一下。

我开始吃他们剩下的东西。也不管爱吃不爱吃，拿起来就往嘴里填。

学生们悄没声看着我吃，又羞愧，又难过。我竭力地吃，吃得十分悲壮，恶心了也强忍着，继续吃。终于，有个女生再也看不下去了，小声央求我道:“老师，您别再吃了。”……

我的“悲壮行为”深深刺激了学生们，在以后的日子里，他们的餐盘里真的是再也没有了剩饭。更让我喜出望外的是，那个演出团从德国归来后，有个团员就这件事为校广播站写了一篇广播稿，稿子播出后，我们学校的师生都知道了这件事，全校上下掀起了一场轰轰烈烈的“反剩饭”运动。

最后，丁校长意味深长地说:“如果我们得到了这样一项任务——去舀来一瓢淡水，我们该怎样评价这项任务的难度值呢？我想，假如我们面对的是江河，那我们完成起这项任务来就易如反掌；但是，假如我们面对的是大海呢？有时候，我就痛感我们所追求的教育效果就好比是从大海里舀一瓢淡水。想想看，每年，我们公款吃喝都要浪费掉几座山那么多的食物，却斥责孩子餐盘里剩下少半个面包，这公平吗？可怕的‘集体无意识’，早让孩子见怪不怪了，我们与其一味地指责孩子，不如先从自身做起，给孩子一个清明而不是污浊的成长环境，为能让他们成功地舀出一瓢珍贵的淡水做一些该做的事情……”

那次发言，让娇小美丽的丁校长成了大会的明星。更让人意想不到的是，自打聆听了丁校长的发言，大会的自助餐厅气象一新，餐盘里的剩饭一下子减少了许多。

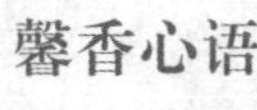

馨香心语

一颗心，路过一张纸，欣然卸下了自己的欢喜或忧伤，看见的人应当珍视，也应当认真想一想，该怎样赋予那善感的心更多歌唱而不是悲吟的理由？

一颗心，路过一张纸

因为喜欢精美别致的句子，所以做了语文老师；因为做了语文老师，所以越发喜欢精美别致的句子。

我教过一个锦心绣口的学生，名叫杨莽，他特别善于驱遣驾驭汉语言文字。判他的作文的时候，我总声称自己“不舍卒读”——舍不得一口气读完，就像吃最可口的东西，忍不住要省着吃，细细品味并努力延长那美妙无比的滋味。

杨莽是这样描摹春天的:“春天，点亮了花朵，唤醒了蜂蝶，打痛了百灵。”

杨莽是这样描写水滴的:“一滴水，落在平静的湖面。湖水说：痒——”

——噢，却原来，“痛”和“痒”还可以这样用！我好崇拜我卓异不凡的弟子！

类似这样的句子，杨莽几乎是可以批量生产的。而身为语文教师的我，就在这样的句子面前幸福地沉迷。我痴痴地想，那被杨莽捏在手里的，该是怎样一支灵秀的笔呀！它把百灵的鸣啭说成是因遭到春光的猛然击打而发出的娇啼；它从一滴水碰触到镜面般的湖水的那一刹那间感到了一阵阵痒意。我多喜欢看杨莽像水滴释放涟漪一样从容释放他的诗心，我多喜欢听杨莽像百灵说解春天一样娓娓说解他的情怀！我总是不

忍独享杨莽这些精美别致的句子，激动不已地高声诵读给办公室里的同人们听，直听得语文老师们齐声欢叫起来。

我把杨莽的诗拿给自己写诗的丈夫看。他看后很黯然，幽幽地说："你必须承认这世界上有天才。"他留下了杨莽的几首诗，说是要帮忙寄给全国顶级的诗歌刊物《诗刊》。没想到，《诗刊》竟很快就刊发了杨莽的几首玲珑小诗。于是，我和几个和我一样热爱着汉语言文字的语文老师越发坚定不移地充当起了杨莽的铁杆"粉丝"。

杨莽要高考了。我破天荒地鼓励他用诗歌写作文。

他写了，并且获得了骄人的高分。但是，因他只有语文单科成绩突出而其余四科成绩平平落榜了……

多少年过去了，我一直不能忘怀杨莽和杨莽笔下的文字。我在课堂上拿出他的诗做范例，直听得他的学弟学妹们惊叹不已。但后来，我得到了一个确切的消息，说杨莽做着一份远离诗歌的体力活儿，薪水低得可怜。

我好心疼那颗诗心，好担忧粗糙的日子会磨损了那美丽的情怀，好害怕那支被缪斯深情地亲吻过的笔会落满尘埃。我有一个痴望，愿尘世中的人们在遇到那支敏感灵秀的笔时不要轻慢，不要忽略，认出它，珍惜它，让它依然褒有用精美别致的语言说出自己内心痛痒的兴致，让它爱着，兴奋着，开出属于自己也属于世界的无可替代的花。

2006年全国高考语文试卷的作文题目是这样的：

一只老鹰从鹫峰上俯冲下来，将一只小羊抓走了。一只乌鸦看见了，非常羡慕，心想：要是我也有这样的本领该多好啊！于是乌鸦模仿老鹰的俯冲姿势拼命练习。一天，乌鸦觉得自己练得很棒了，便哇哇地从树上猛冲下来，扑到一只山羊的背上，想抓住山羊往上飞，可是它的身子太轻，爪子又被羊毛缠住，无论怎样拍打翅膀也飞不起来，结果被牧羊人抓住了。牧羊人的孩子见了，问这是一只什么鸟，牧羊人说：

“这是一只忘记了自己叫什么的鸟。”孩子摸着乌鸦的羽毛说：“它也很可爱啊!”

要求全面理解材料，选择一个侧面、一个角度构思作文。

通过媒体，我读到了许多文采飞扬的满分作文。但是，网上贴出的一篇并非满分的作文却深深触动了我的心。

那篇作文的内容大致是这样的——数学老师要上公开课了，同学们既紧张又兴奋，“我”自然也不例外，虽说我平日数学成绩欠佳，但学好数学的愿望却十分强烈。然而，我做梦都没有想到，老师上公开课那天，竟然把我和班上另外两名数学成绩差的同学临时“寄存”到别的班去了，而那个班的三名数学成绩好的同学则被“交换”到了我的班里，给数学老师“撑门面”去了。整整一节课的时间，我几乎把脑袋扎进了抽斗里，感觉这个陌生班级里的所有男女同学都在用鄙夷的目光注视着我，一时间，我觉得天昏了，地暗了，世界倾覆了……我想对我的数学老师说：老师，我知道，在您的眼里，那被您借过去的三个同学一定是可以轻易抓住羊的“鹰”，而我和另外两个被您剔除的同学当然是无力抓住羊的“乌鸦”。可我们也有一颗不愿服输的心啊！您看，我们的“俯冲”不是练得挺好了吗？尽管我们去抓羊的时候，爪子缠上了羊毛，徒然给世人留下了笑柄，但是，亲爱的老师，我多么盼望着您能具有那个牧羊人孩子的胸襟与情怀啊！当我溃败，当我黯然，您如果能说一句“他也很可爱啊”，我定然会把这金子般的语言紧紧揣进怀里，让它成为我自强不息奋勇前行的恒久动力……

我被忧伤而善言的小作者征服了。我相信他写的是一个真实的故事，惟其如此，我的一颗心才被揪得这般疼痛啊！我不知道有谁能通过怎样的努力才能将这个孩子从被“寄存”到陌生的课堂上这桩痛苦的事件中彻底解救出来，巨大的阴影，像凶残的鹰追击无辜的羊一样无情地追击着可怜的孩子，让他无可逃遁。

如果你是一名教师，如果你的课堂上冒出了一只任凭怎样努力都捉不住羊的乌鸦，你能不能用欣赏的口吻说一句“他也很可爱啊”？

一颗心，路过一张纸，欣然卸下了自己的欢喜或忧伤，看见的人应当珍视，也应当认真想一想，该怎样赋予那善感的心更多歌唱而不是悲吟的理由？

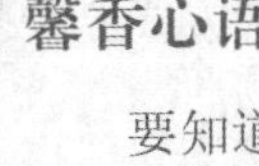

馨香心语

要知道，这个世界上绝大多数问题都不是可以靠着你一个讨巧的伶俐转弯就可以得到解决的，记着，跟浅薄决裂，这是思想走向成熟的一个重要标志。

世界给我们的问题

养在瓶子里的鹅

有一个“舶来”的问题，类似“脑筋急转弯”，是这样说的：

有一只鹅，在很小很小的时候就被主人放到一个大肚长颈的瓶子中养着。鹅的身子窝在瓶子的肚子里，脖子刚好能伸到瓶口之外。每天每天，主人都忘不了来喂这只鹅，鹅呢，在瓶子里养尊处优，很快就长大了。当鹅的身子膨胀到了不能经由瓶口从瓶子里被拿出来的时候，用什么样的办法可以在既不损坏瓶子又不弄伤鹅的前提下把鹅与瓶子分离？

我拿这个问题去问我学校里刚刚升入高一年级的新生。

有人说：这个瓶子没有底儿，把鹅从“后门”里抽出来就行了。

我说：这个瓶子有底儿。

有人说：这是一只充气的塑料鹅，放了气，鹅就能拽出来了。

我说：这不是一只塑料鹅，而是一只“白毛浮绿水，红掌拨清波”的真鹅。

有人说：瓶口有机关吧？鹅的身子通过时瓶口就能被撑大。

我说：瓶口绝对小于鹅的身子，并且，瓶口没有安装松紧带。

他们缄口了。

我说：同学们，我想问问你们，你们谁家用这样的方式养过鹅？或者说，你们谁见过、听说过用这样的方式养鹅的呢？

有人摇头。

有人小声嘀咕道：是啊，好好的一只鹅，干吗把它塞进瓶子里去养呀？

我说：问得好！其实，这个问题本身就是一个虚假问题，它根本就是不能成立的，换句话说，这个问题没有任何价值！因为虚假，因为没有价值，所以，它就不值得我们为之苦苦寻求答案。同学们，我很为你们遗憾，因为面对着这样一个虚假问题，你们却不会质疑，只管闷着头去寻找那所谓的“正确答案”。长这么大，你们一直在和问题周旋，你们跟各学科抛给你们的问题较劲，仿佛战士和敌人较劲。你们喜欢被肯定，害怕自己苦心寻到的那个答案偏离了正确的轨道。现在，你们已经是一名高中生了，我要提醒你们的是，你们一定要提防类似“瓶子养鹅”这样毫无意义的问题，要大胆地质疑，清醒地反思，别让不是问题的问题羁绊住你们的手脚；另外，我还要告诫你们，不要对所谓“脑筋急转弯”类的问题上瘾，要知道，这个世界上绝大多数问题都不是可以靠着你一个讨巧的伶俐转弯就可以得到解决的，记着，跟浅薄决裂，这是你思想走向成熟的一个重要标志。

猫和老鼠

参加一个教育论坛。

研究教育心理的专家在台上号召我们每人说10遍“老鼠”，速度越快越好，说完之后，回答他提出的问题。

于是，整个会议厅中便响起了一片“老鼠”之声。大家扳着指头，抢着做那个最快说完10遍“老鼠”的人。我自然也在其中。终于，我们说完了。专家立马朝着我们发问：猫怕什么？

我们一起不争气地回答：老鼠！

说完之后我们就笑了，我们笑自己居然犯了一个如此“低幼化”的错误！

专家说：瞧，在这个经典陷阱面前，连你们都不慎陷落了。你们都是来自基础教育领域的佼佼者，受过良好的教育，有着不错的思维品质，按说你们应该不会被这个小小的问题绊倒的，可你们看到了，事实恰恰相反。这是为什么呢？不是因为你们不够聪敏，而是我的问题设计得有问题。我是有意设计了这样一个有问题的问题，并且，我有意看着你们陷落。不过呢，你们要明白，看着你们陷落，这不是我最终的目的。我只是想借此提醒你们，在现在的小学和中学的课堂上，许多老师常在无意中设计出这样有问题的问题，然后，吃惊地看着我们的孩子陷落，然后，气愤地把“愚蠢”这顶帽子不由分说地扣到孩子头上。——你们别笑。你们想想看，有的老师，为了让孩子学得更扎实、更牢固，或者是为了给一些没有按照他的要求完成作业的孩子一点惩戒，便罚孩子写10遍、几十遍甚至100遍！孩子在写的过程中，内心充满了对知识的厌恨，机械的重复，把他的思维能力蹂躏成了一盆糨糊，智慧拒绝来参与书写活动，精神也溜号了。在这样怠惰、委靡的时刻，孩子也会懵懂地把“猫怕老鼠”认定为真理的。——老师们，我知道你们平常特别爱说“恨铁不成钢”这句话，我想和你们做个约定：我们一起来戒掉这句话！因为我们是老师，我们应该和夸美纽斯一样，相信“教育是无所不能的”。不要总埋怨孩子，静下心来从自己身上找找原因，看我们在传授知识的过程中是不是违背了孩子的认知规律？我看到老师们终日里那么辛苦，可我多么害怕，害怕老师们是在“兢兢业业地误人子弟”啊！

馨香心语

而这肯定、赏识与唤醒中，无疑包含了教育所担当的道义——服膺于孩子天性的引导而“纵容”他讲出真相，拒绝成为谎言和假话的同谋，以及不轻信于精神掠夺者的领唱而秉持着独立思考与判断的可贵操守。

让我吻一下你的鼻子好吗

这是发生在一个小学特级教师身上的真实故事。

这是一节观摩课，学生是三年级的孩子。上千位来自全国各地的教师坐满了大礼堂。

上课了，老师端着一杯水走到孩子们中间，一边走一边说：“请大家集中精力，注意品味空气中的香味。”说着，将手中的杯子凑到孩子们的面前。孩子们认真地嗅。有同桌的孩子嗅完后互递眼色，旋即脸上露出了会意的笑。老师这样走完一圈，回到了讲台上，举着杯子问大家：“哪位同学闻到了杯中水的味道？”有几个学生举起了手，七嘴八舌道：“我闻到了，是香味儿！”“是茉莉花的香味！”“是玫瑰花的香味！”老师微笑着，再次端着杯子走下讲台，从学生的旁边走过，一边走，一边叮嘱：“请你们务必集中精力，仔细嗅一下这杯水的气味。”走完一圈，他又向学生抛出了同样的问题。这一次，除了一位男生外，其余同学都齐刷刷举起了小手，表示闻到了香味。

老师问那个没举手男孩：“你为什么不举手呢？”

男孩回答说：“可是，老师，我真是觉得什么味道都没有。我相信自己的鼻子。”

老师说:“对！你确实应该相信自己的鼻子！因为这就是一杯普通的矿泉水，一杯没有任何味道的矿泉水啊!”

说到这里，老师快步走到那个男孩跟前，动情地说:“孩子，让我吻一下你的鼻子好吗?”孩子微笑着点头。于是，老师蹲下去，在孩子的鼻尖上轻轻吻了一下。

顿时，礼堂里掌声雷动。上千名听课者都被眼前这一幕深深打动了……

课后，在谈及本节课这个妙趣横生的新课导入情景时，那位特级教师说：那是一种肯定，一种对“在千万个人中间，有一个人站出来”的勇者的肯定；那是一种赏识，一种对在人云亦云、随声附和的主流大合唱中独树一帜者的赏识；那也是一种唤醒，一种对特立独行者沉睡着的独立思考与判断意识的唤醒。而这肯定、赏识与唤醒中，无疑包含了教育所担当的道义——服膺于孩子天性的引导而“纵容”他讲出真相，拒绝成为谎言和假话的同谋，以及不轻信于精神掠夺者的领唱而秉持着独立思考与判断的可贵操守。

我愿意每一个成长中的孩子都能遇到这样一位教师——他不以一个知识独裁者的身份出现，不跋扈地将自己定位为真理的化身；他手里攥着正确答案，但却不是直接将它摔到孩子面前，而是孜孜不倦地追求着呈现这答案的最佳方式；他愿意蹲下去看孩子，努力创造自己的视线与孩子的视线平齐的机会；他舍得付出真情，面对孩子的勇敢和智慧他不会吝惜自己的一个拥抱一个亲吻；最重要的是，他有能力以一双妙手为孩子的精神打一层底色，让孩子懂得不沦为认知的奴隶是多么值得赞赏，与真实为伴的心灵是多么高贵。

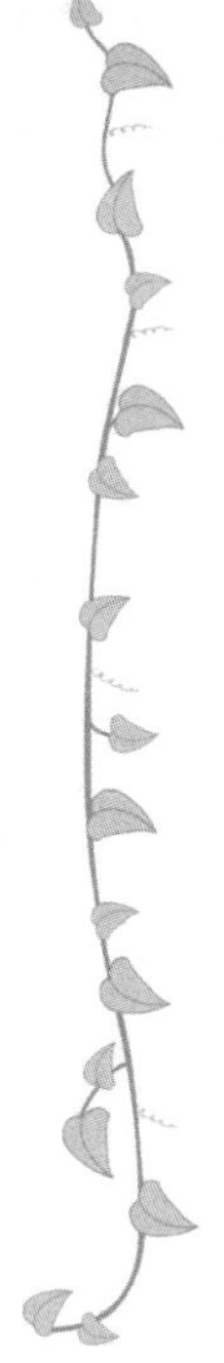

馨香心语

越是知道一个人错了，越要给予他足够的尊重，让犯错的心在一份高贵的赐予面前手足无措。

尊重的力量

前不久，我和三个中学校长应邀到英国伦敦哈姆雷区中学去做“影子校长”。踏进校门的第一天，就遇到了一件让我们感触极深的事。

我们先在门卫那里做了来宾登记，然后就被引领着去校长室。体型微胖的女校长正在和一个男生谈话，见我们进来，热情地和我们一一打了招呼，然后就又将注意力转移到了那个男生身上。引领我们的人低声对我们道了声歉，将我们带离了校长室。但我们没走出几步，校长就追了出来，说:“走，我们一起去参观校园。”我发现那个男生就跟在校长身后，谦恭地埋着头。显然，校长从我的目光里看出了不解，于是说：“噢，介绍一下，这是爱德华，今天他被‘罚’充当我们参观校园的临时讲解员。”我们当中有个校长纳罕地问:“为什么说是被罚？”校长笑了，回头对爱德华说:“你自己告诉中国客人，你为什么被罚？”爱德华不好意思地说:“我和低年级一个男孩打架了。我打伤了他。”

爱德华不是一个好的讲解员，他只会指着一间间教室说：这里是食品技术教室，那里是舞蹈教室……总是他先开个头，校长再做详细介绍。弄得爱德华十分难为情。

快要走到体育馆的门口时，校长突然停下来。对爱德华说:“你去给客人们讲讲那里的陈列品吧。”校长说完冲我们意味深长地笑笑，停下脚步，跟正在做楼体保洁的工作人员闲聊起来。爱德华突然兴奋不已，他跑过去，指点着门口陈列架上的陈列品，滔滔不绝地告诉我们哪个奖杯是哪次比赛得来的，哪件球衣是哪个校友在哪场大赛中穿过的……我们问他，你怎么对这些信息掌握得这么全面准确呀？他得意地一笑说：“我是学校橄榄球队的。你们看我领带上绣的这个图案，这就是橄榄球队的标志。”

等我们再度与校长会合的时候，天下起了蒙蒙细雨。校长急于将我们带回办公楼。但是，爱德华突然小声向校长提议说：“再让他们去看看琼斯的椅子吧。”校长眼睛一亮，赞赏地点点头。爱德华于是带我们来到了小喷泉旁边的“琼斯的椅子”面前。他说：“5年前，琼斯在这所学校读8年级。有一天，他来上学的路上，被一辆汽车给撞死了……为了纪念他，同时也为了提醒人们珍爱生命，学校在这里安放了这把椅子。”校长用慈爱的目光注视着爱德华，突然开口对他说：“汽车没有眼睛，也没有理智，所以，它对琼斯犯下了那样的罪过。而我们不是汽车，我们有眼睛，有理智，应该懂得爱和尊重，懂得保护弱小者和无辜者——你以为呢？”爱德华使劲地点头，羞愧和自责使他的双颊绯红了。

就在那一刻，我深切地体会到了尊重的力量。

越是知道一个人错了，越要给予他足够的尊重，让犯错的心在一份高贵的赐予面前手足无措。罚就罚得人没齿不忘，训就训得人入耳动心。即便是在施罚的过程当中，也要积极为被罚者创造“露脸”的机会，不将已生出愧怍的心彻底打进冰窟，不让那努力探求光明的眼在无边的墨色中丧失了追索的热望。甚至，连死者都要给予别样的尊重——用那不幸者的名字命名一把椅子，让恒久寂寞的心时时有人来陪，让来坐的人明白生命的美好，也明白生命的脆弱，从而更加看重自我的生命，也更加尊重他人的生命……

馨香心语

亚里士多德说过：“吾爱吾师，但吾更爱真理。”我也巴望着我们的教育能够打造出一批敢于说“吾爱吾官，但吾更爱真理”的人。

孩子被偷走了什么

意大利瑞吉欧教育系统的创始人马拉古兹曾写过一首题目为《其实有100》的诗，诗中写道：“孩子是由100组成的/孩子有100种语言/100只手/100个念头/100种思考问题的方式/还有100种聆听问题的方式/惊讶和爱慕的方式/100种欢乐，去探索，去发现/100个世界，去发明/100个世界，去梦想/孩子有100、100、再100/但被偷走了99/学校和文明/将孩子和身心分离/他们告诉孩子/不需用手操作，无须用脑行事/只要听，不必说/理想世界不必伴随快乐……”

我们禁不住要问：究竟是谁、用怎样的方式偷走了孩子的99？那被偷走的，到底是什么？

孩子被偷走了“野气”

有个好听的歌子唱道“排排坐，吃果果……”，描写的是幼儿园小朋友吃水果时的情形。大家不吵不闹不拥不挤，乖乖坐成一排，蔫不唧地吃水果。

我去过一家幼儿园，丰富漂亮的玩具都放在玻璃展橱里，每一件都完好无损；孩子们背着小手齐声背诵唐诗。我想起发生在自己孩子的幼儿园里的一件事：有个男孩，十分顽皮，什么样的玩具到了他手里就变得不再结实了。一次，他偷偷拆卸了一辆崭新的玩具小汽车，把阿姨气坏了。阿姨责问他为什么要拆烂了这个汽车，他边哭边说：我看这个车跑得那么快，想知道里面藏着个什么样的司机……

有人说：玩具是孩子的天使。我想，如果“天使”有知，大概宁愿粉身碎骨于孩子的手下，也不愿意躺在铺了红丝绒的玻璃展橱里长命百岁吧？

孩子的心是用“好奇”做成的，他对一切事物感兴趣，有时候，他会做出一些在大人看来显得十分荒唐卤莽的举动，但那总比“我们都是木头人，不会说话不会动”强上一万倍罢。

一说到“历史博物馆”，我们总会觉得那是个肃静、肃穆的地方。但是，韩国的清州历史博物馆却扭转了我认识的偏差。清州历史博物馆一剖为二，一边展览着价值连城的出土器物，另一边展览的则是那些器物的复制品。你可以拿起任何一件复制品，仔细端详，随意把玩，甚至可以敲敲打打。在这家博物馆，我们遇到了许多小学生。他们有的在敲打类似“编钟”的乐器，有的在陶器间用和好的陶土制作陶艺，最惹我们注意的是几个沾了满手油墨的孩子，他们连吵带闹地在临摹大师的画作。我想，我们国家的博物馆，可能自打落成那天起就没这么“闹”过吧？

会撒欢、会撒野的孩子才是真正的孩子。吃水果时不考虑坐姿，玩玩具时随心所欲，到了博物馆里也不受拘束，想怎么闹就怎么闹，这才符合孩子的天性啊！

孩子被偷走了“稚气”

一个父亲愤怒地向我讲述了发生在他家孩子身上的一个真实故事：那是个喜欢画画的小学一年级男孩，一天上课的时候，男孩偷偷拿出了他画的一个卡通人物独自欣赏，眼尖的女老师发现孩子低头鼓捣着什么，便冲过去一把攥住了孩子的手。当她看到孩子所画的卡通人物是个女性且穿着低胸衣时，她大叫起来：哎呀！哎呀！同学们，想不到咱们班出了个流氓啊！那个父亲也被叫到学校去解决发生在孩子身上的“严重问题”。“我想控告孩子的班主任！”那个愤怒的父亲对我说，“孩子只不过是照着卡通书上的人物画了幅画，就被老师不由分说地扣上了‘流氓’的帽子，这叫什么事！知道吗？我儿子回家后一直哭，跟他妈妈和我说：我不是流氓！我不当流氓！唉……”

我难过得说不出话。我想，这场羞辱所带给孩子的心灵创伤可能是终身难愈的。天真的孩童，一夜之间就失尽了烂漫。从此以后，一个肮脏的词语会毒虫般时时来噬啮孩子无辜的心灵。

我们学校的老师都知道这样一个教育案例：天热了，校长把学生带到海边去玩。小孩都乐疯了，连极胆小的都下了水。最后，大家兴尽上岸。这时，发生了一件事，把校长吓得目瞪口呆。原来，那些一二年级的小女孩上得岸来，觉得衣服湿了不舒服，便当众把衣裤脱了，在那里拧起水来。光天化日之下，她们竟然造成了一小圈天体营。校长第一个冲动便是想冲上前去喝止——但，好在，他等了几秒钟。这一等，太好了。他发现四下里其实并没有任何人大惊小怪。高年级的同学也没有人投来异样的眼光，傻傻的小男生更不知道他们的女同学不够淑女，海滩上一片天真欢乐。小女孩做的事不曾骚扰任何人，她们很快拧干了衣服，重新穿上——像船过水无痕，什么麻烦都没有留下。我由衷敬佩这位校长，他用自己的天真解读孩子的天真，用自己的稚气解读孩子的稚气，他获得了满分。他没有像那个女教师那样，把不是问题的问题人为地整成了“严重问题”，这，就是他的高明之处啊！

孩子被偷走了“硬气”

我们学校每一届新生都要搞军训，为的是培养孩子“纪律至上”和“吃苦光荣”的精神。军训的时间大概是一周左右，军训结束之后，要举行“阅兵式”，届时邀请家长前来参观。

几乎每年的军训阅兵式上都有家长令人咋舌的“亲子表演”(我校一语文老师戏称为“舐犊展览”)。阅兵式在学校的大操场上举行。烈日当空，溽暑难耐。塑胶操场被烤得软塌塌的，散发出一股难闻的焦糊味。同学们穿着整齐的军装，军容威严，军姿挺拔，精神抖擞地等待着首长的检阅。这时候，有个母亲拿着一瓶冰镇矿泉水从树阴里跑出来，英勇地冲到一个“战士”前面，从容地给他喂起水来。全场哗然。教练官目瞪口呆地看着发生在眼前的这一切，竟忘了喊口令。那个母亲刚撤回去，又有个母亲冲上前来，往孩子手里塞了一根冰棍，孩子又羞又恼，却又不便发作，“噌”地把冰棍扔出了场外，惹得大家低声笑起来。最让人难以置信的是，有一个母亲，在女儿头上撑着一把小花伞，执意要陪着她踢正步！女儿急得哭了，这个母亲这才咕哝着不情愿地离开。

这些家长，用“母鸡的爱”精心呵护着自己的雏鸡。在他们眼里，孩子是长不大的宝贝，需要他们时刻惦念着吃、喝、冷、热。他们不给予孩子亲近痛苦的机会，残忍地剥夺了孩子挨饿的权利、忍渴的权利、受冻的权利、耐热的权利，还毫不脸红地把这唤作“爱”。他们不晓得，自己正在全力为社会打造着一件“易碎品”。

“为国育儿”。我由衷地喜欢着这个表述。孩子奔赴了命运的邀召，成为了我们的儿子或女儿，但他(她)不是我们的私有财产，我们不能随心所欲地去娇宠他(她)，溺爱他(她)，相反，我们应该狠下心来，看着他(她)去吃一些苦头、犯一些错误，流一些眼泪，甚至摔一些跤，洒一些血，要知道，他(她)需要用硬拼来给自己的骨骼增添硬气，也需要通过品尝苦味去获取对苦难的免疫。

孩子被偷走了“锐气”

第21个教师节到来的时候，我订阅的一份国家级教育杂志封面有一个大字号的标题:《人民教师,无尚光荣》。看到这个标题，我在心里笑了一下，知道“无尚”其实是“无上”的误用，但却无心去跟这份杂志较真儿。后来，有个班要办一期庆祝教师节的板报，几个同学便来向我借阅相关资料，我随手就将那期杂志给了他们。晚自习的时候，那几个同学抢着告诉我说，他们看到封面上那个“无尚”，一致认为是用错了，便按照杂志上公布的“编辑部电话”给编辑打了个电话。接电话的是个女编辑。他们告诉她说，他们查了《现代汉语词典》，上面根本没有“无尚”这个词，只有“无上”，当“最高”讲。他们说：阿姨，你们一定是弄错了！应该在下期杂志上更正一下。那个“阿姨”说：一开始，我们也觉得好像有问题，但是，新华社的通稿用的就是高尚的尚，而不是上下的上，因为领导讲话的原稿上就是那么写的……有个同学问我：“老师，那我们要是在卷子上把‘无上光荣’写成高尚的尚，给分吗？”我说：“那要看谁阅卷了。要是那个领导或者那个编辑阅卷呢可能就给分，要是我阅卷呢可能就不给分。”

说真的，我为我这样的回答感到羞耻！

我想，倒退20年，我也许会像他们那样血气方刚地为真理而战，我会为我勇敢的“怀疑”而得意，并且，我愿意用实际行动捍卫自己的“怀疑”；但是，我现在已懒得这样做了，我知道在“谬误”那里，有100件华丽的“真理”外衣已然缝制完毕，如果我再坚持管“谬误”叫“谬误”，就显得很不合时宜了。

可我多么害怕，害怕孩子们会重复我的轨迹，害怕他们会被慢慢磨光了锐气，害怕他们看到谬误时，仅仅是“在心里笑了一下”，然后就去忙其他的事情了，或者，他们再也懒得去努力分辨真理和伪真理，“反正分辨了也没用”，——我多么害怕他们会垂头丧气地这么说！

亚里士多德说过：“吾爱吾师，但吾更爱真理。”我也巴望着我们的教育能够打造出一批敢于说“吾爱吾官，但吾更爱真理”的人。

馨香心语

世界需要能生出“修正世界的冲动”的学生、教师、哲学家、艺术家、文学家、科学家，别叫冷漠劫持了你的心，让激情随生命一起活着。

修正世界的冲动

一个男生应我之约来办公室找我。他进屋时我正打电话，我冲他笑笑，示意他坐下。他坐了，但很快站起来，径直朝对面墙上挂着的一幅画走过去。我以为他是要仔细端详画里那诗意的树与诗意的落叶，然而不然，只见他郑重地伸出手，把那个略显歪斜的画框给挂正了，然后坐回原位，静静地读那幅画。——可以肯定，他不是有意做给我看的，他坐在我的旁侧，并且，他以为我正在专心地打电话，不会有兴趣拿眼睛的余光去捕捉这一切的。可我怎会忽略了这精妙的一幕！我欣赏地看着那个男孩，在心中为他“修正瑕疵”的激情打着分。我是因为他学习成绩下滑找他谈话的，他来之前，我对这次谈话能否起效还信心不足，而现在，我知道该怎样走进这个男孩的内心世界了。

一位哲学家讲过这样一段话：面对一个拱门，热情赞美它的人是可爱的，激烈抨击它的人也是可爱的，只有那木然地呆望着它、不置可否的人是最不可爱的。在B大学，我曾经会晤过一位负责自主招生的先生，他告诉我说，在面试环节当中，他特别看重一个考生是否具有“秀”出自我的冲动。他说，在问到“有何爱好”这个问题的时候，他不喜欢听考生们说“爱好读书”“爱好电脑”之类的“有用的废话”，他喜欢看一个高个子男生笨拙表演自称是“绝对标准的投篮动作”。我忍不住插

嘴问:“他表演得那么拙劣，你们要他了吗?”他说:“要了，我们又不是想培养姚明！那个男生身上涌动的激情使他看上去很闪光！‘激情成就一个人’，我越来越信这话。在我看来，冷漠和麻木是仅次于癌症的疾病。”

想想看，世界有那么多的不美满、不圆满，万丈红尘中最不缺乏的大概就是“缺憾”这东西了吧？人来世上走一遭，如果连跟“缺憾”较劲的激情都没有了，我们还能做什么！我们曾经标榜过“文静”和“内向”，还有一句箴言叫做“沉默是金”。但是，如果你做教师，如果你在课堂上遭遇“失语大军”，你一定就会像我一样对这些词语深恶痛绝了。世界邀我们作客人间，几万个日子转瞬即逝，当我们行经一道道有形和无形的“拱门”，我们能不能生出评判与修正的勇气？心中的激情如果不外化出来，那歪斜的画框恐怕只能永远歪斜下去，而那投篮动作在虚拟中的表演大概比现实中的“笨拙”还要丑陋千倍万倍吧？

世界需要能生出“修正世界的冲动”的学生、教师、哲学家、艺术家、文学家、科学家，别叫冷漠劫持了你的心，让激情随生命一起活着。

馨香心语

老师啊，你可要警惕！要知道，你的一颦一笑都将牵动世界的表情！

爱恨交织的故事

被欣赏的与被淘汰的

江老师的女儿26岁了，还没有找到男朋友。江老师的一个同事热心地充当起了红娘，把江老师当年的一个得意门生介绍给了江老师的女儿。

江老师执意让小伙子到家里来吃顿饭。盛情难却，小伙子便在红娘的陪同下来到了江老师家。

饭吃得并不十分开心，原因是江老师没有看上这个有意做自己未来女婿的人。小伙子走后，江老师对红娘说："他读中学的时候，我是多么欣赏他啊！他学习成绩棒，又特别听话，调皮捣蛋的事儿准找不着他。现在，人家也挺成功，这么年轻就当上了单位的中层干部。可是，要让他做我家的女婿，那就不够格了。你看他的背，明显地驼了，像个小老头儿；你看他的近视眼镜，足有800度吧，以后会影响生活质量的；你再看他说话时细声细气的样子，哪像个小伙子啊；最让我看不上的是他那么古板，一点幽默感都没有，我女儿要是跟这样的人生活一辈子，她上哪儿去找快乐呀！"

不知道我们评价学生的标准和选择女婿的标准为什么会存在这么大的差异。我们培养学生的时候，轻易就可以忽略掉他的健康、品行、性格、情趣，我们对孩子行走坐卧的不良姿势视而不见，对孩子日渐加厚的近视镜片司空见惯，把孩子的沉默寡言看成是稳重，把孩子的冷漠无趣说成是乖巧。我们把教育的目标制订得那么宏大，一心要为国家培养出“栋梁之材”。我们顾不上关照孩子们迥异的个性，我们只管日以继夜挖空心思地教鸟儿去游泳，教鱼儿去飞翔。我们眼里标准版的“好孩子”，就是不惜以失去一切为代价去换取高分的人。但是，当我们苦心调教出来的“好孩子”欲要走进我们的生活、成为我们家庭的一员的时候，我们却坚决地将他挡在了门外。似乎直到这个时候，我们才恍然明了健康、品行、性格、情趣对一个人有多么重要。可叹的是，我们今天向这个人所讨要的一切，在他最适合获得的时期被我们不由分说地剥夺掉了。

我们的教育，是不是在考虑为国家培养“栋梁之材”的同时，也考虑一下如何为更多的普通家庭培养出无疾患、有趣味、善谈吐、气质佳的女婿和儿媳？

给予泳池还是给予大海

教物理的韩老师去世了，他的许多老同事和他曾教过的学生都来参加葬礼。

在韩老师的学生里面，有一个物理学博士，他是特地从北京赶来为自己的恩师送行的。

韩老师并不是那位博士的班主任，博士的班主任——一位数学老师恰也在送葬的人群当中。班主任握着博士的手说:“你是一个有良心的学生。你能取得今天这样的成绩，离不开韩老师当年对你的教诲。你真的应该感谢他呀！”博士说:“我的确十分感谢韩老师。今天，韩老师去了，有一个本属于我和他的秘密也可以跟您说了。您知道，上初中的时候我就特别喜欢数学和物理；上了高中以后，我有幸遇到了特别渊博的您和特别开明的韩老师。每逢上您和韩老师的课，我都是课堂的中心人物。到了高二，文理分班之后，我的学习劲头就更足了，成绩也更让老师满意了。我利用课余时间提前半学期学完了高二数学和物理的全部课程。我向您提出后半学期数学可不可以免修。您听后跟我急了，说不能眼睁睁看着我自毁前程。我清楚地记得，当时您眼里含着真诚的泪花。我当然知道您这样做完全是为我好，我理解您的良苦用心。但是，我这个人很倔，不久，我就又把同样的请求说给韩老师听了。没想到韩老师居然答应了我的请求，还答应和我一起瞒着您。从那以后，每逢上物理课，我就躲到韩老师的宿舍里去自学。——老师，我感谢韩老师给了我自由驰骋的空间，也感谢您在课堂上给我打下了坚实的数学底子。请您原谅我当年瞒着您离开课堂，也请韩老师原谅我给他添了那么多麻烦。”

班主任听得呆了。她不知道眼前这个物理学博士竟然曾在物理课上“溜号”，并且拉物理老师做了自己的“同谋”！多少年来，她一直以为，惟有在课堂上认真听她讲解的学生才能取得好成绩，才能有个好前程。想想看，她学历高，经验足，责任心又特别强，每一节课她都不遗余力地掏空了自己——她是在以自己的生命滋养着学生的生命啊！她不相信吃着她精心巧手调制的“玉食”的人会营养缺乏，她不相信一个毛孩子有能耐在知识的长河里淘到黄金。但是今天，她眼前的这个物理学博士却用自己的成长故事使她不得不认可这样一个道理——给孩子提供一个泳池，他充其量也就是能成为一个游泳高手；而让孩子走向大海，孩子却可以获得搏击风浪的本领，可以生出沧海横渡的雄心！

班主任久久凝望着韩老师的遗像，默默地在心里对他说：谢谢你使我明白了——“开明”有时候比“渊博”更重要，最善教的老师最懂得在什么时候不教。

被赦免的心与被囚禁的心

学校举办建校100周年校庆，一个从遥远的西藏赶来的老校友逢人便打探他的历史老师周洗尘。

因为周老师不是在本校退休的，所以，关于他退休后的情形便有了许多不同的版本。有人说他退休后随他的独生女儿去了南方；有人说他的外孙在海外定居了，他女儿便带他去了海外；还有人说他晚年得了很重的病，也许现在已经不在人世了……

有人好奇，便问那个老校友：“你找周老师有什么要紧的事吗？”

那人回答说：“是的，是有要紧的事啊。31年前，我读高三，周老师刚接任我们的历史课。那天，周老师一进门，就听到同学们在压低声音笑，回头看看黑板，发现上面赫然写着‘周洗尘’三个大字，而且一个字一种颜色。周老师勃然大怒，喝问：谁写的？站起来！没有人站起来。周老师便想出了一个绝招——让大家伸出手来供他检查。大家于是伸出了手。一共有三个同学的手上有彩笔色：我，赵荣花，还有一个外号叫‘臭小’的男生。因为我学习成绩优秀，周老师便没有猜疑我；又因为赵荣花是个眼神怯怯的小女生，周老师也就没有猜疑她。最后，周老师认定这事是臭小干的。臭小拼死抵赖，但周老师就是不饶他，停他的课，让他写检查。到后来，臭小终于低头认了错……没想到，我们毕业后的第二年臭小就在唐山大地震中遇难了。这么多年过去，我一直受着良心的谴责，我觉得对不起臭小，也对不起周老师，因为，那三个字是我写的。今天，我想亲口告诉周老师，我写那三个字其实并没有恶意，我只是觉得周洗尘这个名字很特别、很好玩，于是就写了。我没想到周老师会因此动怒，更没想到事情会有那样一个结局……”

这本不是一件什么了不得的大事，但它足以警醒每一个教育工作者。有多少时刻，我们粗暴地曲解了学生的心？有多少时刻，我们跋扈地将伪事实认定成了事实？那被屈枉的孩子，会带着永久的羞辱舔舐永难愈合的伤口；那侥幸被赦免的孩子，会自我囚禁了一颗惶愧的心，终身背负着沉重的灵魂债务苦苦寻求偿付的机缘；那目击了这场“心劫”的孩子们，会惊恐地将触发教师暴怒的根源解读成人格的污损和尊严的冒犯，从而他们轻易就培养起了比老师还要脆弱敏感的神经，我们甚至用不着怀疑，他们当中许多得了老师“真传”的人将有能力在日后变本加厉地仿效老师的病态行为。

——老师啊，你可要警惕！要知道，你的一颦一笑都将牵动世界的表情！

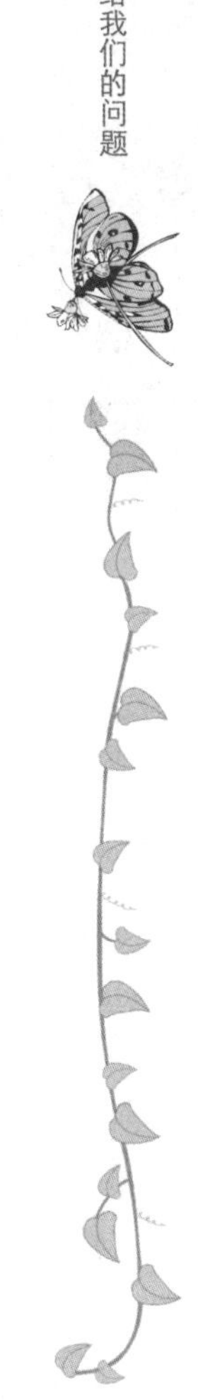

馨香心语

心理学家说，一个‘被需要’的人是容易拥有幸福感的。我们的母亲们偏偏就不懂得这一点，不舍得给予孩子‘被需要’的机会。她们太能干了，什么都一肩挑起来，从不在孩子面前轻易示弱。在这样的强势母亲面前，孩子就只好选择弱势了。

母爱的表达

一次跟一个女友打电话，她的话语突然中断了，然后“插叙”道：“给我接杯水啊！”我笑了，问她:“怎么？口干舌燥了？”她笑答:“一跟你聊，就忘了珍惜舌头！”接下来又“插叙”道:“我不要喝这么凉的水嘛！倒掉半杯，搀半杯热的。”我问她:“跟你老公撒娇呢？他这么耐心伺候你？”她大笑起来，说:“哪儿啊！我跟我儿子撒娇呢！”我听了无比震惊，反问道:“你跟你儿子撒娇？”

她说:“是啊。别看我儿子刚刚4岁，我也要厚着脸皮跟他撒娇。你知道吗？我这还是跟一个外国母亲学来的本事呢！那个母亲就是用这样的方法培养她的孩子们的责任感的。别说，这方法真的挺奏效。想听吗？想听就跟你讲讲啊——

“我每天回到家，就跟我儿子说，喂，大伟，妈妈累死了，快过来抱抱妈妈！大伟一听，立刻丢下手里的玩具，跑到我身边，很大人气地抱住我，哄我说：‘妈妈勇敢，妈妈不怕累啊！来，大伟给你按摩按摩吧！’说着，就开始给我按摩，还要细声细语地把刚从幼儿园学来的故事讲给我听。我就装成一个比他还要小的小小孩，问他一些问题，让他回答。回答上来了，他就特有成就感，得意得要命；回答不上来的，他就去问他爸爸，然后再来告诉我。在这过程中，他拥有了分担的能力、安慰的能力、叙述的能力、质疑的能力。我躲在一边，笑得好不开心啊！

“一次，我和大伟走夜路，我看出他有些害怕，便跟他说：‘大伟，妈妈是女人，天生胆子小，晚上走在路上会很害怕；大伟是男人，什么都不怕！你愿意保护妈妈吗？’大伟挺起胸脯说：‘妈妈，来，拉紧我的手，我一定好好保护你！因为我是男人！’——嘿，我们大伟充当了我的‘护花使者’呢！你看，胆量不也培养起来了吗？”

说到这里，我听到一个童声嗔怪道：“哼，又跟人家显摆你儿子！”

我嫉妒地说：“天哪！你儿子还这么低调！”

女友笑道：“承蒙夸奖！不过说真的，我觉得，我儿子真的是优秀品质的集大成者！哈哈，你别笑话我啊！我是想说我选择了一种与众不同的育儿方式，这种方式所回馈给我的大大超出了我想要的。我特骄傲，我没有像那些傻妈妈一样，以让孩子跟自己撒娇为能事，摧残得孩子一点成长荣耀感都没有了。

“你有没有这样的体会——现在的孩子，太像孩子了！大孩子像小孩子，小孩子像小小孩子。我们这个社会究竟怎么了？为什么一下子就‘延缓成熟’了呢？心理学家说，一个‘被需要’的人是容易拥有幸福感的。我们的母亲们偏偏就不懂得这一点，不舍得给予孩子‘被需要’的机会。她们太能干了，什么都一肩挑起来，从不在孩子面前轻易示弱。在这样的强势母亲面前，孩子就只好选择弱势了。那些独生子女被宠得没了人样，他是让人心疼着长大的，根本就不晓得怎样心疼别人，或者说，根本就不知道别人也需要心疼！他磕不得，碰不得，遇到一点不顺心的事儿就得去看心理医生！你跟这样的孩子谈对他人的责任、对家庭的责任、对社会的责任、对世界的责任，他才不要听！——你说说看，在这样严酷的大环境里，我的‘反叛式’育儿方法是不是应该提倡

呢？”

我说：“请允许我买断你的故事。我要让天底下更多的母亲知道：母爱，可以是一种全新的表达。”

馨香心语

“扮富”真的是一种病。它是“贫穷”身上长出的毒瘤，是“虚荣”身上生出的恶疮。

有一种疾患叫“扮富”

在网上读到了这么一则消息——巴西副总统若泽•阿伦卡尔在中国访问期间参观了一所用现代化武装到了牙齿、连课桌椅的材质与样式都相当考究的豪奢的北京小学。回国后，在一个有几百名巴西各市市长参加的会议上，副总统说到参观该小学的情景时禁不住潸然落泪，他感慨万千地说：如果巴西能有这样好的教育，怎能不富强？记者分析若泽•阿伦卡尔流泪有两层意思：一是为中国教育如此发达而深感震惊，二是为巴西教育与中国教育差距如此之大而深感焦虑。

在这则消息的下面，有许多网友的跟帖。有人说：这个小学够强，把人家巴西副总统都吓哭了！有人说：这个副总统真好糊弄，竟把看到的事儿当真了！还有人说：他怎么不随机参观一所小学呢？如果那样的话，我猜他可能会笑的……

笔者曾作为“中韩友好夏令营”的随团教师带学生到韩国参观访问。在我们到达韩国的时候，韩国的夏令营师生也到了中国。我们的团长和接待韩国朋友的中方负责人总保持着热线联系。我们团长传回国内的信息是：我们吃的太素，上顿下顿吃泡菜，孩子们想肉吃快想疯了。国内传来的消息却是：韩国的孩子们在丰盛的宴席前全惊呆了，前几天吃得很欢，后来就抱怨太腻了。

瞧，我们就这么喜欢摆阔。其实，人家巴西的教育比我们发达，并

且，从幼儿园到大学，凡是公立学校都一律不收费的；人家韩国的美味也不少，烧烤、参鸭煲等都是颇诱人的。只是，我们“扮富”的勇气实在是令他们望尘莫及。

不知道我们怎么就那么热衷于炫耀，那么热衷于博取别人艳羡的眼神。我们迫着人家喝彩，并且修炼了一种欣然领受这喝彩却丝毫也不脸红的本领。我们惯于用丰盛、丰饶、丰裕、丰赡来惊吓别人，不把别人吓出个好歹来就舍不得罢手。

“扮富”真的是一种病。它是“贫穷”身上长出的毒瘤，是“虚荣”身上生出的恶疮。

真正富有的人往往不露富，真正有内涵的人也不会浅薄到跟人“斗富”。物质的贫乏不是致命的疾患，精神的贫乏才是病入膏肓。当我们麻木到了展览虚假的东西却恬然自安，挥霍国家的财物却误以为是在为国家赚取脸面时，我们就应该管自己叫“病人”了，因为我们患上了可怕的“羞耻感缺乏症”。

要医好这种种疾患也并不难，那就是让凡事良心做主。炫耀豪奢的时候，想想那些“黑屋子，土台子，里面坐着泥孩子”的乡村小学；大吃大喝的时候，摸着胸口跟自己说一句“假如这是在挥霍我爹妈挣的钱……”我想，这样的话，我们在“扮富”的时候大概就不至于像某影星“扮嫩”时那么超级坦然了吧？

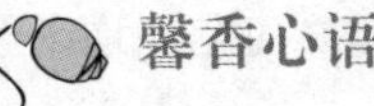

馨香心语

如果你没有用心去办教育，你就很可能需要用心去建监狱。

大林岛与小林岛

大海中有两座比邻的岛屿，分别叫做大林岛和小林岛。这两座岛屿仿佛两片逃出了上帝视线的叶子，在碧蓝的大海上摇曳。

由于远离陆地，两座小岛都呈现出一片原始的蛮荒景象。岛上的居民靠海吃海，过着半穴居的生活，他们的羞耻心甚至都没有完全醒来。

一个慈善家游历至此，面对这个被人类文明遗忘的角落，嗟叹良久。他在恻隐之心的驱动下，做出了一个重大的决定——在这两座岛屿上各兴建一处殿宇，用以消弭由于上帝的疏忽所铸成的一桩人间憾事。

那是一项浩繁的工程。值得庆幸的是，慈善家在他的有生之年完成了那项工程。

两座海市蜃楼般的殿宇在大林岛和小林岛上矗立起来了。慈善家在竣工之际将两座小岛的首领唤到跟前，告诉他们说：就将这殿宇派作最急需的用场吧。

两位首领感激涕零。他们都表示，一定按照慈善家的嘱托去做，把华美的殿宇派作最急需的用场。

这两位首领的境界都是令人钦佩的。他们谁都没有想到自己和家人应该入住那殿宇。

大林岛的首领想，岛上的居民无疑是这岛上最可宝贵的财产，“最

急需的用场”当然是让一些人率先住进那漂亮的房子里。可是，这座殿宇充其量只有大大小小的10多个房间，而岛上却有200多户居民，要想让所有的人都入住这殿宇，显然是不可能的。怎么办呢？他想啊想，终于想出了一个公平合理的好办法。他在沙滩上摆了200多个反扣着的大贝壳，这些贝壳里面有的藏着个小蟹，有的没有。他让居民每家出一个代表指认那贝壳，指到哪枚，他便现场翻开，里面藏有小蟹的就获得了那房子的居住权，并且，大一点的小蟹表示可以住大房间，小一点的小蟹表示住小房间。最后，房子各归其主，大家毫无怨言。

小林岛的首领想，岛上最急需的究竟是什么呢？大海是慷慨的，大地也不吝啬，岛上的人们吃穿不愁。可令人遗憾的是，岛上却没有造就出一个像慈善家那样的人。怎样才能让小林岛的居民明白天外有天、人外有人呢？他想啊想，终于想出了一个让他激动不已的好办法。他决定将那殿宇办成学堂，让有学识的人充任教员，让所有的孩子都能在那里接受教育。小林岛的居民听到首领的这个决定之后十分沮丧，本来，他们以为自己也会有机会到沙滩上去翻贝壳的，但是，想不到首领却不由分说地剥夺了他们一试身手的权利。

时光飞逝。

不知过去了多少年，慈善家的曾孙追寻曾祖父当年的足迹来到这片海域。当这个年轻人来到大林岛的时候，他发现曾祖父留下的殿宇早已失尽了当年的华美，岁月已将它噬啮得残破不堪；他想进去看看里面的情形，却被蛮横地拦截住了，他惊问原委，竟被告知这座殿宇已经成为了监狱！他又来到小林岛，发现那里崛起了好几处与曾祖父留下的建筑相类似的殿宇，居民们怡然自得，彬彬有礼；他来到曾祖父建造的那座建筑里面，看到里面整洁异常，迎门悬挂着曾祖父的巨幅画像，他明白，画像中的人已被岛上的居民奉为了神灵……

站在千疮百孔的礁石前，年轻人想：这是浪花的作品呢，而思想的作品比浪花的作品更加让人惊心动魄啊！想当年，当反扣大贝壳的灵感降临到大林岛首领的头脑中时，他一定曾得意非凡！你看，他追求公平，他也得到了公平。但是，他没有意识到，恰恰是这样的做法，培植了人们的侥幸心。他昏聩地引导人们生出这样的想法：原来，这个世界上的好东西是凭靠运气得来的！人的心灵一旦被这样的想法主宰，就会好逸恶劳，一味趋利，不再奋争，不再追索，不再努力改变命运，甚至会动用不正当手段满足日益膨胀的私欲，因此，监狱成了必不可少的东西。而小林岛的首领则不然，他愿意从孩子的眼睛里寻找他所期待的明天，他知道今天孩子的质量决定着明天生活的质量，他悉心雕琢人心，用理想和智慧拯救漂泊无定的灵魂；他引导人们膜拜值得膜拜的英雄，告诉人们平庸和伟大之间的距离。他也趋利，但他所趋的是大利。他的思想开出的花朵香遍了整个岛屿！

海浪滔天。年轻人眼望远方，意味深长地说出了这样一句话：看来，如果你没有用心去办教育，你就很可能需要用心去建监狱。

馨香心语

父母，是孩子永不卸任的老师。你想让孩子长成怎样的人，你就努力先成为那样的人，从外到内，彻头彻尾。

永不卸任的老师

一个母亲带着孩子去探监。那个镣铐加身的男人问他的孩子：你在学校表现怎样？孩子天真地说：爸爸，我画了一幅画，刊登在学校杂志的封面上了！父亲笑了，慈爱地问孩子：孩子，你画的是什么呢？孩子说：我画的是你，画的名字叫《孤独》。这个有着极好的绘画天分的父亲心酸地说：孩子，忘了我是你的父亲，忘了我做错的一切，只把我遗传给你的优秀带走吧！

这是一个片子中的片段。我能想像出这个父亲在说这番话时内心会壅塞着多少痛苦。当一个孩子奔赴命运的邀召，赶来做我们的儿女的时候，我们曾怀着怎样的惊喜和憧憬啊！当他(她)还在母腹中，我们就开始兴奋地勾勒他(她)的长相了。我们希望他(她)能最大限度地吸取两个人的优点，从容颜到性格，都采纳了父母最值得夸耀的地方。但是，往往事与愿违，孩子忠诚地延续了我们的某种缺憾，眼睛小，鼻子塌，头发稀，个子矮，这还不算，有时竟是把我们本不十分明显的缺憾变本加厉地夸大了。别抱怨，谁让他(她)是咱“正版”的孩子呢！

外貌一旦形成，就不可发生自然逆转了。值得我们警醒的是，孩子的品性与人格也往往会不走样地“克隆”父母。

一个母亲，教育她的孩子为人一定要诚实。她教孩子唱歌：“小花猫，喵喵叫。是谁把花瓶打碎了？爸爸没看见，妈妈不知道。小花猫对我叫——妙妙妙！小花猫，你别叫。是我把花瓶打碎了。好孩子要诚实，有错要改掉。小花猫对我叫——妙妙妙！”孩子小小的心，就认定了“诚实”原是妈妈顶喜爱的东西。但是，孩子稍大一些的时候，却公然对母亲撒谎！母亲伤心极了。她第一次动手打了心爱的宝宝。她气急败坏地逼问孩子：“告诉我，是谁教给你说谎的？”孩子半天才止住哭泣，对妈妈说：“你告诉我说，好孩子要诚实。可是你跟你的领导打电话时，说领导这么好，那么好；你跟你同事李阿姨打电话时，却骂你们领导是‘混蛋’。”

看，说教的力量是抵不过“示范动作”的力量的。一年新生入学的时候，我在学生宿舍看到有个家长在帮孩子铺床。她居然把上铺的床垫拽下来，在自家孩子的床垫上又加了一个床垫！我气愤已极，冷冷地对她说：“请你把这个床垫放回去！立刻！”时隔不久，学校竟又发生了一桩这个案例的“姊妹案例”——新生排座位的时候，班主任让小个子的同学先进教室落座，结果，好几个人进去后却并不急于落座，而是冲到教室后面挑新桌椅。我听了这件事后满心悲凉。我不知道这些同学中有没有那个霸气母亲的孩子，但是，我敢肯定地说，这些孩子，一定是得了父母的“真传”。

有个母亲跟我抱怨说：“我的孩子特别傻，给他讲了孔融让梨的故事，他就真学。幼儿园小朋友分水果的时候，他总要那个最小的，回来还跟我显摆。我想骂他：没用的东西！妈妈一分钱没少交，凭啥你就非得学那个孔融吃小水果？你应该号召别的小朋友学学孔融，把大水果让给你吃……可是，我开不了这个口啊！不说他呢，我又担心他一直这么傻下去，等长大后走向社会吃大亏。你说我该咋办啊？”我说：“做母亲的都可能遇到这样的问题。我觉得，孩子心中有他人是万万骂不得的。你若骂，就有可能把父母从他心中一并骂出去。孩子肯吃亏，最大的受益者将是孩子至亲的亲人。所以，我宁肯让自己的孩子因被别人占了便宜而伤心哭泣，也不允许他‘聪明’地去占别人的便宜。”

父母，是孩子永不卸任的老师。你想让孩子长成怎样的人，你就努力先成为那样的人，从外到内，彻头彻尾。不要指望在孩子的脑袋里放置个筛子，让他修得这样的本领——筛掉你的糟粕，仅存你的精华。孩子酷似你的地方不仅仅是相貌，还有品质、德行、性格、旨趣及其他。

馨香心语

当我从史蒂夫的课堂回到自己的工作岗位，我发现，那些快乐的游戏所带给我的思考和教给我的本领，超过了我在所有的管理书本上学到的知识与技能。

跟着史蒂夫玩游戏

史蒂夫是英国剑桥教育培训集团的一位资深培训师。

史蒂夫为了给我们这些教育管理人员深入浅出地阐明一些道理，带我们玩了三个游戏。

第一个游戏——组合彩虹

史蒂夫说，这是一个需要8个人一起玩的游戏，请有意参加者举手。

8个被选出的人占到了台前，史蒂夫又让大家从中推选出了一个观察者。然后，他把观察者叫到一边，对她耳语了一番。

游戏开始了。7个人每人拿到了一张小纸片，史蒂夫要求每人都要在这张纸片上写出自己最喜欢的一种颜色。写好后，他让大家按照“红橙黄绿青蓝紫”的顺序一字排开。

这下乱了，有人开始拿着纸片转圈。

“蓝色”主动出列，他吆喝着大家按照从左到右的顺序排好队，又逐个检查了一遍大家手里的纸片，然后通报说，“黄色”与“青色”空缺，而“红色”有两个人，还有一个人写了“粉色”。

史蒂夫说，这可不行，你们必须写出规定的那7种颜色才能组成彩虹啊——想想办法吧。

其中一个写“红色”的人说，反正我得坚持真理，我就是喜欢红色，从小就是。

另一个“红色”急得脸都红了，说，我喜欢红色也不假呀！

“橙色”站出来打圆场，他对两位争着喜欢“红色”的女士说，都是红旗下长大的孩子，没有人不爱这种色彩，可咱这不是玩呢吗！放弃一下有啥大不了的？要不这么着，我把我的“橙色”匀给你们谁，我改要那个“黄色”了！

就这样，“红橙黄”算是搞定了。

那个捏着“粉色”的先生被“蓝色”的眼睛盯得有些不自在了，主动说，那我就换成“青色”好了——哪能都满足“第一志愿”啊！

至此，“蓝色”高声宣告——“彩虹组合成功！”

这时候，观察者走上前来，说，按照史蒂夫的要求，我要向你们反馈如下信息：1. 排队用时——5分钟。效率较高。2. 谁是控制者——“蓝色”。3. 谁是执行者——“绿色”、“紫色”，当然，还有“青色”。4. 谁是支持者——“橙色”。5. 谁是挑战者——两个“红色”。6. 发现的问题——两个“红色”在写之前曾商量过，然后写成了一样的答案。汇报完毕。

史蒂夫总结说，通过这个游戏我们应该认识到——要建设一个好的团队，首先要有一个清晰明确的目标；然后，就是要有一个好的控制者；还要有一些好的执行者；但只有控制者和执行者是不够的，还要有热心的支持者，这样的人最富有热情和牺牲精神；另外，不要指望一个团队里没有一点负面行为，挑战者是无处不在的，要设法把挑战者的负面行为带来的影响降到最低；这些都齐备了，还要努力去追求效率。这几点都很重要，但还有两点更重要的：一是要保证“人人都有贡献”，一个人能力再大，也不可能包揽了“红橙黄绿青蓝紫”7种色彩；还有，你们作为一个团队的负责人，应该看到“放弃”的价值，为了实现一个

宏大的目标，有时候，“放弃”比“坚持”更为重要。

第二个游戏——画几何图

史蒂夫让我们自由结成了6个小组，每组2个人。

他让我们每个小组的两个人背靠背坐好，给其中的一个人发了一张白纸和一支笔，另一个人发了一张折叠着的纸。他说，我下令之后，请把那张折叠着的纸打开，然后开始向你的合作伙伴描述那上面有着怎样的几何图形，另一个人则要尽可能地按照伙伴的描述准确地画出那个图形——听清楚了？开始！

我的角色是“描述者”。我打开了那张折叠着的纸，发现上面是一堆互相套叠着的圆形、矩形、三角形。我按照从外到内的顺序描述给我的伙伴听，可她似乎怎么也建立不起一个清晰的空间概念。她不停地询问，我不停地变换描述的角度。别的组的情况似乎也强不到哪里去，整个教室顿时陷入一片焦急的解说和烦躁的询问当中。

时间到。

我们被要求将两张纸一同摊到桌面上。结果，大家全都无奈地笑了。史蒂夫巡视了一遍，最后，他举着我们那一组的作品向大家展示。大家笑翻了，一致认为是“猴吃麻花——满拧！”

史蒂夫让我的伙伴说说怎么会异想天开地把图形画成了这么一个样子。她眉头紧锁地说，两个原因吧，一是太吵太乱，二是她说得不太清楚。

史蒂夫微笑着点头。他让我们重新背靠背坐好，互换角色，开始新一轮游戏。

上帝！这次的图形更复杂。我试图努力按照伙伴的描述去画，但却无论如何都想像不出那些大三角、小三角跟矩形与圆形究竟是个怎样的关系。很快，我们陷入了上一轮的无序状态……

作品又被摊到了桌子上。这一回，我们谁都没有指责谁，似乎彼此

扯平了。大家平静地笑着，等待着史蒂夫的点评。

史蒂夫说，通过这个游戏，我们可以悟出许多道理。作为一个管理者，我们和人谈话的机会会很多，而充当一个积极的倾听者是对一个管理者的最基本的素质要求；另外，和人谈话，不能只靠声音，这样会影响谈话效果，要用上眼神以及必要的肢体语言；谈话时要努力寻求那些真实的而不是虚假的、清晰的而不是模糊的信息；谈话要用鼓励的语调，而不能是命令式的；不要太大声，太大声会给对方带来过重的心理负担。此外，从这个游戏中你们是不是还想到了“换位思考”的重要性呢？在第一轮游戏结束的时候，你们可能觉得最终那个不尽如人意的结果更大程度上取决于对方扮演的角色，但是，当你们结束了第二轮游戏的时候，你们已经不再抱有这样的错误想法了——我说的没有错吧？

第三个游戏——摆扑克牌

史蒂夫把我们分成3组，每组4个人，发一副扑克牌。

照例地，他先讲游戏规则。他说，现在请先把“大王”、“小王”剔出去，开始洗牌，呆会儿，我给每组发一张纸，请你们分别按照上面“黑、红、花、片”的数字顺序摆好手中的那副扑克牌，完成之后举手报告——听清楚了？开始吧！

我开始暗暗叫苦——显然，我们组把牌洗得太“干净”了！早知如此，草草洗洗，多便于分检啊！

我们开始按照那纸上的要求，先摆“红桃”，13张牌，摆放顺序根本无章可循。其余的三个花色也是一样乱。终于摆放好了，却落了个倒数第一。

好在还有第二轮。

第二轮比赛开始之前，史蒂夫先让夺得第一名的小组介绍经验。他们说，我们先把4种花色的牌粗分到4个人手里，然后各负其责，摆好自己的那部分，最后组合起来，就成了。

接下来，史蒂夫又让我们说说教训，我们说，我们缺少了“粗分”的环节，结果打了乱仗。

史蒂夫满意地冲着我们微笑，宣布第二轮比赛开始。

照样是先洗牌。这下各组都学精了，都慢吞吞地洗，有个组甚至开始做小动作了——把同一花色的牌往一起插放。

史蒂夫狡黠地一笑，说，现在请交换一下你们手中的牌。

大家一听，迅猛地洗起牌来。

这次我们不但借鉴了别人成功的经验，而且又有了创新，我们在粗分阶段指定一个人来发牌，另三个人摆好了之后一起来帮发牌的人摆。这下大大提高了效率。我们夺得了第一。

照样是总结经验、教训，然后开始最后一轮比赛。

这一轮的第一名依然是我们小组。

史蒂夫真诚地向我们祝贺，并声称要给我们小组发奖。我们激动万分地领到了今生不可能再得到的独特奖品——三张“大王”和三张“小王”的纸牌。

史蒂夫一边随手洗着桌上的纸牌，一边对我们说，你们看到了吧？合作的力量是多么巨大！协调的配合永远是成功的最大秘诀；另外，不断地总结经验教训也不容忽视啊，你们中国有句话叫“他山之石，可以攻玉”，说得多好；还有一点你们要记住，只有模仿和因循是不可能走得更远的，一定要注重创新；此外，不平等的竞争不应该成为我们的追求，小聪明其实是大糊涂；最后一点，我想告诉你们，及时的奖励所带给人的快乐和激发出的干劲是无穷的，不要太在乎你的奖品是否拿得出手，只要你是真诚的，对方将乐于接受并珍存。

当我从史蒂夫的课堂回到自己的工作岗位，我发现，那些快乐的游戏所带给我的思考和教给我的本领，超过了我在所有的管理书本上学到的知识与技能。

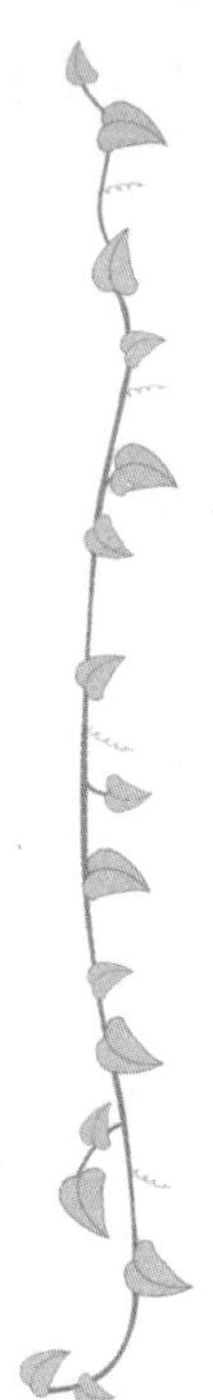

同时我也在想，我该如何学着史蒂夫的样子点评一下史蒂夫的培训方式呢？首先，他精心地将自己的课堂设计成了“寓言”式的课堂，而寓言所给予人的无不是快乐的智慧；其次，他不允许任何人仅仅做一个被动的听众，他要让大家在参与的过程中获得刻骨铭心的体验与感受；第三，他不把结论强加给你，而是让你在开心一笑中恍然悟透某个道理；第四，他不动声色地捕捉到我们身上文化或人性的弱点，然后，善意地帮助我们透视这些弱点，进而引导我们摒弃它……

馨香心语

高尚其实有两种，一种是行为的高尚，一种是意识的高尚。

当卑下遇到高尚

高考即将来临，一个叫杨扬的外校男生找我来辅导作文。

我对他讲，一篇有内涵的好文章应该包含着作者对自我内心的审视，不要热衷于写“圣诞树”作文，乍一看丰饶热烈，仔细一瞧，没有一样东西是真正属于自己的，“零生命力”成了它的最大特点。

杨扬认真地听，认真地记。末了，他对我说：“张老师，有一件事，特别折磨我，我跟谁都没说，包括我的父母，可是，我想说给您听听，就算，就算是按照您刚才提的要求，‘对自我内心的审视’吧。

“上星期一，我很早就赶到了学校，传达室的师傅告诉我说有我们班的邮件。我一看，是从北京寄来的。我知道，这是我们以前的班主任给我们班同学寄来的最新高考模拟题。我们班主任是去年调到北京去的，她走之后，我就不再担任班长了，但是，她还是将模拟题寄给了我。我打开那包东西，里面有老师的一封信，说她选寄的这几套题都是往年参加过高考试题命制的专家出的，参考价值极高，希望同学们一定要认真做一做。我连忙把那几套宝题塞进了书包，我不想在同学面前露这些题了，原因很简单——大家都是竞争对手，在考场上进行的是你死我活的拼争。就这样，我把那几套题独吞了。

“那之后，每天下了晚自习，我都要匆忙赶回家，躲进自己的小屋里做那些题。那里面有许多新题型，是我们以前从来没有练过的。我做着这些题，心中充满了卑劣的喜悦。我仿佛看见了我的竞争对手们一个个惨败在我手下的样子。不过，说实在话，自从拿到了那几套题，我天天夜里都要失眠，我的内心世界起了巨大的波澜。我跟自己说，你这人，真没劲，就算你真的胜利了，那也不光彩呀，因为，你的胜利是偷来的！你是个贼！无耻的贼！

“张老师，您看，这就是那些题——”

杨扬说着，从书包里掏出了一个牛皮纸信封。我翻看着那些题，发现上面没有留下一点墨迹。我问杨扬这是怎么回事，杨扬说：“我怎么能直接在那上面做呢！我涂抹了之后还怎么复印呀？”

我问：“你复印了给谁看呢？”

杨扬说：“当然是给同学们看啦。”

我说：“你看，刚才你那么自责，还骂自己是个贼，其实，你心里有一个连你自己都没听清楚的声音，你一定会把这些题拿给同学们去做的。”

杨扬低着头，嗫嚅道：“我没有，我很自私，很卑劣，我没有想拿给同学去做。”

我笑了：“你有。你是在等一个机会。我觉得，你对自己的内心世界审视得很深刻。知道吗？高尚其实有两种，一种是行为的高尚，一种是意识的高尚。你具备的是后者。你做错了一点事，就怀有了深深的罪恶感，你在这罪恶感的折磨下寝不安席，食不甘味。你是一个多么好的孩子！我们学校西墙外有一个‘浪潮’文化传播公司，承担复印业务，质量好，价钱低，要不要我提前帮你联系一下？”

杨扬感激不尽地望着我，用力地点了点头……

高考语文科目考试结束之后，我接到杨扬打来的电话，他无比兴奋地告诉我说：“张老师，今年的高考作文题是‘出人意料和情理之中’，我拟的题目是《当卑下遇到高尚》，写的就是我差点独吞了那几套试卷的故事，我按照您的要求，在叙事中认真审视自我的内心世界，歌颂了像

您这样的用妙手将卑下改写为高尚的好老师……张老师，当我在生活中遇到难题，您给出的答案确实是出人意料的；但是，您能给出这样的答案也确实是情理之中的，因为，您有一颗圣母般的心！”

我举着电话听筒，真心分享着杨扬的快乐。哲人说，一个出色的问题本身就包含着一个同样出色的答案。作为一个出色问题的提出者，杨扬早为自己预备好了一个同样出色的答案；作为一种额外的奖赏，幸运女神格外赏赐给了这个可爱男孩一个无比温柔的眼神……